高等职业教育"十三五"规划教材

大学生心理健康

主　编：张玉芝　周兰芳
副主编：毕玉杰　艾　华　杨　正
　　　　史光武　宋淑红　张雅伦
主　审：张玉芝　刘冬梅

北京理工大学出版社
BEIJING INSTITUTE OF TECHNOLOGY PRESS

版权专有 侵权必究

图书在版编目（CIP）数据

大学生心理健康／张玉芝，周兰芳主编．—北京：北京理工大学出版社，2017.4（2018.1重印）
ISBN 978－7－5682－3919－6

Ⅰ．①大… Ⅱ．①张…②周… Ⅲ．①大学生－心理健康－健康教育 Ⅳ．①G444

中国版本图书馆CIP数据核字（2017）第065552号

出版发行／北京理工大学出版社有限责任公司
社　　址／北京市海淀区中关村南大街5号
邮　　编／100081
电　　话／（010）68914775（总编室）
　　　　　（010）82562903（教材售后服务热线）
　　　　　（010）68948351（其他图书服务热线）
网　　址／http：//www.bitpress.com.cn
经　　销／全国各地新华书店
印　　刷／三河市天利华印刷装订有限公司
开　　本／787毫米×1092毫米　1/16
印　　张／12　　　　　　　　　　　　　　　　　责任编辑／刘永兵
字　　数／276千字　　　　　　　　　　　　　　文案编辑／刘永兵
版　　次／2017年4月第1版　2018年1月第2次印刷　责任校对／周瑞红
定　　价／36.00元　　　　　　　　　　　　　　责任印制／王美丽

图书出现印装质量问题，请拨打售后服务热线，本社负责调换

前言

曾任世界卫生组织总干事的马勒博士说过:"有了健康并不等于有了一切,但没有健康就等于没有了一切。"的确,健康是人生快乐、幸福、成功的基础和前提,而健康的一半是心理健康。对于现代社会的人来说,心理健康的意义远远超过身体健康。这不仅因为随着科学技术、经济水平、医疗条件的发展和改善,身体疾病在逐渐减少,而且还因为现代社会对人的心理素质要求更高,每一个想获得成功的人都必须关心和维持自身的心理健康。

人类进入21世纪后,时代变化的节奏加快,变化的幅度和强度增强,社会结构性变化周期也在缩短。这种急剧的社会变化、文化变迁,要求人们用发展的眼光来看今天。人类在时间维度取向上的重要变化,正在挑战自身的潜能。成长中的人,面临着比过去更多的学习与适应问题。学会学习,学会助人、求助和自助,自信、理性地解决好发展中面临的问题,是当代大学生身心健康、成人成才的生存智慧之所在。

和谐社会关系的一个基本社会心理特征,在于每个人都能意识到自己是他人环境的组成部分,是他人愉快的一部分,而他人也正是自己愉快、幸福的基本组成部分。因为,人归根结底是一种社会存在。正如美国著名社会心理学家阿伦森说:"人不过是一种社会性动物!"

从而,每个人都需要自觉地调节自己,使自己健康,同时,也要主动成为他人健康环境的组成部分。在和谐社会中,每个人都需要了解心理健康的知识,理解自己所生存的世界。理解他人的需要,理性地选择自己的生存、奋斗目标,充分利用自己宝贵的时间、生命资源,懂得调整自己保持健康的方法,学会一些科学、有效的自我调节技术。

对大学生而言,每个人才会遇到自我认知、情绪、人际关系、人格成长、恋爱、择业等人生课题。关注心理健康、寻求心灵自由、追求人生意义等生命课题,越来越引起大学生的积极关注。在长期的教育、教学工作和学校管理工作实践过程中,编者深深体会到在校大学生对心理科学知识的殷切期盼,对自己人生探索的苦苦追求,同时也发现部分大学生在成长过程中经历的许多挫折,关注到他们在自我超越时的痛苦。因此,希望能把工作中的体会和做法总结出来,以帮助更多的青年学生,使他们学会心理调适的方法,掌握自我塑造的基本途径,帮助他们对心理健康、人生追求作更加深入的思考,以期在人生的道路上走得更好、更稳、更健康。

本书可作为高等职业学校大学生心理与健康的教材,也可以作为心理咨询员、辅导员、大学生、教师等人员的参考书。

本书由河北能源职业技术学院张玉芝、周兰芳担任主编,毕玉杰、艾华、杨正、史光武、宋淑红、张雅伦担任副主编，张玉芝、刘冬梅担任主审。其中，周兰芳编写项目一和项目九，毕玉杰编写项目二，史光武编写项目三，宋淑红和周兰芳共同编写项目四，杨正编写项目五，张雅伦编写项目六和项目七，艾华编写项目八，本书还邀请了张玉芝老师、刘冬梅老师担任主审。此外，杨正负责本书电子资源的网络平台的维护和管理。编写过程中，编者参考引用了部分国内外专家学者的研究成果，在此谨向有关作者和为本书的出版付出辛勤劳动的编辑出版人员，以及帮助、支持本书编写的同仁、朋友致以诚挚的谢意。

编写时我们力求做到科学性、先进性、实用性、新颖性，但限于编者的水平，书中一定存在许多不足之处，敬请读者提出宝贵意见，以便再版时修订。

目　录

项目一　让阳光照亮心灵世界——心理与心理健康 ………………………………… 1
　情境1　了解心理科学 ……………………………………………………………… 1
　情境2　认识心理健康 ……………………………………………………………… 11

项目二　认识自我　完善自我 ……………………………………………………… 19
　情境1　认识自我 …………………………………………………………………… 19
　情境2　悦纳自我 …………………………………………………………………… 28
　情境3　发展自我 …………………………………………………………………… 32

项目三　成长的烦恼——学会适应 …………………………………………………… 35
　情境1　新环境适应的烦恼 ………………………………………………………… 35
　情境2　学会调适 …………………………………………………………………… 45

项目四　做聪明的学习者——学会学习 ……………………………………………… 53
　情境1　激发学习动机 ……………………………………………………………… 53
　情境2　学会学习 …………………………………………………………………… 62
　情境3　时间管理 …………………………………………………………………… 71

项目五　走出孤独的围墙——学会交往 ……………………………………………… 76
　情境1　人际交往面面观 …………………………………………………………… 76
　情境2　人际交往的技巧之道 ……………………………………………………… 83
　情境3　构建和谐人际关系 ………………………………………………………… 91

项目六　魅力人格成就魅力人生——人格完善 ……………………………………… 99
　情境1　透视人格奥秘 ……………………………………………………………… 99
　情境2　塑造健全人格 ……………………………………………………………… 110

项目七　做情绪的主人——情绪管理 ………………………………………………… 119
　情境1　认识丰富多彩的情绪 ……………………………………………………… 119

1

情境 2　识别和表达情绪 ································ 128
　　情境 3　学会调控情绪 ···································· 136

项目八　问世间情为何物——恋爱心理 ···················· 146
　　情境 1　解读爱情 ·· 146
　　情境 2　积极恋爱 ·· 152
　　情景 3　恋爱的艺术 ······································ 157

项目九　梅花香自苦寒来——应对挫折 ···················· 162
　　情境 1　认识挫折 ·· 162
　　情境 2　应对挫折 ·· 170

参考文献 ·· 181

项目一　让阳光照亮心灵世界
——心理与心理健康

▶ 学习目标

知识目标

① 了解心理科学的内涵；
② 了解心理学与我们生活的关系及研究内容；
③ 理解心理健康的概念。

能力目标

① 能够正确认识心理学；
② 能够积极关注心理健康；
③ 能够正确评价自身心理健康水平。

情境1　了解心理科学

▶ 情境引入

小周的困扰

小周是某高校心理学专业毕业的学生，刚开始上班充满了新鲜感。但是，最近遇到了一个问题，让她困惑不已，那就是别人一听说她是心理学专业毕业的，就会问她："心理学专业的啊，那你猜猜我现在在想什么？"

心理学当然不能让人知道别人在想什么，但是，如何跟人解释呢？心理学是研究什么的？心理学与我们的生活有怎样的密切关系？初出茅庐的她不知道该怎么办。

▶ 情境分析

下面，我们来了解一下心理科学的有关知识：心理科学起源于哪里？它是什么时间确立的？它都有哪些研究内容？与我们的生活有什么关系呢？

一、心理学的渊源和确立

现代心理学源于西方古代希腊哲学，心理学（Psychology）一词由希腊文 psyche（心灵）和 logos（论述）两词合成，可以解释为"对心灵的研究"。所以，心理学的历史最早可以追溯到古希腊时代。"我是谁？""我从哪里来？""我向何处去？"这些是人们当时思考的关于自身的问题。

心理学源于哲学，从哲学心理学发展到科学心理学，经过了一段过渡时期。随着自然科学的发展，其实验方法对心理学家们产生了很大的启示。1879 年，威廉·冯特在德国的莱比锡大学创立了世界上第一个心理实验室，用实验的手段来研究心理现象，被公认为是心理科学独立的标志。所以，正如最早的实验心理学家之一艾宾浩斯说的："心理学有着漫长的过去，但只有短暂的历史。"

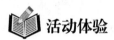
活动体验

我 是 谁？

活动步骤：

（1）首先将人员分为两人一组，一人为 A，一人为 B，并为每人发一张 A4 纸和笔；

（2）给 A 5 分钟时间，让其向 B 说出自己 5 条以上的优点和缺点，优缺点的条数要相同，B 要将 A 所说的优缺点记录在 A4 纸上，然后互换身份，B 说 A 记录；

（3）到时间后，双方将自己记录的对方的优缺点交给对方，各自认真阅读一下关于自己的记录，并在 A4 纸背面写上自己的名字，不能改动记录；

（4）然后所有的队员围坐一圈，将自己的记录纸交给左手方的人看，拿到别人记录纸的人要认真地看，并且在纸上写："我欣赏你的……因为……"然后再传给下一个人；

（5）所有人看完后，当自己的记录纸再次回到自己手中时，游戏结束，这时可以看到大家对自己的评价。

完成后，让所有人想一下自己的收获，然后请个别人谈一谈。

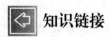
知识链接

心理学的先驱

赫尔曼·赫尔姆霍茨（Hermann von Helmholtz 1821—1894），19 世纪德国著名的物理学家和生理学家，被后人誉为继达尔文之后最伟大的科学家。事实上，他在科学上的贡献不仅仅限于物理学和生理学，他对于人类色觉、听觉以及神经生理学的研究，为实验心理学和生理心理学奠定了良好的基础。

威廉·冯特（Wilhelm Wundt，1832—1920），19世纪末德国心理学家，是结构主义的开创者，也是首创以科学实验方法研究人类心理现象的人。在现代心理学史上，冯特有两大贡献，一是出版的《生理心理学原理》被誉为生理心理学和实验心理学经典之作，二是1879年在莱比锡大学创立心理实验室，使得心理学正式脱离哲学范畴，成为一门实验科学。此外，冯特学识渊博，著述甚丰，一生著作达540余部，研究领域涉及哲学、心理学、生理学、物理学、逻辑学、语言学、伦理学、宗教等。

二、心理科学与我们的生活

心理学家从事各种基础研究，目的是描述这些发生的事情，并尝试解释它们，预测和控制行为，以达到提高人类生活质量的最终目的。

1954年，美国最高法院对布朗与托皮卡教育委员会的案件宣布了一项判决，判定将黑人和白人儿童分隔在不同的学校就读是非法的。

最高法院的这项判决在一定程度上受到了心理学家和其他社会科学家所提出证据的影响，他们就种族隔离对黑人学龄儿童的心理伤害进行了大量研究。心理学家肯尼斯·克拉克（Kenneth Clark）给出的证词如下：

我在你们的要求下，于上个星期四和星期五制定了这些测验，并对Scott's Branch小学的儿童，特别是那些低年级群体进行了测试。我使用了我告诉你们的方法——黑人和白人玩具娃娃——它们除了肤色以外在其他方面都是一模一样的。我把画有这些娃娃图像的纸与娃娃一起呈现……

我把娃娃呈现给他们，并按顺序询问他们以下问题："指给我看你最喜欢的或者你最想玩的那个娃娃""指给我看那个'漂亮的'娃娃""指给我看那个看上去'不好'的"……

我发现，在我测试的6～9岁的总共16个儿童中，有10个选择了白人娃娃作为他们偏爱的或最喜欢的。他们中的10个也认为白人娃娃是"漂亮的"娃娃。而且，我认为你们必须注意，这两个娃娃除了肤色外其他任何方面都是一模一样的。这16个儿童中的11个选择了黑色的娃娃作为看上去"不好"的娃娃。这与以前我们测试300多个儿童得到的结果是一致的，我们将此解释为，黑人儿童早在6岁、7岁或8岁时就已经接受了关于自己种族的负面刻板印象……

我不得不做出的结论是，克拉伦教（Clarendon）郡的这些儿童和其他在他们所生活的社会中从属于明显劣等地位的人一样，在其人格发展过程中的确受到了伤害；他们个性中的不稳定性是明显的，我认为每个心理学家都会接受这样的解释，并且对这些现象会做出同样的解释。

你能看出这份证词——一份来自心理学研究的直接叙述——对最高法院和国家对于种族隔离所付出的心理代价的理解产生了多么巨大的影响吗？

肯尼斯·克拉克的证词显示了心理学研究对个人生活和社会生活同时具有的潜在影响力。

心理学所研究和探讨的内容都是和我们生活息息相关的。人在独处和群体中为什么会表现不一样?在社会环境中的行为为什么会千差万别?受哪些因素的影响?这是社会心理学研究的内容。随着年龄的增长,人的心理和行为会发生什么样的变化?哪些是由先天的遗传决定的?哪些是受环境影响的?这是发展心理学研究的内容。教育在人的发展中起到了什么作用?人们是怎样学习新知识的?这是教育心理学关注的方面。工作是为了什么?领导是怎么起作用的?怎样才能使员工工作更努力?这是管理心理学所研究的领域。可见,我们生活中处处和心理学有关,下面我们就介绍几个心理学的著名实验,来体会一下心理学是如何影响我们的生活的。

（一）教育心理学中的皮格马利翁效应

教育心理学属于应用心理学的分支学科。教育心理学采用心理学的相关理论、方法,在教育情境中,以教师与学生间的交感互动行为作为研究对象,其目的在于针对学校性质及学生心理需求设置合乎学生身心发展的教育环境,协助学校改进行政和教学工作,以达到理想的学校教育目的。

皮格马利翁效应（Pygmalion Effect）又叫罗森塔尔效应,指人们基于对某种情境的知觉而形成的期望或预言,会使该情境产生适应这一期望或预言的效应。美国心理学家罗森塔尔和吉布森（Rosenthal & Jacoboson）在学校中进行了一个实验:首先,给1~6年级的学生进行一次智力测验。然后,在这些班级中随机选出20%的学生,告诉他们的老师说这些孩子很有潜力,将来可能比其他学生更有出息,使老师们产生对这一发展可能性的期望。8个月后,罗森塔尔再次来到这所学校进行第二次测验。结果发现,被期望的学生,特别是一二年级的学生,比其他学生在智商上有了明显的提高。这一倾向在智商中等的学生身上表现尤其明显。而且,从教师们做的行为和性格鉴定中发现,被期望的学生表现出更有适应能力、更有魅力、求知欲更强、智力更活跃等倾向。

这一结果表明,教师的期望会传递给被期望的学生,并产生鼓励效应,使其朝着教师期望的方向变化。罗森塔尔把这一现象称为皮格马利翁效应。皮格马利翁（Pygmalion）是古希腊一个神话中的主人公的名字,相传他是塞浦路斯的国王,善于雕刻。他精心地用象牙雕刻了一位美丽可爱的少女,并深深爱上了这个"少女"。由于他热诚的期望,竟使得这座少女雕像变成了真人,并与他结为伴侣。

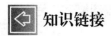 **知识链接**

积极期望的作用

皮格马利翁效应告诉我们,对一个人传递积极的期望,就会使他进步得更快,发展得更好。反之,向一个人传递消极的期望则会使人自暴自弃,放弃努力。皮格马利翁效应不但在学校教育中表现得非常明显,在企业管理方面,也能创造出惊人的效益。

通用电气的前任CEO杰克·韦尔奇就是皮格马利翁效应的实践者。他认为,杰克·韦尔奇团队管理的最佳途径并不是通过"肩膀上的杠杠"来实现的,而是致力于确保每个人都知道最要紧的东西是构想,并激励他们完成构想。韦尔奇在自传中用很多词汇描述那个理想的团队状态,如"无边界"理论、四E素质（精力、激发活力、锐气、执行力）

等等，以此来暗示团队成员"如果你想，你就可以"。在这方面，韦尔奇还是一个递送手写便条表示感谢的高手，这虽然花不了多少时间，却几乎总是能立竿见影。因此，韦尔奇说："给人以自信是到目前为止我所能做的最重要的事情。"

有"经营之神"美誉的松下幸之助也是一个善用皮格马利翁效应的高手。他首创了电话管理术，经常给下属，包括新招的员工打电话。每次他也没有什么特别的事，只是问一下员工的近况如何。当下属回答说还算顺利时，松下又会说：很好，希望你加油。这样使接到电话的下属每每感到总裁对自己的信任和看重，精神为之一振。许多人在皮格马利翁效应的作用下，勤奋工作，逐步成长为独当一面的人才，毕竟人有70%的潜能是沉睡的。

安德鲁·卡内基曾说："我那能够使员工鼓舞起来的能力，是我所拥有的最大资产。而使一个人发挥最大能力的方法，是赞赏和鼓励。再也没有比上司的批评更能抹杀一个人的雄心了……我赞成鼓励别人工作。因此我急于称赞，而讨厌挑错。如果我喜欢什么的话，就是我诚于嘉许，宽于称道。我在世界各地见到许多大人物，还没有发现任何人——不论他多么伟大，地位多么崇高——不是在被赞许的情况下，比在被批评的情况下工作成绩更佳、更卖力气的。"

当下属出现失误时，激励就更为重要了。美国"石油大王"洛克菲勒的助手贝特福特，有一次因经营失误使公司在南美的投资损失了40%。贝特福特正准备挨骂，洛克菲勒却拍着他的肩说：全靠你处置有方，替我们保全了这么多的投资，能干得这么出色，已出乎我们意料了。这位因失败而受到赞扬的助手后来为公司屡创佳绩，成了公司的中坚人物。

（二）管理心理学中的霍桑实验

管理心理学属于应用心理学领域内工业与组织心理学的一个分支学科。其研究的是人员的管理，并探讨员工个性差异，以及人际关系与团体效能等，以促进组织发展、提升生产效率。

霍桑实验是指1924—1932年，以哈佛大学教授G·E·梅奥为首的一批学者在霍桑工厂进行的一系列实验研究的总称。研究者预先设想，在一定范围内，生产效率会随着照明强度的增加而增加。但是，结果表明，无论照明强度增加或减少，都可以提高工作效率。于是，研究者又针对不同的工资报酬、福利条件、工作与休息时间的比例等进行了实验，也没有发现预期的效果，而是发现在不同福利条件下，工人们始终保持了高产量。在此基础上，梅奥等人对厂内2 000多名职工进行了访谈，结果，职工的士气异常高涨，产量大幅上升。

霍桑实验第一次把工业生产中的人际关系问题提到了首要位置，提醒人们在处理管理问题时要注意人的因素，这对管理心理学的形成具有很大的促进作用。梅奥根据霍桑实验，提出了人际关系学说。这一学说为西方管理科学和管理工作指出了新的方向。

知识链接

霍桑工厂系列实验介绍

霍桑实验共分四阶段：

（1）照明实验。

当时关于生产效率的理论占统治地位，劳动医学的观点认为，也许影响工人生产效率的是疲劳和单调感等。于是当时的实验假设便是："提高照明度有助于减少疲劳，使生产效率提高"。可是经过两年多实验，发现结果并不是这样。

具体结果是：当实验组照明度增大时，实验组和控制组都增产；当实验组照明度减弱时，两组依然都增产，甚至实验组的照明度减至0.06坎时，其产量亦无明显下降；直至照明减至如月光一般、实在看不清时，产量才急剧下降。研究人员对此结果感到茫然。

（2）福利实验。

实验目的是查明福利待遇的变化与生产效率的关系。但经过两年多的实验发现，不管福利待遇如何改变（包括工资支付办法的改变、优惠措施的增减、休息时间的增减等），都不影响产量的持续上升，甚至工人自己对生产效率提高的原因也说不清楚。

经过进一步的分析发现，导致生产效率上升的主要原因有两点：①参加实验的光荣感。实验开始时，参加实验的女工曾被召进部长办公室谈话，她们认为参加实验是莫大的荣誉。这说明被重视的自豪感对人的积极性有明显的促进作用。②成员间良好的相互关系。

（3）访谈实验。

研究者在工厂中实施了访谈计划。计划的最初目的是要工人就管理当局的规划和政策、工头的态度和工作条件等问题作出回答，但此计划在进行过程中得到了意想不到的效果。工人们就访谈提纲以外的事情进行了交谈，他们认为重要的事情并不是公司或调查者认为意义重大的那些事。研究者了解到这一点，及时把访谈计划改为无提纲访谈，延长访谈时间，由原来的三十分钟左右延长到一到一个半小时，多听少说，详细记录工人的不满和意见。访谈计划持续了两年多，工人的产量大幅提高。

工人们长期以来对工厂的各项管理制度和方法存在许多不满，无处发泄，访谈计划的实施恰恰为他们提供了发泄机会。工人发泄过后心情舒畅，增强了干劲，使产量得到提高。

（4）群体实验。

梅奥等人在这个试验中选择14名男工人在单独的房间里从事绕线、焊接和检验工作。对这个班组实行特殊的计件工资制度。实验者原来设想，实行这套奖励办法会使工人更加努力工作。但观察的结果发现，产量只保持在中等水平，每个工人的日产量平均都差不多，而且工人并不如实报告产量。

调查发现，这个班组为了维护他们群体的利益，自发地形成了一些规范。他们约定，谁也不能干得太多，突出自己；谁也不能干得太少，影响全组的产量。并且他们约法三章，不准向管理当局告密，如有人违反这些规定，轻则挖苦谩骂，重则拳打脚踢。进一步调查发现，工人们之所以维持中等水平的产量，是担心产量提高，管理当局会改变现行奖励制度，或裁减人员，使部分工人失业，或者会使干得慢的伙伴受到惩罚。

这一试验表明，为了维护班组内部的团结，可以放弃物质利益的引诱。由此，梅奥等人提出了"非正式群体"的概念。他们认为在正式的组织中存在着自发形成的非正式群体，这种群体有自己的特殊的行为规范，对人的行为起着调节和控制作用。同时，也加强了其内部的协作关系。

（三）消费者心理学中的投射测验

消费者心理学属于应用心理学的一个分支学科。其研究对象是社会大众的消费行为，目的在于了解消费者的购买动机、购买行为、消费资讯来源以及影响其对金钱分配选择的因素等。

投射测验关于消费者真实动机的调查。20世纪40年代初期，速溶咖啡刚刚问世。但是，与厂家预想的不一样，消费者并没有被它的方便、省时所打动。心理学家对此进行了调查。直接调查的结果是消费者不喜欢这种咖啡的味道。可是，这个结论是没有依据的，因为速溶咖啡和新鲜咖啡的味道是一样的。后来，心理学家采用了一种投射测验。他们编制了两份购物清单，除了咖啡不一样外，其他全部都一样。他们把这两份购物清单分发给两组家庭主妇，请她们描述不同购物清单所反映的家庭主妇的特征。测验结果发现，购买速溶咖啡的家庭主妇被看作是懒惰、邋遢的女人；购买新鲜咖啡的家庭主妇则被评价为勤快、有经验、会持家。其实这反映的是人们不接受速溶咖啡的深层动机。于是，该厂家改变了宣传策略，改进包装，不再强调速溶咖啡方便的特点，而是着力宣传新鲜咖啡所具有的美味、芳香和品质醇厚等特点，速溶咖啡也同样具备。他们在杂志的整版广告上画了这样一幅图：一杯美味的咖啡，它后面高高地堆着很大的褐色咖啡豆，速溶咖啡罐头上写有"100%的真正咖啡"，很快消极印象被克服了，速溶咖啡成为咖啡中最受欢迎的产品。

（四）司法心理学中的记忆重构

司法心理学属于心理学中的一个专门学科。它主要是运用心理学的理论和方法，探讨有关法律历程中的行为问题，如对违法事实与违法行为认定的可信程度、见证人证词的效度和信度等。

关于记忆过程的重构。记忆的准确性一般情况下不会严重影响到人的生活，但是当作为目击证人时，记忆的准确性可能会起着关键的作用。传统的记忆理论不太关注记忆内容的准确性问题，但是以伊丽莎白·罗夫特斯（Elizabrth Loftus）为代表的研究者们却非常关注这个问题，并提出了记忆过程中信息的重构现象：个体回忆出来的内容不再是原先感知的信息，而是重新组织后的信息。她做了一系列实验证明了记忆过程中存在着重构。如让40名被试者观看一部电影的片段，然后回答一份与电影相关的问卷，其中19个问题是无关紧要的，但问卷中有这样一个关键问题，其中一半被试者看到的内容是："进入教室的4名示威者的带头人是男性吗？"另一半被试者看到的内容则是："进入教室的12名示威者的带头人是男性吗？"（电影中是8名示威者）我们将看到细微的数字差别在下面的测试中所带来的神奇效果。一个星期后，40名被试者被召回，并在不再看电影的情况下要求他们回答有关影片的新的20个问题。在这里，罗夫特斯仅仅关注其中的一个问题："你看见多少名示威者走进教室？"在一个星期前的问卷中提到有"4名示威者"的被试组答出的人数平均在6.4，而另外一组被试者，由于他们之前看到了"12名示威者"这一假定前提，答出的人数平均为8.85，差异显著。

无论是在学习、工作还是生活中，心理学都和我们紧密相关。心理学家们对各种现象进行研究，并尝试去解释它们，探究其形成的原因、影响因素等，进一步预测、控制人们的行为，这些都在潜移默化地影响着我们的观念、行为，改善着我们的生活。

三、发展中的心理科学

自从采用科学实验方法研究感觉心理之后，心理学家们一直尝试采用心理物理学的方法，研究更为复杂的心理现象。由于研究目的不一，结果导致了各心理学派的形成。19世纪末至20世纪40年代期间，形成了多个学派对立的局面，其中最主要的有结构主义、功能主义、行为主义、完形心理学和精神分析五个学派。20世纪40年代后，随着各学派内部意见分歧和各学派思想的交融，学派对立的局面逐渐消失，心理学理论取向演变成了六种观点：以行为主义为基础的心理学观点、以精神分析为基础的心理学观点、以人本主义为基础的心理学观点、以认知主义为基础的心理学观点、以心理生物学为基础的心理学观点和以进化论为基础的心理学观点。到目前为止，由于心理学性质的复杂和人类生活需求的广泛性，心理学在研究的主题和科目上，仍然在迅速发展和变化着。所以说，心理学仍然是一个年轻的学科，是不断发展中的科学。

2015年中秋节，一则有趣的信息在网上流传——《对于一块月饼，心理学家的说法》，我们从中体会下不同研究者的观点：

冯特：我就想研究一下，它是由哪些元素组成的。（构造主义）

华生：我就想知道它的制作过程是怎样的。（行为主义）

弗洛伊德：我想知道它里面是什么馅的。（潜意识理论）

巴甫洛夫：一见到月饼，我就不由自主地流口水。（经典条件反射）

斯金纳：谁想吃这块月饼，必须先帮我完成一件事。（操作性条件反射）

詹姆斯：月饼的最大功能是能够让人解馋。（机能主义）

罗杰斯：我必须考虑到各位的感受，所以，我决定将它分开，一人一块。（人本主义）

马斯洛：吃了这块月饼就可以满足我品尝美味的需求。（需要层次理论）

皮亚杰：我得研究研究，那些原料是通过什么方式结合在一起的。（结构主义）

米德：这些月饼我们不能简简单单地将它视为一种食物，它在互动的过程中已经被人们赋予了新的内涵。（符号互动论）

格根：无论它包含多少种意义，这些意义都是由社会建构的。（社会建构论）

格尔茨：只有在中国才能吃到月饼这种食品，它代表了中国的一种文化。（文化心理学）

塞利格曼：透过"月饼"这种特殊的食品，我们可以看得出中国人美好的、积极的情感。（积极心理学）

萨宾：来来来，我们一边吃月饼，一边说说自己跟月饼有关的故事。（叙事心理学）

安东尼罗宾：吃了这块月饼，你就拥有无穷的力量！！！（潜能开发）

库恩：面对同一块月饼，你们之所以表达出不同的话语，完全是由你们各自的范式决定的。（范式论观点）

海灵格：吃月饼时要把家族中的每个成员都放在心里，如果有人被排除或遗忘，你这月饼怎么吃都不是滋味……（家族排列）

结构主义关注心理的内容；机能主义对那些使机体适应环境和有效地发生功能的、习得的习惯，赋予了基本的重要性；心理动力学认为，行为是由强大的内部力量来驱使或激发的；行为主义则在寻求理解特定的环境刺激如何控制特定类型的行为；心理进化论认为心理能力和身体能力一样，是经过了几百万年的进化，以达成特定适应性目标的；持有文化观点的研究者们则在关注行为的原因和结果中跨文化的差异性。

 知识链接

盖奇事件

25岁的菲尼斯·盖奇在美国佛蒙特州铁路建设工地工作，他负责爆破岩石。1848年9月13日这一天，正当盖奇用一根铁撬棍把甘油炸药填塞到孔中的时候，一颗火星意外地点燃了炸药。当时他的头正歪向一边，提前引爆的甘油炸药将他手中的铁撬棍从他的左颧骨下方穿入头部，然后从眉骨上方穿出。这根铁撬棍长约1.1米，重5.04千克，一端直径为3.18厘米，另一端直径为0.64厘米。当他被铁撬棍击中后，尽管颅骨的左前部几乎完全被损毁了，但他并未失去知觉。在一位年轻的外科医生哈罗的精心治疗下，盖奇在10周后出院了。此后，他的身体逐渐恢复，又可以工作了。

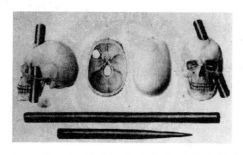

盖奇的幸存是一个奇迹，他仍然可以说话、走路，严重的脑损伤似乎对他没有什么影响。但不久以后，人们发现盖奇的脾气与从前大不相同了。他本是一个非常有能力、高效率的领班，思维机敏、灵活，对人和气、彬彬有礼。但这次事故以后，他的行为和性格发生了巨大改变。他变得粗俗无礼，对事情缺乏耐心，既顽固、任性，又反复无常、优柔寡断。他似乎总是无法计划和安排自己将要做的事情。正如他的朋友们所说，"他不再是盖奇了"。

在他生前和死后，医学和心理学权威人士对他进行了广泛研究。现在，他的头骨保存在哈佛大学的医学博物馆。

▶ 情境分析要点总结：

（1）心理学是一门科学，并不能随意猜想别人心中的想法。

（2）心理科学同其他科学一样，都需要客观描述发生的事情，用科学的方法来进行解释，以期能预测、控制人们的行为。

（3）心理科学是一门帮助人们更好生活的学科。

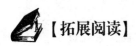**【拓展阅读】**

心理书籍推荐

《心理学与生活》（第16版），［美］格里格、津巴多著，王垒、王甦等译，人民邮电出版社，2003年10月。

推荐理由：本书不仅介绍了心理学的经典理论知识，而且致力于利用坚实的科学研究来与心理学中的错误观念作战。其宗旨是：心理学是一门科学，同时关注这门科学在生活中的应用。

《心理学史》（第4版）［美］戴维·霍瑟萨尔、郭本禹著，郭本禹等译，人民邮电出版社，2011年5月。

推荐理由：本书以传记体的形式，对推动心理学思想和学科发展的重要人物及其思想和理论学派进行了生动的论述，既在心理学家的社会和政治背景下追溯心理学体系的发展，又注重考察个体心理学家的生活与事业。同时，作者坚持公正的立场，为心理学家的"弱势群体"正名，还历史以本来面目。

《改变心理学的40项研究》（第5版），罗杰·霍克著，白学军等译，人民邮电出版社，2010年8月。

推荐理由：本书独特之处在于将心理学的书本知识和科学研究结合起来，通过40个经典研究，带领读者全面认识心理学，内容通俗易懂、生动活泼，可读性强。

心理网站推荐

中国心理学会网址　　http：//www.cpsbeijing.org/
中国心理卫生协会　　http：//www.camh.org.cn/

【思考与练习】

（1）生活中哪些事件与心理学有关系？
（2）心理学是如何影响我们的生活的？
（3）你最感兴趣的是哪方面的研究？

情境 2　认识心理健康

▶ 情境引入

于佳的疑惑

于佳是某高校大一的学生，刚刚步入大学的她正感受着新生活带来的不同。她的宿舍六个人，每个人都有自己的特点，相处起来还是挺有意思的一件事情。但是，有个同学特别"怪"，比如每天很早起来，但是不洗漱、不开灯，只是那么静静地坐在床上，也不说话，问她啥也不说话，让人觉得好奇怪。

那么，这个同学是不是心理有问题呢？于佳很疑惑。

▶ 情境分析

下面，我们来了解一下关于心理健康的相关知识：什么是心理健康？怎样才是心理健康？有了心理困惑我们该怎么办？

一、心理健康的含义

心理健康指的是一种持续高效而令人满意的心理状态，人的基本心理活动协调一致，即认知、情感、意志、行为和人格完整协调，能够顺应社会，并与社会保持同步。

1946 年，第三届国际心理卫生大会对心理健康是这样定义的："心理健康是指在身体、智能以及情感上与他人心理健康不相矛盾的范围内，将个人的心境发展成为最佳的状态。"

咨询心理学家布洛克（D. H. Blocker）认为，心理健康的本质在于个体能够不断地学习有效的技巧，改变行为的模式和应对策略，以应付紧张状态，从而成功地适应其环境。

我国学者刘华山教授认为，"心理健康是一种持续的心理状态"，在这种状态下，个人具有生命的活力、积极的内心体验、良好的社会适应能力，能够有效地发挥个人的身心潜力与积极的社会功能。

由此可见，心理健康只是一个相对的概念，虽然人们所站的角度不同，对心理健康的理解有一定的差异，但存在一些共同之处，那就是：心理健康是一种持续的积极发展的心理状况，在这种状况下，个体能做出良好的适应，能充分发挥身心潜能。

二、心理健康的标准

根据心理健康的概念描述，研究者们又提出了一系列具体标准。

第三届国际心理卫生大会（1946 年）提出心理健康的标志是：身体、智力、情绪十分协调；适应环境，在人际关系中彼此能谦让；有幸福感；在职业工作中，能充分发挥自己的能力，过着有效率的生活。

人本主义心理学家马斯洛（Abraham Harold Maslow）和密特尔曼（Mittelman）提出了

心理健康的十条标准：

1. 充分的安全感。安全感是人的基本需要之一，如果长期惶惶不可终日，人便容易衰老。而长期的抑郁、焦虑等心理会引起消化系统功能的失调，甚至会导致形态学病变。

2. 充分了解自己，对自己的能力做出恰如其分的判断。如果勉强去做超越自己能力的工作，就会显得力不从心，对身心大为不利。

3. 生活目标切合实际。由于社会生产发展水平与物质生活条件受各人特定的条件限制，如果生活目标定得太高，必然会产生挫折感，不利于身心健康。

4. 与外界环境保持接触。因为人的精神需要是多层次的，与外界接触，一方面可以丰富精神生活，另一方面可以及时调整自己的行为，以便更好地适应环境。

5. 保持个性的完整与和谐。个性中的能力、兴趣、性格与气质等各种心理特征必须和谐而统一，方能得到最大的施展。

6. 具有一定的学习能力。现代社会知识更新很快，为了适应新的形势，就必须不断学习新的东西，使生活和工作能得心应手，少走弯路，以取得更大的成功。

7. 保持良好的人际关系。在人际关系中，有正向积极的关系，也有负向消极的关系，而人际关系的协调与否，对人的心理健康有很大的影响。

8. 能适度地表达和控制自己的情绪。人有喜怒哀乐不同的情绪体验，不愉快的情绪必须释放，以求得心理上的平衡。但不能发泄过分，否则，既影响自己的生活，又加剧了人际矛盾，于身心健康无益。

9. 有限度地发挥自己的才能与兴趣爱好。人的才能和兴趣爱好应该充分发挥出来，但不能妨碍他人利益，不能损害团体利益，否则，会引起人际纠纷，徒增烦恼，无益于身心健康。

10. 在不违背社会道德规范的前提下，个人的基本需要应得到一定程度的满足。当然，必须合法，否则将受到良心的谴责、舆论的压力乃至法律的制裁，自然毫无心理健康可言。

心理健康具体到不同年龄、不同阶层等群体，都有不同的具体表现。大学生是一个特殊的群体，大学阶段也是个体发展过程中的一个特殊时期。目前，对于大学生心理健康的标准，有以下几点共识：

能对学习保持较浓厚的兴趣和求知欲望。

能保持正确的自我意识，接纳自我。

能协调与控制情绪，保持良好的心境。

能保持和谐的人际关系，乐于与人交往。

能保持完整统一的人格品质。

能保持良好的环境适应能力，包括认识环境及处理个人和环境的关系。

心理行为符合年龄特征。

 知识链接

《2010—2011 年大学生心理健康调查报告》

2010 年 11 月 30 日至 2011 年 2 月 28 日，大学生杂志社、中国大学生网围绕涉及大学

生心理困扰产生的原因、现状及对策等10个方面的问题，对大学生的心理健康状况进行了网络调查，近万名大学生进行网上投票。

调查结果显示：83%的大学生认为心理健康的最典型的特征是处事乐观、热情诚恳，九成多的大学生有过心理方面的困扰。

调查结果显示：27%的大学生认为自己经常有心理方面的困扰，66%的大学生认为自己偶尔有心理方面的困扰，仅有2%的大学生表示自己没有心理困扰，另有3%的大学生选择没有想过这个问题。

人际交往压力、就业压力、处理情感问题的能力不强是造成大学生心理困扰和心理问题的重要原因。38%的大学生遇到烦心事或感到压抑时不向任何人诉说。

调查结果显示：大学生选择倾诉的对象依次是知心朋友（65%）、家人（26%）、男/女朋友（14%）、老师（9%）、学长/学姐（6%）、心理咨询员（5%），而有38%的大学生选择不找任何人。87%的大学生会开导身边存在心理问题的朋友，85%大学生表示自己从来没去过心理咨询室，95%的大学生表示会认真对待心理问题，68%的大学生认为最需要辅导的项目是在面临人生重大选择时提供参考意见，近六成的大学生认为心理健康工作者最应该加强的工作是深入学生中多沟通。

人的心理健康是一个动态的过程，心理健康的标准也是一种理想的尺度，我们很难做到符合所有的标准。所以，我们在看待这些标准时，注意不能生搬硬套，应该灵活掌握，也不能以一时的状态决定自身心理健康水平的高低。

三、心理健康的意义

（一）心理健康有利于促进身体健康，减少心身疾病的发生

小远同学是某大学一年级的学生，以前从来没有离开过家的她第一次住集体宿舍。由于宿舍管理要求按照军训标准整理，所以同学们每天都要在起床后尽快做好个人卫生。但是，小远动作慢，性格内向，不善于与室友沟通，总觉得自己跟不上同学们的步伐。同宿舍的同学性格活泼、心直口快，总是催促她："快点！你快点，我们先走啦！"小远觉得自己和同学们根本合不来，融不到集体活动中。最近，她觉得胸口闷，压抑，喘不过气来，不得不让家长带她去医院检查。

心理健康的人在压力、挫折面前可以调整自身的情绪和心理状态，积极应对生活中发生的具体事件，并采取有效措施预防精神疾病的发生，减少因心理因素引发的躯体疾病的概率，降低由于负性情绪引发的反社会行为的发生。

 知识链接

什么是心身疾病

心身疾病是一组发生发展与心理社会因素密切相关，但以躯体症状表现为主的疾病。按照器官系统分类划分，心身疾病有消化系统的胃、十二指肠溃疡等；心血管系统的原发性高血压、冠心病等；呼吸系统的支气管哮喘、过度换气综合征等；皮肤系统的神经性皮

炎、荨麻疹等；内分泌代谢系统的甲状腺功能亢进、糖尿病等；神经系统的紧张性头痛、偏头痛等；泌尿与生殖系统的遗尿病，经前紧张综合征等；骨骼肌肉系统的类风湿性关节炎、腰痛等；还有癫痫、口腔炎等。以上各类疾病，均可在心理应激后起病、情绪影响下恶化，心理治疗有助于病情的减轻。

（二）心理健康有利于促进个人成长，增加成功的概率。

小亚是某高职院校三年级的学生，在面临毕业的同时，又经受着和女朋友分手的"考验"。面对着如此多的压力，小亚忙得真是有点焦头烂额了。他不得不调整心态，积极应对求职挑战。他实在想不通女朋友为什么会和自己分手，找老师、同学、朋友聊天，宣泄自己的情绪。虽然很痛苦，但是小亚还是和女朋友和平分手了。最后，他也找到了自己喜欢的工作。

健康的心理状态是我们迎接生活挑战的必要条件。如果一个人经常过度地处于焦虑、郁闷、孤僻、自卑、犹豫、暴躁、怨恨、猜忌等不良心理状态，是不可能在学习、工作和生活中充分发挥个人潜能、取得成就、得到发展的。因此，良好的心理健康有助于克服人的消极心理状态，有助于促进身心健康、提高生活质量，促进个体取得成功。

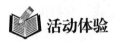 活动体验

"命运"之牌——体验幸福感

（1）活动目的：让学生学会接纳自己，懂得珍惜现在所拥有的资源，感知幸福。

（2）活动道具：写有不同内容的小纸牌若干（纸牌内容附后）、轻音乐。

（3）活动程序：

① 主持人指导语：由于受到生活环境等各种因素的限制，每个人的命运是不同的。有的同学可能对自己的家庭环境不满意，有的同学可能对自己的长相不满意，也有的同学可能对目前的自己不满意……

假定每个人能够获得第二次生命，每个人的命运可以重新选择。我手中有很多纸牌，每张牌就是命运的一种重新安排，它所包含的资料就是你新的生活资料，从现在起，你就是牌上的这个人。设想一下你处在这种情况下的命运，现在看看自己目前的处境、位置与假设的第二次人生选择的处境相比，有什么不同？

② 主持人把纸牌放在一个盒子里，让同学们随机抽取一张，不得更换。

③ 全班同学交流全新的"自己"，并询问是否满意牌上的"自己"。生命只有一次，你该怎样面对已经拥有的生活？

附：纸牌内容举例

① 自己不幸患了癌症，家里没有钱治疗。

② 因家中意外发生火灾，脸部被大火烧伤，留下了一个很难看的伤疤。

③ 家中父母离异，经济困难，读书条件很差。

④ 出生在一个贫困山区，父母无力供养自己读书。

⑤ 自己相貌普通，在班级里不引人注意，学习等各方面都一般。

⑥ 父母下岗，家庭经济困难，不能支付目前的学习费用。
⑦ 与周围同学的关系紧张，很不受大家的欢迎。
⑧ 学习成绩优秀，但人缘很差，不受老师和同学欢迎。
……

幸福感是衡量个体生活质量的重要综合性心理指标。从心理学的角度看，幸福感的高低取决于个体对于生活质量的主观感受，即个体自觉满意即产生幸福体检，个体不满意即无幸福感。研究表明，心理越健康的人越容易感到幸福。心理健康的人能积极地看待生活，他们往往更关注生活中的积极因素，更容易满足。而人们感到不幸福的原因是他们给幸福设置了太多条件，一旦没有达到，即产生失望感，因而很难拥有幸福体验。

 知识链接

5.25 大学生心理健康日

2000 年，由北京师范大学心理系团总支、学生会倡议，随后十多所高校响应，并经有关部门批准，确定 5 月 25 日为"北京大学生心理健康日"。"5.25"是"我爱我"的谐音，对此，发起人的解释是：爱自己才能更好地爱他人。2004 年团中央学校部、全国学联共同决定将 5 月 25 日定为全国大中学生心理健康节。

把这样一个意义重大的节日定在 5 月 25 日，是用心挑选的。首先，5 月 4 日是青年节，长期以来，5 月被人们赋予了和年轻人一样的活力和激情。作为新一代的年轻人，首选的活动当然是在 5 月。其次，鉴于大学生缺乏对心理健康知识的了解，由此导致缺乏对自己心理问题的认识，所以，心理健康日活动就是要提倡大学生爱自己，珍爱自己的生命，把握自己的机会，为自己创造更好的成才之路，并由珍爱自己发展到关爱他人、关爱社会。

▶ 情境分析要点总结：

（1）心理健康是一个动态的过程，一时的心理困惑不代表心理健康出现了问题。
（2）大学生应该积极关注自我心理健康状态，学会自我调适。

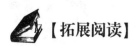【拓展阅读】

大学生常见心理问题

（1）环境适应问题。在大一新生中较为常见。
（2）学习问题。大学生常见的学习问题主要表现为：学习目的问题、学习动力问题、学习方法问题、学习态度问题，以及学习成绩差，等等。大学期间，学习往往不再如高中阶段那样得到绝大多数人的重视，目的不明确、动力不足、态度不好构成了学习问题的主要方面。

（3）人际关系问题。如何与周围的同学友好相处，建立和谐的人际关系，是大学生面临的一个重要问题。同高中阶段相比，大学生对人际关系问题的关注程度超过了学习，也成为大学生心理困扰的主要来源之一。人际关系问题常常表现为难以和别人愉快相处，没有知心朋友，缺乏必要的交往技巧，过分委曲求全等，以及由此而引起的孤单、苦闷、缺少支持和关爱等痛苦感受。

（4）恋爱与性心理问题。大学生处于青年中后期，性发育成熟是重要特征，恋爱与性问题是不可避免的。一般包括：单相思、恋爱受挫、恋爱与学业关系问题、情感破裂的报复心理等，而性心理问题常见的有：性困扰，以及由婚前性行为、校园同居等问题引起的恐惧、焦虑、担忧等。

（5）性格与情绪问题。性格障碍是大学生中较为严重的心理障碍，其形成与成长经历有关，原因较为复杂，主要表现为自卑、怯懦、依赖、神经质、偏激、敌对、孤僻、抑郁等。

（6）求职与择业问题，是高年级大学生常见的问题。在跨入社会时，他们往往感到很多的困惑和担忧。如何选择自己的职业，如何规划自己的生涯，求职需要些什么样的技巧等问题，都会或多或少带来困扰和忧虑。

心理网站推荐

中华心理网　　　http：//www.psy.com.cn
5.25心理网　　　http：//www.psy525.cn
壹心理　　　　　http：//www.xinli001.com

心理影片推荐

《阿甘正传》
描绘了先天智障的小镇男孩福瑞斯特·甘自强不息，最终"傻人有傻福"地得到上天眷顾，在多个领域创造奇迹的励志故事。该片获得奥斯卡最佳影片奖、最佳男主角奖、最佳导演奖等6项大奖。

《美丽人生》
讲述了一对犹太父子被送进纳粹集中营，父亲运用自己的想象力对儿子说，他们正身处一个游戏当中，让儿子的心灵没有受到伤害，最终赢得了"游戏大奖"的故事。

《独自等待》
讲述了现代都市里一群年轻人的故事，以男主人公寻找他心中的真爱为主线，描绘了年轻人在青春、爱情、迷茫中的各种困惑，以及成长的过程。

【思考与练习】

（1）生活中哪些事件与心理学有关系？
（2）心理学是如何影响我们的生活的？
（3）你最感兴趣的是哪方面的研究？

【测一测】

大学心理健康自测量表

【指导语】

每个人都非常关心自己的健康，无论是心理上的还是生理上的，那么，什么才是心理健康呢？它是指人的内部心理与外部行为和谐、统一，并能良好地适应社会、环境的一种心理状态。它有这样几个指标：对自己有恰当的认识，正视并能接受现实，有良好的人际关系，热爱生活，乐于学习和工作，能协调控制自己的情绪，保持良好的心情，有健全的人格，心理特点要符合年龄特征。以下题目可以帮助你了解自己的心理健康程度，使你更清楚地认识自己。请你根据自己的实际情况，在选项A（是）、B（无法确定）、C（不是）中，选出和自己最接近的选项，填到后面括号内。

1. 心情总是闷闷不乐，情绪善变。（　　）
2. 老是担心门没锁好，电源可能有问题，因而多次检查，甚至走了好远还拐回来看看。（　　）
3. 虽未曾患过恶性疾病，却一直担心会不会染上什么严重的病。（　　）
4. 容易脸红，害怕站在高处，害怕当众发言。（　　）
5. 由于关心呼吸和心脏跳动的情况而难以入睡。（　　）
6. 每天总是多次洗手，认为公用电话不洁，而不敢使用。（　　）
7. 总是担心"这样做是否顺利"，以致无法放手去做。（　　）
8. 有些奇怪的观念总是出现在脑海里，明知这些念头很无聊，却又无法摆脱。（　　）
9. 离开家门时，如果不从某只脚开始走，心里总是不安。改变床附近的东西就无法入睡。（　　）
10. 尽管四周的人在欢乐地取闹，自己却觉得没有什么意思。（　　）
11. 外界的东西犹如影子一般朦胧，见到的东西无法清晰地回忆出来。（　　）
12. 总觉着父母或亲友最近对自己太冷漠，或者不知为什么总是很反感或产生强烈的孤独感。（　　）
13. 心中无端地产生"这个世界正趋于灭亡，新的世界即将开始"的感觉。（　　）
14. 总觉着有人在注意、凝视自己或追赶自己。（　　）
15. 有时会产生被人左右或身不由己的感觉。（　　）
16. 常自言自语或暗自发笑。（　　）

17. 虽然没人却总觉着有声音,晚上睡觉时总觉着有人进入了房间。(   )
18. 遭遇失败或与同学不和谐时,会很敏感地觉着"我被人嘲笑"。(   )
19. 当自己的权利受到侵害时拼死力争。(   )
20. 当东西丢掉时,便不由自主地想到"大概是××偷去的",当受到老师的批评时,立即会想到"一定是××告密的"。(   )

【计分与评价】

是:2分;无法确定:1分;不是:0分。

结果统计:1~11题作为A类;12~17题作为B类;18~20题作为C类。

结果分析:A类和B类的得分都在4分以下:心理非常健康;5~7分:心理健康情况一般,可算是一个正常的人;8~10分:表明神经有些疲倦,最好是设法减轻学习的压力,进行娱乐以调节生活而放松精神。A类得分在11分以上:可能会有神经衰弱的倾向,需要关心一下自己的健康了;B类得分在11分以上:最好是请心理辅导老师进行辅导,早些预防;C类得分在4分以上:最好是尽早请心理咨询师进行辅导。

以上数据仅供参考。

项目二 认识自我 完善自我

▶ 学习目标

知识目标
① 了解自我意识的概念；
② 了解自我意识的类型；
③ 了解大学生自我意识的偏差。

能力目标
① 正确认识自我；
② 培养健全的自我意识。

情境1 认 识 自 我

▶ 情境引入

请写下20个以"我是……"开头的句子，要内容真实，不分好坏，来自己的真实感觉。写完后，请看下表王同学写的12个以"我是……"开头的句子。

序号	自我意识	自我意识（按内容分类）
1	我是19岁的大一女学生	生理自我
2	我是爸爸妈妈的女儿	社会自我
3	我是一位积极、乐观、开朗的女孩子	心理自我
4	我是乐观的，但有时也会孤独	心理自我
5	我是相貌平平的，但能欣然接受	生理自我及心理自我
6	我是喜欢念书的	心理自我
7	我是有个性的	心理自我
8	我是有时脾气好，但有时会发火	心理自我
9	我是有眼光的，有自我的判断力	心理自我

续表

序号	自我意识	自我意识（按内容分类）
10	我是尽可能控制自己脾气，因为我热爱生命	心理自我
11	我是有生命力的人	心理自我
12	我是一个不断进步的人	心理自我

▶ 情境分析

苏格拉底说："认识了你自己，就能对自己做出恰如其分的评价，选择适合自己的位置；认识了你自己，就能发现自己的无知、幼稚和粗俗，追求高尚和智慧；认识了你自己，就能审时度势，不好高骛远、自不量力，也不自轻自贱、自暴自弃。"可见认识自我对个人来说是多么重要的事情。

自我意识是指一个人对自己各种身心状况以及自己和周围关系的一种认识，也是人认识自己和对待自己的统一。自我意识是意识的最高级形式，它不是单一的心理品质，而是认识、情感、意志的融合体，是一个完整的心理结构。

从内容来看，还可以把自我意识分为生理自我、社会自我和心理自我。生理自我是指个人对自己身体的认识，包括占有感、支配感和爱护感。这是自我意识的最原始形态。社会自我是指个人对自己在社会关系、人际关系中的角色、地位的意识，对自己所承担的社会义务和权利的意识等。心理自我就是个人对自己心理活动的意识，它包括对自己性格、智力、态度、信念、理想和行为等的意识。

从结构形式上来看，自我意识表现为自我认识、自我体验和自我控制。自我认识是指一个人对自己各种身心状况的认识。它包括：自我感觉、自我观察、自我观念、自我分析和自我评价等。自我认识主要涉及"我是一个怎样的人""我为什么是这样一个人"等问题。自我体验是指一个人在自我认识的基础上产生的对自己所持的情感体验。它包括：自我感受、自尊、自爱、自卑、责任感、优越感等。自我体验主要涉及"我是否满意自己""我能否悦纳自己"等。自我控制是指不受外界诱惑因素影响，能够自己调节和控制自己的情感冲动和行为，是一种意志力强的表现。它包括：自主、自立、自强、自卫、自制、自律等。自我控制主要涉及"我怎样控制自己""如何使自己成为理想的那种人"等问题。

总之，自我意识是一种多维度、多层次的心理活动系统，这个心理活动系统表现为一个人对自己的思想认识、情感行为、个性特征以及人际关系各个方面的认识、情感和意志的统一。自我意识在发展人的个性中占有重要的地位，人的兴趣、能力、性格、情感、意志和道德行为无不受它的影响。

一、自我意识的结构

从知、情、意三方面着手，自我意识分为自我认知、自我体验和自我调节三个过程。自我认知是指自己对自己的认识和评价，包括自我感觉、自我印象和自我评价。自我体验是在自我认知的基础上自我的情绪体验，包括自我价值感、成功感、失败感、自豪感、羞愧感和内疚感。自我调节是综合自我认知和自我体验之后产生的各种思想倾向和行为倾向。自我调节是自我意识结构中的最高阶段，其核心是如何改变自我。

内涵	自我认识	自我体验	自我调节
生理自我	对自己身体、外貌、年龄、仪表、健康状况、所有物等方面的认识	自豪感或自卑感	追求身体的外表、健康、物质欲望的满足，维持家庭的利益等
心理自我	对自己的智力、性格、气质、兴趣、信念、理想等个性特征的认识	自豪感或自卑感	追求理想，注意行为符合社会规范，要求智慧与能力的发展
社会自我	对自己在集体中的角色、名望、地位、经济条件等方面的认识	自豪感或自卑感	追求名誉地位、威望，与他人竞争，争取得到他人的好感等

二、"现实我""镜中我"和"理想我"

按存在方式来看，自我意识可分为"现实我""镜中我"和"理想我"。"现实我"是自己在现实社会中获得的自我感觉，是按自己的标准对自己的现状和社会关系的认知和评价。"镜中我"是自己接受认可的他人对自己的看法和评价。"理想我"是自己希望自己达成的形象、目标及未来的自我。"现实我"是一种能被别人感知到的客观存在，"镜中我"和"理想我"是自我在大脑中的一种客观存在，容易受到自己的主观影响。

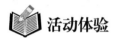 活动体验

认 识 自 我

请根据自己的感觉，写出"现实我""镜中我"和"理想我"。

父亲眼中的我（"镜中我"）	
母亲眼中的我（"镜中我"）	
同性好朋友眼中的我（"镜中我"）	
异性好朋友眼中的我（"镜中我"）	
自己眼中的我（"现实我"）	
自己理想中的我（"理想我"）	

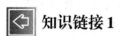 知识链接1

意识与潜意识

精神分析学派最初是从对人的潜意识研究开始的。潜意识是相对人的主观意识而言

的，潜意识通常指自己意识不到，但确实存在的内在的精神领域现象。自我意识到的一切，并不是精神世界的全部，相反，意识只是精神世界的冰山一角。弗洛伊德有过这样一个比喻：意识是浮在海平面上看得见的冰山的上端，更庞大的部分隐藏在水面下看不到，好比潜意识的内容。世界潜能大师博恩·崔西曾经说过："潜意识的力量比意识大三万倍以上。"

意识从潜意识分化而来，潜意识相当于意识的源泉，它一直是我们赖以生存的重要根基。尽管你也许觉察不到，每个人都是意识与潜意识共同协调作用的统一体。我们不要以为潜意识比意识低级，潜意识是一个人更内在、更深刻的自我，它包含着数百万年来的智慧。有些潜意识功能好的人甚至可以像动物一样预知危险，从而避开危险，我们称之为第六感。人类的潜意识中包含着惊人的潜力，丰富的功能。一个意识与潜意识配合良好的人能够发挥更大的潜能，取得比常人更大的成功。同学们都知道什么叫"灵感"吧？灵感就是应意识的请求，从潜意识中涌现的创造性思想，它突如其来、毫无逻辑、突破理性。

 知识链接2

乔哈里视窗

美国心理学家 Joe Lufthe 和 Harry Ingam（1969）从自我概念的角度对人际沟通进行了深入的研究，提出了乔哈里视窗（Johari Window）理论。"窗"是指人的自我意识，它分为四个部分：开放我、隐秘我、盲目我、未知我。

	自己知道	自己不知道
别人知道	开放我	盲目我
别人不知道	隐秘我	未知我

三、大学生自我意识发展的任务

大学生自我意识发展的主要任务是建立自我同一性和发展亲密关系。若在大学阶段这些任务完成不好，就会出现自我的混乱与迷失，并会缺乏与他人建立亲密关系的能力。

（一）建立自我同一性

自我同一性是指自己将自身动力、能力、信仰和历史进行组织，形成完整的自我形象。它涉及对各种选择的整合，进而做出的最后决定，尤其是关于工作、价值观、意识形态和承诺等心理层面的内容。若大学生无法整合选择，也就是没有能力选择，就会出现自我同一性混乱，不知道自己是谁，自己要做什么，不能认清自己的发展方向，没有一个整合的自我。自我同一性的确立意味着自己对自身有充分的了解，能够将自己的过去、现在和将来整合，形成自己的理想和价值观，能够对自己的未来做出自己的思考、判断和决定。

(二) 建立亲密关系

亲密关系可以是朋友关系和恋爱关系。亲密关系的建立意味着把自己的同一性和他人的同一性融为一体，在融合过程中（即在关系中）学会成长。在建立关系的过程中必然会产生矛盾，在处理矛盾的过程中学会理解、包容、谦让、和谐处理复杂情绪和情感体验。建立亲密关系是个人成长必经过程，是步入社会前的演练。自己在关系中长大，自我意识在关系中得以丰富、完善和整合。

四、大学生自我意识形成的主要来源

大学生自我意识的形成主要来源于他人的反馈、反射性评价、依据自我行为判断和社会比较四个方面。

他人的反馈：别人对自己的品质、能力、性格等给予清晰的反馈，从中能增强对自己的了解。特别是当许多人的看法一致时，更会增强自己的信念，更会认同自己是他人反馈的样子。如果他人反馈的内容是积极的、正向的，会更加激励自己向正向积极方向发展；相反，负面性评价过多时，自己会产生"习得性无助"。

反射性评价：我们常常依据别人如何对待自己来了解自己，就像镜中的"我"和别人眼中的"我"就是我们自己的感知一样，这是反射性评价。

依据自我行为判断：人们常常依据自己的感觉、知觉、想法、情绪对自己的行为做出判断。

社会比较：大学生正处在人生发展的重要阶段，大学生的人生目标、职业理想、生活价值观正在形成中。社会比较为大学生提供了认识自我、了解自我和发展自我的心理策略。

五、大学生自我意识的类型

1. 自我肯定型："理想我"比较符合社会发展要求和社会期望，也比较切合大学生自身的实际情况，是经过积极努力能够达到的，自我肯定者往往心情舒畅、生活如意、容易成功。

2. 自我否定型：对"现实我"的评价过低，使得"理想我"和"现实我"差距非常大，认为即使经过努力也无法实现"理想我"（缺乏自信、否定自己的能力），自我否定者往往悲观失望、胸无大志、难有作为。

3. 自我矛盾型："理想我"（偏高）与"现实我"之间的差距很大，形成较大的冲突和矛盾，自我调节缺乏稳定性和确定性，不清楚自己究竟想干什么，生活在一片迷茫之中。

4. 自我扩张型：盲目自信、心高气傲、自吹自擂、自我放大，忽视现实环境的束缚。

5. 自我萎缩型：感到自己无法实现理想自我，自卑或自暴自弃，但对现实自我又很不满意。

六、大学生自我意识的主要特点

处于青年中期的大学生，经过大学生活和教育，随着个体心理和意识的不断发展，自我意识的发展达到了新的水平。独立感、自尊心、自信心、好胜心等趋于成熟；自我认识、自我体验、自我控制三方面趋于协调发展；自我意识的核心——世界观和人生观已基本确立。总的来说，大学生自我意识的发展是随着年级的上升而发展的，并表现出以下几方面的主要特点。

（一）关注自我意识、自我评价趋于客观

随着大学生活的继续，大学生的知识增加了，社会经验也丰富了，大多数人对自己的分析、评价逐渐变得全面、客观和主动，对自己的优缺点有了较正确的认识和评价，并能选择自己的长处进行发展，开始具备在自觉基础上的"自知之明"。开始与自己周围的同学、教师或心目中成功人士、英雄相比；运用自己的聪明才智和经验，对自己的思想、学习、成长等情况进行独立的分析和判断，自我评价能力提高。大学生有设计自我、完善自我的强烈愿望。他们根据自己设计的"最佳自我形象"而不断地充实自己的知识、培养自己的能力、形成自己良好的性格与品德。大学生的成就动机是最强的，他们不愿做一个碌碌无为的人，都想干出一番事业，能对社会、对祖国有所贡献，以实现自己的人生价值。但是大学生的自我设计常会产生与社会要求不一致的矛盾。主要表现在：一方面，大学生都支持改革开放，希望有一个公平、民主、自由的社会，强烈地反对腐败行为；另一方面在涉及自己的利益时，又对利己主义、享乐主义、拜金主义等表示认同，甚至有人为了所谓的自我实现而损人害己。不过，有人研究表明，我国大学生的自我设计、自我完善的基本倾向是奋发向上的、积极的。

（二）自我体验敏感、丰富而强烈

大学生丰富多彩的学习生活为他们发展的自我体验的丰富性提供了有利条件。例如，由于意识到自己的成熟而产生了成人感；由于意识到自己的能力和品德的高低而产生了自豪、自尊或自卑、自惭等体验；由于意识到自己的社会角色和社会地位而产生了社会责任感和义务感。一般来说，在自我体验方面，男生比女生更有自信心、更富于活力，但容易急躁；女生则更热情、内心舒畅感更明显，但容易多愁善感。大学生自我体验的情感基调是积极的、健康的。大学生要注意增强自我意志的指向能力，提高自我认识水平，这将有助于大学生自我体验的丰富性向健康方面发展。

大学生由于对自我的认识还在不断进行中，个性还不够成熟和稳定，也缺乏驾驭情感的意志力量，因此他们的情感体验表现出明显的敏感性和波动性。他们可能因一时的成功而产生积极的、愉快的情感体验，甚至骄傲自满、忘乎所以；也可能因一时的挫折、失败而低估自我或丧失自信心，甚至悲观失望。到了高年级，当大学生的自我认识和自我控制比较确定后，这种波动性才逐渐降低。

（三）自我调控的自觉性和独立性增强

大学是大学生走向社会前的最后的学校学习阶段。学习期间，在他们面前摆着许多深刻的课题：我将来做个什么样的人？成就什么事业？我能为社会做些什么贡献？等等。求知欲旺盛的大学生，对这些问题总是十分感兴趣而又急切地思考着这些问题，强烈地期待着得出满意的答案。这种思考比少年时期更主动、更自觉，而且具有较高水平。在行为过程中常以社会规范、社会期望和内心信念要求自己，自我控制意识明显提高。在成年人眼中，青年人是精力旺盛、富有朝气的，但也是容易冲动和多变的。这是因为青年人的自我控制能力还较差，处于低年级的大学生冲动性尤其明显。进入中年级，特别是进入高年级后，随着知识积累、生活阅历的增加，大学生自我认识和自我评价水平提高，他们能够根据别人的评价和自己行动结果进行反省，及时调整自己的行为和目标。这说明大学生行为的自觉性和自我控制能力明显增强，而盲目性和冲动性则逐渐减少。

大学生自我控制能力的明显提高，还表现在他们的行为和目标能以社会期望和社会要求为转移。例如，社会对大学生的要求越来越高，不单看文凭，更看重大学生的真才实学和竞争意识。面对社会的期望和要求，大学生一般能够对自己的目标进行及时的调整，在掌握专业知识的同时，注重外语水平和计算机水平的提高，注重各种能力的培养，以期更好地适应社会。当然，大学生自我控制水平还缺乏一定的稳定性，还需进一步发展和完善。

（四）自我认识的广度和深度大大提高

大学这一特殊的学习、生活环境，为大学生提供了一个博览群书、自由发展、自我实现的新天地。这个新天地为他们的自我认识向广度和深度发展提供了有利条件。大学生的视野更开阔了，关心的社会问题也多了，社会对他们的期望也比较高。这时，他们的自我认识不只涉及自己的气质、风度和性格等一般问题，而且还涉及自己的社会地位、社会责任、自我的价值等问题。通过对这些问题的分析和思考，大学生自我意识达到一个新的广度和深度，对自己的未来充满信心，希望能过上自由自在、符合自己愿望的生活。大学生自我形象的设计具有的特征是：丰富性、完整性、社会性、稳定性。

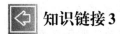知识链接3

埃里克森自我发展八阶段理论

(1) 婴儿前期（0~1.5岁）基本信任对不信任（怀疑）。

在出生后的第一年或后来的岁月中，婴儿完全处在周围人的关爱中。婴儿是否得到了充满的爱的照料，他们的需要是否得到了满足，他们的啼哭是否得到了注意，这都是他们人格发展中的第一个转折点。需要得到了满足的婴儿，会产生基本的信任感。对受到适当的爱和关注的婴儿来说，世界是美好的，人们是充满爱意的，是可以接近的。然而，这个阶段发展不好，有一些人就会在其一生中对他人都是疏远和畏缩的，不相信自己，也不相信他人，无安全感。

(2) 婴儿后期（1.5~3岁）自主性对羞愧和怀疑。

1周岁以后，儿童想要知道：是谁使他们与外界联系起来？外界的哪些东西是自己能控制的？外界的什么东西控制着我？大多数儿童在这个阶段产生了"自主性"的意识。他们感到有能力，是独立的，他们有了强烈的个人操控感，有自主感的人自信能够在障碍之海顺利航行，能够应对生活中的挑战。然而，和阿德勒不赞成溺爱孩子一样，埃里克森发现，父母的过度保护会阻碍这个年龄的儿童自主性的发展。如果不允许儿童进行探索，不能获得个人控制感和对外界施加影响的认识，他们就会产生一种羞怯和怀疑的感情，对自己感到不确定，变得依赖他人。

(3) 幼儿期（3~6岁）主动性对内疚。

随着儿童开始与其他儿童交往，他们面临着进入社会生活的挑战。儿童必须学会与其他人一起玩、一起做事，学会解决不可避免的冲突。儿童通过寻找游戏伙伴以及参与其他的社会性活动，主动性得到了发展。他们学习怎样设定一个目标，通过说服来处理挑战；他们发展了企图心和目的感。不能很好地发展主动性的儿童，在这个阶段会产生内疚感和退缩性，他们可能缺乏目的感，并在社会交往或其他场合很少表现出主动性。

(4) 童年期（6~12岁）勤奋对自卑。

大多数儿童进入小学时，都会认为自己没有什么做不了的，但不久，他们发现开始与别的孩子有了竞争——为学习成绩、为得到大家的欢迎、为引起老师的注意、为体育比赛中的胜利等。他们不可避免地要将自己的聪明和能力与同龄儿童进行比较。如果儿童体验到了成功，他们的竞争意识就会不断增强，这为他们今后成为积极的、有成就的社会成员铺平了道路，但失败的体验会使儿童产生一种不适当的感情，对今后的创造与生活都期望不高。正是在这个时期，在青春躁动到来之前的少年时期，形成了勤奋感和对自己力量和能力的信任感，也可能形成自卑感和对自己天分及能力的低评价。

(5) 青少年期（12~18岁）自我认同感对角色混乱。

这个阶段形成了自我同一性和角色混乱的冲突。如果这一阶段的危机成功地得到解决，就会形成忠诚的美德；如果危机不能成功地解决，就会形成不确定性或说是无归属感，为人冷漠、缺乏关爱的意识。

这是一个迅速发展的时期，是进入成年期的短期准备阶段。青少年时期可能是人一生中最困难的时期。以前只是对游乐场感兴趣，遇到的问题也很简单，现在，突然要应付生活中的重要问题了，这种跨越造成的混乱使青少年感到烦恼甚至痛苦。埃里克森清楚地看到了这几年的重要意义。年轻人开始提出这样一个重要问题："我是谁？"如果对这一问题的回答是成功的，他们的自我认同感就形成了，他们对个人价值和宗教问题能独立做出决定，理解了自己是怎样的人，接受并欣赏自己。但是，很遗憾，有许多青少年不能形成良好的自我认同感，相反，他们出现了角色混乱。

（6）成年早期（18~25岁）亲密对孤独。

这一阶段出现了亲密对孤独的冲突。如果这一阶段的危机成功地得到解决，就会形成爱的美德；如果危机不能成功地解决，就会形成混乱的两性关系。

弗洛伊德曾经把健康的人定义为一种充满爱而且辛勤工作的人。埃里克森赞同这个定义。但是他又指出，唯有具备牢固同一性的人才能敢于涉足与另一个人相爱的情河之中。年轻人开始寻求一种特殊的关系，通过这种关系来发展他的亲密感，并在情感方面得到成长，亲密感发展的结果一般是结婚，或是对另一人的爱的承诺，但也可能有别的结局，例如两人一起分享亲密感而不结婚，也可能很不幸，与人结了婚却没有亲密感。在这一阶段没有形成有效工作与亲密能力的人会离群索居，回避与别人亲密交往，因而就形成了孤立感。

（7）成年中期（25~50岁）繁衍对停滞。

进入成年中期，人们开始关心下一代。父母们发现，他们通过对孩子的教育，丰富了自己的生活。没有子女的成年人通过与年轻人的接触也会感到这种生活的丰富。例如，我们常常看到一些人志愿去帮助青年团体，或者照料兄弟姐妹的孩子，没有形成这种繁衍感的成年人会陷入一种停滞感当中，它表现为一种空虚感和对人生目标的怀疑。我们都看到父母在抚养孩子的过程中，生活充满了丰富多彩的有意义和有趣的事情。遗憾的是，还有些父母，他们从教育孩子中很少获得快乐，而是充满了厌烦，对生活感到不满。在孩子发展中不能展示自己的潜力，这对父母和孩子来说都是可悲的。

（8）成年后期（50岁以后）自我整合对失望。

大多数人到成年后期时都能保持原来的状态，但埃里克森认为，老年人还有一种危机要克服。过去的岁月和经历，走向死亡的必然性，使老年人要么达到一种自我整合，要么产生失望感。以满足的心情回忆往事的人，将以一种完善感走完最后的发展阶段。埃里克森写道："人对唯一的一次生命，是将它作为不得不是这个样子而接受的，是将它作为必然的、不允许有其他替代物而接受的，是以人的生活是人自己的责任这样一个事实而接受的。"不能形成这种良好整合的人会落入失望的境地。他们认识到现在时间是太少了，年轻人拥有的选择和机会，他们都没有了，一生已经过去，他们希望用完全不同的方式重新生活一遍，这样的人常常通过对他人的厌恶和轻蔑来表达他们的失望。生活中没有什么东西比一个老年人的失望更悲哀，也没有什么事情比一个充满完善感的老年更令人满足。

资料来源：（美）Jerry M. Burger，《人格心理学》（第六版），陈会昌等译，中国轻工业出版社，2004。

【思考与练习】

持镜自照：

你的自我意识属于哪种类型？有何利弊？你认为大学生应当培养哪种自我意识？

情境 2　悦 纳 自 我

▶ 情境引入

王同学，男，20 岁，大学二年级学生。自认聪明过人、才能超群，爱在别人面前夸耀自己，别人越关注就越兴奋。对同学有比较强的支配欲，爱支配他人而不愿受他人支配。对同学们提出的还谈不上批评的意见，总是不能接受，内心十分反感，还经常发怒。既没有异性朋友，也没有同性朋友。

试分析王同学的自我意识正确吗？他接纳这样的自己吗？

▶ 情境分析

一、大学生自我意识易出现的偏差

大学生常见自我意识问题有：以自我为中心，过分看重个人利益；过度自尊、虚荣，经常吹牛、撒谎、弄虚作假、投机取巧等；过度的自信即自负，如自以为是、自命不凡、固执己见、一意孤行。

（一）自我认识偏差

1. 自我中心。

适度的自我关注、自我分析有利于正确客观地认识自己，但也有些大学生对自己过于关注，一切以自我为中心，不考虑他人感受，遇事只从自己的立场考虑，在自己与同学间筑起一堵墙。

2. 从众心理。

从众是一种普遍存在的心理现象，是在群体舆论压力下，放弃个人意见而采取与大多数人一致的立场或行动的自我保护行为。从众心理人皆有之，但如果过强，就会有碍心理发展。有些大学生过于看重自己在别人心目中的形象，对于别人对自己的看法和评价过于敏感，还会产生敏感、多疑、畏缩、忧虑、抑郁等负面情绪。

（二）消极的自我体验

1. 自负。

自负常产生于"现实我"与"理想我"的矛盾中。膨胀过度的自信就是自负。自负的人往往目空一切，过分相信自己，对批评的反应是愤怒、羞愧或感到耻辱；喜欢指使他人，要他人为自己服务，自高自大；对自己的才能夸大其词，希望受人特别关注；坚信自己所关注的问题是世上独有的，只能被某些特殊的人物了解；对无限的成功、权力、荣誉、美丽或理想、爱情有非分的幻想；认为自己应享有他人没有的特权；渴望获得持久的关注与赞美；缺乏同情心；有很强的妒忌心。

2. 自卑。

自卑是自我否定、自我轻视的情绪体验。自卑者对自己认识不足，对自己的能力或品质评价过低，对自己形成不满、鄙视，担心他人不喜欢自己。过度的自卑可导致精力不集中、意志消沉、自信心极低，甚至自暴自弃，严重的可导致自杀。所以，大学生一定要及时克服自卑感，恢复自信，提高自尊，以便顺利完成学业，早日成才。

自卑从表面上看有身体或心理上的原因，有家庭经济因素，也有个人能力等原因。实际上，自卑心理的形成主要源于主观因素，"现实我"与"理想我"总是存在差异，"现实我"与"理想我"做比较时，自己认为"现实我"与"理想我"差异太大，把目光盯在自己的不足和缺点上，从而会痛苦、退缩，就产生了自卑。自卑的个体自我评价过低、自愧无能而丧失自信，并伴有自怨自艾、悲观失望等情绪体验的消极心理倾向，常常夸大自己的缺陷，以偏概全。自卑往往也是自尊屡屡受挫后形成的。

活动体验

案例分析：赵同学主要存在哪些心理偏差？原因何在？请给出建议和意见。

赵同学，男，21岁，大学三年级学生。大学一年级时，与一女生恋爱，但女生的父母因他的身高只有一米五六而强烈反对，导致失恋。从此以后，他便痛恨自己的身材矮小，埋怨自己的遗传基因为什么这么差，不应该带着这"二等残废"身体来到这世界上，认为自己这辈子无法找到理想的对象。于是，情绪低落，自怨自艾，时而仰天长叹，时而掩面哭泣。有一次，他服下过量的安眠药自杀，幸亏同寝室的同学及时发现，被抢救过来。

3. 孤独。

孤独是指一种由于缺乏他人的理解，自己感到与世隔绝、孤单寂寞的情感体验。在某高校的一项调查发现，54.4%的学生有不同程度的孤独感，尤其是在新生中比例更高，达81.5%。为什么在大学生中会有如此多的人感到孤独呢？研究表明，大学生产生孤独感的主要原因是青年期存在的闭锁性心理。大学生自尊心强、独立欲望强烈，但内心世界一般又不轻易向外人袒露，这就造成了一定时期的心理闭锁性。他们虽然有父母的关爱，生活在老师、同学中间，却感到缺少可以向之吐露心曲的人，因而常常有莫名的孤独感。

孤独感不利于大学生心理平衡，影响同学之间正常友谊关系的建立。对于大学生来说，要消除闭锁心理，就要积极参加班集体的活动和社会活动，尽量多和别人交往，以扩大自己的人际交往范围，学习别人的长处，做到互相理解、互相学习。

（三）消极的自我控制

1. 逆反。

📖 活动体验

案例分析：马胜利，男，19岁，大一学生。上小学时很老实，唯父母和老师的意见是从。上初中后，妈妈还是像过去一样没完没了地唠叨，为一件小事总是千叮咛万嘱咐，他一听就烦，于是一反常态，开始和家长唱反调。上大学后变得不相信他人，我行我素，学校和班级要求的他就反对，学校和班级反对的他偏要去做。

逆反心理是青少年树立自我形象、寻求自我肯定、强调个人意志的一种表现，这是青少年心理发展的自然要求。在大学阶段，大学生的智力发展趋于成熟，但阅历和经验不足，容易出现偏激行为。通常过分的逆反表现有：对正面宣传作反面思考，对榜样和先进人物无端否定，对不良倾向产生情感认同，对思想教育和遵章守纪的要求消极反抗，产生经常与正确的认知信息相对立的并与常规教育要求相反的对立情绪和行为意向。

2. 放纵自我。

在大学里，无论是学习还是生活都要求学生有较强的自我管理能力，大学生活需要高度自觉性。但是，处于青年期的大学生比较情绪化，自控力相对较差，习惯于跟着感觉走，于是便放纵自己。比如因为早上起不来床出现逃课现象；因为睡懒觉不去吃早餐；学习上得过且过，满足于60分。自制力强的人会克制自己的情绪，自我发展目标明确，做事有计划；自制力弱的人自制、自律、自觉等积极自我控制行为不能建立，而放纵、逆反等消极行为大行其道。

📖 活动体验

案例分析：张同学主要存在哪些心理偏差？原因何在？请给出建议和意见。

张同学，男，20岁，大学二年级学生，性格内向，不善言谈，遇到事情总爱一个人苦苦思索。一年级第二学期，他有一门课不及格，参加英语四级考试又没有通过，认为自己的学习能力不强，没法适应大学的学习生活。同时觉得自己缺乏社交能力，两年的大学生活中没有交到知心朋友，有话无处讲，有事无人帮。对自己就读的大学不满意，认为缺乏学术氛围，周围的同学都在混日子，自己也只能无所事事、随波逐流。因此，他认定自己的前途一片暗淡，将来是注定没有出息的。

二、积极悦纳自我

每个人都知道"自我"是最重要的，可总有些人不能真正地尊重和爱惜自己。他们可以喜欢朋友、喜欢知识、喜欢自然，却做不到喜欢自己，他们因此不快乐。悦纳自我是发展健全自我的核心和关键。悦纳自我就是无条件地正视和接受自己一切好的和不好的，成功的和失败的，缺点要接纳，优点更要欣赏，同时要肯定自己的价值，对自己有价值感、自豪感、愉快感和满足感；悦纳自我还包括接纳自己的不完善和失败，接纳自己的不完善是自信的表现，也是完善自我的起点，每个人都有自己难以改变的限制，都有这样那样的缺点或不足，对过去的错误和失败不要耿耿于怀，要勇于大胆尝试；此外，要珍惜自己的独特性，建立实际的目标，不对自己有过高的要求，积极进行人际交往，不为他人而活着，独立思考，善用时间，不断学习，自我反省，自我鼓励和奖赏。

首先，学会接纳与生俱来的东西。每个人不能选择自己的父母、家庭，不能选择自己最初生活的阶层和环境，每个人都因生命体的新陈代谢而具有一定的生理需求，而且人生来便有七情六欲……这些我们都需要学会无偿接纳，毫无抱怨。

其次，学会接纳生命中的缺憾。很多人对自己的优点、强项往往欣欣然，而对自己的缺点、弱项常常自卑、生气、讨厌、拒绝、愤怒、怨怼、自怨、自怜，耗费了许多能量，甚至耗尽一生的心血与精力。对此，我们要学会坦然面对，并学会接受——这是我的不足，我应该扬长避短。

从前有个人非常幸运地获得了一颗硕大美丽的珍珠，然而他并不感到满足，因为在那颗珍珠上面有一个小小的斑点。他想，若能将这个小小的斑点剔除，那么这颗珍珠肯定会成为世界上最珍贵的宝物。于是他下狠心削去了珍珠的表层，可是斑点还在；他又削去第二层，以为这下可以把斑点去掉了，没想到它依旧存在……

这个故事会怎么发展呢？请你给此故事续写一个结局。

最后，学会接纳自己的优点。有些人好像对自己的优点全然不知，当别人夸奖时不是谦虚地推辞就是将信将疑。

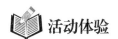活动体验

我 的 优 点

活动材料：A4纸、笔

活动步骤：1. 在纸上写下自己的优点，至少写10个。

    2. 问问其他的同学，自己的优点有哪些？

    3. 认真分析，看是否能够接纳自己的优点。

悦纳自己是一种心理状态，与客观环境并不完全相关。有些人虽有生理缺陷，但很乐观；有些人五官端正，相貌堂堂，但却不喜欢自己；有些人并不富裕，却知足常乐；有些人有钱有势，却并不感到愉快。古代有一个皇帝问一位哲学家，究竟谁是世界上最快乐、最幸福的人。哲学家回答说："他自己认为是最快乐、最幸福的人，就是一个最快乐、最幸福的人。"马克思很欣赏一句格言："你所以感到巨人高不可攀，只是因为你跪着。"一个人要活得快乐、幸福，必须先在心理上悦纳自己。

法国大思想家卢梭说："大自然塑造了我，然后把模子打碎了。"许多人不肯接受这个已经失去了模子的自我，于是就用自以为完美的标准，即公共模子，把自己重新塑造一遍，然而却失去了自我。认识自我不容易，要高兴地接受自己的一切，包括自己的优势和弱势就更不容易。你要努力地认识自己，看清自己，接受你不满意自己的部分。这样，你就学会接纳自己了。

情境分析要点总结:

(1) 首先要学会正确全面地认识自我,包括自己对自己的评价、别人对自己的评价以及客观评价等。

(2) 除此之外,还可以根据具体实践来评估自己。

(3) 正确看待别人对自己的评价,尤其是在不一致的情况下,更要客观分析。

【测一测】

自我和谐量表(SCCS)

情境3 发展自我

情境引入

李昭同学自入学来就担任班长一职,平时努力工作、认真学习。在学生会竞选中,他虽然也努力竞聘,但只是将副主席作为自己的奋斗目标。最后,由于各种原因,他被任命为主席。虽然这是一件高兴的事情,但是他认为自己没有能力做好这项工作,心理压力特别大,怕同学们不支持他工作,怕工作出问题,怕工作没有创新,怕工作没有成绩……他不知道自己该怎么办了,不知道自己能干什么……

请试着给李昭同学出出主意,他应该怎样看待这件事情?他该如何做呢?

情境分析

一、大学生自我意识的发展过程

青年期是个体自我意识迅速发展并趋向成熟的关键时期。当代大学生一般处于青年中期,他们的自我意识已发展到了新阶段,正经历着一个特别明显的、典型的分化、矛盾、统一和转化的过程。少年时代眼朝外,着重于认识外部世界,这时已转向内部认识自己。当目光朝向自己内部时,原来完整的自我意识就一分为二:一个是处于观察地位的"我"(我希望成为怎样的人?)——即理想的自我;一个是处于被观察地位的"我"(我现在是怎样一个人?)——即现实的自我。自我意识的分化是大学生自我意识开始走向成熟的标志,也是他们自我意识发展的最重要的过程。正是这种分化过程,促进了大学生思维和行为主体性的形成,从而为客观地评价自己或他人、合理地调节自身的言行奠定了基础。当代大学生是富于理想的,自我期望值也较高。当他们在详细进行自我观察、自我分析、自我评价时，不情愿地看到理想自我与现实自我之间存在着较大差距，而这差距又不是一时半会能消除的，因而产生了自我意识的矛盾。他们常常感到焦虑、苦恼、失望或无能为力。处于这种矛盾状况的大学生，总是通过各种方法，力求获得自我意识的重新统一。为了实现这种统一，通常有以下三种途径：

(1) 坚持自己理想中的自我标准，努力改善现实的自我，使之与理想的自我一致。
(2) 一方面修正理想的自我，另一方面改善现实的自我，使二者相接近。
(3) 放弃理想自我的标准，自暴自弃，以迁就现实的自我。

显然，第一种情况是积极的，而第三种情况是消极的、不可取的。

不论采取哪种途径，都导致原有的自我意识的变化，从而形成新的自我意识。这样的过程不是一次完成的，而是循序渐进的，经过多次反复才能使自我意识渐趋稳定，达到新的发展水平。

总之，在自我意识发展过程中，出现分化、矛盾、统一、转化，是大学生自我意识发展的最重要的特征，它影响和制约着大学生心理品质的形成与发展，是大学生形成良好个性特征的重要前提条件。因此，这一过程是大学生进行自我教育的有利时机；再经过社会实践活动的锻炼，他们将渐渐成熟起来，形成健康的自我意识和良好的心理品质。

二、大学生自我意识发展的时代特点

我国不断深化的社会变革和社会主义市场经济的建立，影响和促进着大学生自我意识的迅速发展，并形成了当代大学生自我意识发展的时代特点。

（一）关心国家振兴，希望改革成功

大学生特别关心当前社会上正在进行的各项改革，常为改革发展的前途和出现的阻力等问题争论不休，对改革中出现的官僚主义、腐败现象极为不满，有时甚至采取过激行动。

（二）思维的独立性，批判性明显增强，强调民主、自由、信任和尊重个性

当代大学生最少保守思想，不囿于成见，不轻信盲从，喜欢独立思考人生和社会问题；特别关心我国民主、自由和法制建设；他们要求别人尊重自己，对那种简单生硬的教育方法极为反感。

（三）探求知识，渴望成才

大学生强烈的成才意识表现出如下特点：一是在成才动力上，由以内在压力为主，转变为以外在压力为主。二是在成才途径上，由过去单纯追求分数，转变为注重知识水平和创造能力的提高，努力向多途径成才方向发展。三是在成才模式上，由过去只重智力因素，向德才兼备、学有所长的新复合型人才的方向发展。

总之，大学生自我意识的时代特点是丰富多彩的，它从总体上反映了大学生处理与社会、时代关系的心态走向。同时掌握当代大学生自我意识发展的时代特点，也是了解和研究当代大学生精神面貌的关键。

三、大学生自我意识的培养

（一）多视角、客观地认识自我

多视角、客观地认识自我是建立健全自我意识的基础，大学生自我意识的发展和培养可以从他人评价中认识自我、在比较中认识自我、通过反思反省认识自我、通过参加实践活动及其成果认识自我等几方面来进行。一是培养自己独立评价的能力，不轻信他人的评价。如遇到对自己评价不客观、不正确，可以提出疑问、申辩，甚至表示反感。二是注重对内心品质的评价，而不仅是对外部行为的评价。如自己对好学生的标准不仅仅是停留在"完成作业"上，而是要形成"热爱学习和生活""良好的人际关系"等抽象、内在品质特点的标准。三是学会比较细致的评价，而不是作笼统的评价。不仅仅是在某一方面对自己作出评价，而是尽可能地作出全面的评价，包括优点和缺点。

（二）用阳光心态对待自我

地球上的生灵千千万万，但是没有两个完全一样的，你就是最独特、唯一的一个，因此要悦纳自我。表现为：接受自己，喜欢自己，性格开朗，生活乐观，既能看到自己的优点，又承认自己的缺点，对自我给予基本肯定、认可。我们已经习惯用指责、担心、害怕来阻止潜意识心灵的活动，别人听不到我们内心的声音。我们也不允许自己去聆听自己，所以我们离自己越来越远。为什么我们不能允许自己对自己有更深层的认识，并真实地把它表达出来呢？

（三）培养独立意识和自信心

独立意识，也叫独立感，是指个体力图摆脱监督和管教的一种自我意识倾向。大学生在生理发育上已完全具备了成人的特点，心理成熟和社会成熟也已达到较高的水平。通过对自我的认识、体验和控制、调节，他们的心目中已逐渐确立了一个新的自我——成人式的自我，成人感特别强烈。

自信心是从独立感中派生出来的一种相信自己精力和能力的自我意识倾向。青年大学生有体力充沛、精力旺盛、思维灵活、记忆力强等优越条件，这是他们产生自信心的生理及心理基础，而"天之骄子""时代宠儿"的优越感，则是大学生充满自信的社会基础。所以，大学生的自信心是十分强烈的，他们不仅对自己的才华、学识充满自信，而且对自己的风度、能力也充满自信。但由于知识、经验不足，他们易于产生过分的自信，而且容易因一时的挫折而降低自信。

大学生的独立意识和自信心十分宝贵，它是蓬勃向上、积极进取等优良品质的心理基础。因此要加以适当的保护和引导，而不要因为他们一时的偏差而冷眼看待。一般来说，随着自我评价能力的提高和知识经验的积累，大学生的独立意识和自信心会逐步表现得客观和稳定。

▶ 情境分析要点总结：

（1）李昭同学被认命为主席说明他具备这样的条件，应该对自己的能力加以认可。

（2）自我是不断发展的，个人的能力也是不断发展的，李昭同学需要树立自信，通过不断努力来提升自己。

（3）在发展自我的过程中，还需要根据实际情况做好定位，量力而行。

项目三 成长的烦恼——学会调适

学习目标

知识目标
① 了解适应障碍的内涵及表现；
② 了解适应障碍的分类；
③ 理解适应障碍产生的原因与判断。

能力目标
① 正确认识适应障碍；
② 能够调控自我成长。

情境1 新环境适应的烦恼

情境引入

小雨的环境适应问题

小雨，男，17岁，大学一年级学生，自述：最近三个月，感觉情绪低落，什么事情都不想做，就是睡觉，不做作业，甚至老师让我补也不补，对周围人也不想搭理，整个人呆呆的，同时感觉周围的一切都令人心烦，心里总觉得好像有什么事情没做，不安，特别迷茫。追溯过往，从小生活在北方的一个中等城市里，家中父母工作都很忙，很晚回家，在小雨2岁到15岁的时候，父亲到外地工作，过年才回家。小雨的生活主要由姥姥来照顾，家里没人管他的学习，全靠自己。高中一、二年级时，成绩平平，高一时曾在学校寄宿，学习上偷懒、不自觉，高二开始回家住，逐渐觉悟，开始发愤努力，高三成绩进步很大。在南方的那个大城市，小雨在学校寄宿，从个人物品到周围环境，一切都是全新的。自从到了新环境，即从大一军训开始，小雨就情绪不好，心里总好像有事情，而且总是回想过去的快乐时光，也不爱搭理同学，整个感觉混乱、不对劲，不知如何是好，完全不知道自己该怎么做。特别在人际关系方面，不知该如何与周围人相处。

情境分析

小雨进入新环境前后不同的心路历程，导致了现今的心理状况，目前的心理障碍起源于新环境适应障碍。

下面，我们来学习关于适应障碍的相关知识：适应障碍是什么？有什么表现与分类？什么原因导致的？如何判断？

一、适应障碍的内涵及表现

（一）适应障碍的内涵

适应障碍是指在明显的生活改变或环境变化时所产生的短期和轻度的烦恼状态和情绪失调，常有一定程度的行为变化等，但并不出现精神病性症状。典型的生活事件有：居丧、离婚、失业或变换岗位、迁居、转学、患重病、经济危机、退休等，发病往往与生活事件的严重程度、个体的心理素质、心理应对方式、来自家庭和社会的支持等因素有关。

适应障碍是一种慢性心因性障碍；因长期存在应激源或困难处境，加上人格缺陷，产生烦恼、抑郁等情感障碍，以及适应不良行为（如退缩、不注意卫生、生活无规律等）和生理功能障碍（如睡眠不好、食欲缺乏等），并使社会功能受损；其发生是由于心理社会应激因素与个体素质共同作用的结果。适应障碍是一种短期的和轻度的烦恼状态及情绪失调，能影响到社会功能，但不出现精神病性症状。

（二）适应障碍的表现

适应障碍的临床表现形式多样，主要为情绪障碍，如抑郁、焦虑，也有的以适应不良的品行障碍为主，这与年龄有一定联系：如成年人多见情绪症状，焦虑、抑郁以及与之有关的躯体症状均可出现，但达不到焦虑或抑郁的诊断标准；青少年以品行障碍为主，如侵犯他人的权益或行为与年龄不符，例如逃学、偷窃、说谎、斗殴、酗酒、破坏公物、过早开始性行为等；儿童则可表现为退化现象，如尿床、幼稚言语或吸吮拇指等。

适应障碍的临床表现不一定与应激源的性质相一致，症状的严重程度也不一定与应激源的程度相一致。一般而言，症状的表现及严重程度主要取决于患者的病情个性特征。病程一般不超过 6 个月。若应激源持续存在，病程可能延长，不论病程长短、起病急缓，预后都是良好的，尤其是成年患者。

本病的发病多在应激性事件发生后 1~3 个月。患者的临床症状变化较大，主要表现为情绪和行为异常，常见焦虑不安、烦恼、抑郁心境、无能力感、胆小害怕、注意力难以集中、惶惑不知所措和易激惹等，还可伴有心慌和震颤等躯体症状，同时可出现适应不良的行为而影响到日常活动。病人可感到有惹人注目的适应不良行为或暴力冲动行为出现的倾向，但事实上很少发生。有时患者发生酒或药物滥用。其他较为严重的症状，如兴趣索然、无动力、快感缺失（anhedonia）和食欲缺乏等则罕见。有报道指出，临床表现与年龄之间有某些联系：老年人可伴有躯体症状，成年人多见抑郁或焦虑症状，青少年以品行障碍（即攻击或敌视社会行为）为常见，儿童可表现出退化现象，如尿床、幼稚言语或吮拇指等。

适应障碍症状表现多种多样。起病通常在应激性事件或生活改变发生后 1 个月之内，除长期的抑郁性反应外，在应激源和困难处境消除后，症状持续时间一般不超过 6 个月。

知识链接

大学新生心理适应

小柯即将到北京一所重点大学上学了,他在中学里一直勤奋学习,把分数看得很重,因为他除了学习成绩优秀以外,似乎就没有别的特长了。他担心在大学这个"高手"云集的新环境中,找不到属于自己的位置。每当他想到将要投入全新的大学生活时,就有点发怵。

从某种意义上说,能考上大学的学生在中学阶段大部分都是学习上的佼佼者,平时深得家长、老师和同学们的关注,通常都是生活中的中心人物。但是许多大学生一跨进大学校门便害怕起来,因为在大学里(尤其是重点、名牌大学),几乎每个人都有着辉煌的过去,人人都是学习尖子,个个都是高手奇才,如果重新排定座次,就只能是少数人保持原来的中心地位和重要角色,大多数学生将从中心角色向普通角色转变,自我评价可能会受到不同程度的冲击。

在中学里,学习成绩的好坏一直是学生自我评价的重要标准。然而,在"高手"如云的大学新班集体中,可能由于学习方法或是心理压力的问题,大学新生原来的优势不复存在,原市级甚至省级高考状元可能学习成绩会落后于一个高考成绩一般的同学。

这部分原来以学业成绩优秀而建立起自信心的大学新生,用原来的信念推导出"学习成绩不好个人价值就低"的结论,这一结论沉重地打击着他们的自尊心和自信心。许多人因此失眠、神经衰弱和患抑郁症。

其实,刚刚跨入校门的大学新生就像一名运动员,可能在省队里面是第一名,后来进了国家队可能变成第三、第四名了,但是能进国家队本身就足以说明他是一个优秀运动员了。所以,适当地降低对自己的期望值,接受"不完美"的自己,放松捆绑自己精神的绳索,才会以开朗的心情投入大学生活,从而得到丰富多彩的人生感受。

另外,在大学里,评价人的标准并非单一的学习成绩,能力和特长更是在实际生活中衡量一个人素质水平的重要因素,并且后者有越来越重要的倾向。比如知识面很宽,或者社会交往能力很强,或者能歌善舞,或者有体育专长,这些都有助于大学生找到自己在角色转变后的位置。

知识链接

异地求学心理问题

报纸上曾经登过一篇文章,内容是广西一位女学生考上了上海某大学,可是她对新环境极不适应,语言不习惯,生活也不习惯,周围又没有一个熟人。父母经常打电话问她的情况,她每次接电话都哭个不止。无奈的父母只得来上海陪了她一个月。可父母刚走一个星期，她便主动退了学，偷偷地回到广西。

任何事情都是有利有弊、有得有失的。你远离家乡，来到外地上大学，获得了更好的学习环境，但同时你也将有所丧失——离开了你所熟悉的环境，离开了那些很有感情的老师和同学。从事事由大人做主到常常要自己拿主意，从由老师为你制订学习目标、学习计划到自己独立去适应新的教学风格和学习方式，从中学时代的好友常聚到初入大学的孤独失落，大学新生面临众多的"心理丧失"。

这种心理丧失所带来的挫折感往往困扰着大学新生。那么，怎样才能走出心理困境、走向成功呢？

首先要认识到，人的一辈子其实就是一个不断"丧失"的过程：婴儿"丧失"了襁褓，才能学会站立和走路；青少年"丧失"了父母的呵护，才能成为具有独立生活能力的人……如果我们一辈子都惧怕丧失，都不愿意付出任何代价，那么我们也终将丧失发展的机会。从这个角度来看，你今天由于丧失所带来的暂时的痛苦和不适应，换来的正是明天的飞跃。

如果明白了这一点，那么与其消极被动地面对新的环境，不如积极主动地去适应新的环境。如果你想赢得别人的喜爱、赢得朋友，就必须开放自己、关心别人。如果你永远沉浸在自己的"孤独"之中，永远把感情寄托在过去的环境上，那你就无法走出心理丧失感，这样的人有谁会喜欢？

其实，时间长了，你就会发现，大学里的新同学一样可爱，他们并不是个个自私的。当你有了新朋友时，就会有人分享你的快乐和烦恼，你也就有了更多的进步动力。

不管你愿不愿意，人都是要长大的。长大意味着什么？意味着你将要面对更多的变化，意味着你要不断地去适应新的、更加复杂的环境。

二、适应障碍的分类

（一）焦虑心境的适应障碍

这种适应障碍以神经过敏、心烦、心悸、紧张不安、激越等为主要症状。焦虑性适应障碍主要表现为紧张不安、担心害怕、神经过敏、颤抖，可伴有心悸、窒息或喘大气后感觉舒服一点、坐立不安、出汗等症状。

（二）抑郁心境的适应障碍

这种适应障碍以成年人较常见，主要表现为：心境不良、对生活丧失兴趣、自责、绝望感、哭泣、眼泪汪汪、沮丧，严重时可有自杀行为，但比重度抑郁为轻。常伴有睡眠障碍、食欲减退、体重减轻。

（三）品行异常的适应障碍

这种适应障碍多见于青少年，主要表现为：对他人权利的侵犯或对社会准则和规章的违犯等暴力行为，品行异常的表现有不履行法律责任，违反社会公德，如逃学、旷工、打架斗殴、毁坏公物、粗暴对人、乱开汽车、偷窃、离家出走、过早的性行为和饮酒过量等。

（四）情绪和品行混合的适应障碍

这种适应障碍表现为既有情绪异常，也有品行障碍。

（五）混合型情绪表现的适应障碍

这种适应障碍表现为抑郁和焦虑心境及其他情绪异常的混合症状，从症状的严重程度来看，比重度抑郁和焦虑症为轻，如有些青年入伍或求学离开父母后，出现抑郁、心情矛盾、发怒和明显依赖现象。

（六）未分型的适应障碍

这是不典型的适应障碍，如表现为社会退缩而不伴有焦虑或抑郁心境。

1. 躯体性主诉的适应障碍：主要表现为有躯体主诉，如疲乏、头痛、背痛、食欲缺乏、慢性腹泻或其他躯体不适等，患者既不找医生诊断也不顺从治疗，体格检查无相应阳性体征，其他检查均正常。

2. 工作抑制的适应障碍：主要表现为突然难以胜任日常工作和学习，工作效率下降，学习成绩不佳，工作学习能力减弱，严重时不能进行日常工作，甚至不能学习或阅读资料。也称为能力减弱型。

3. 退缩型的适应障碍：表现为孤独、离群、不参加社会活动、不注意个人卫生、生活无规律；儿童表现为尿床、幼稚语言或吮拇指等。患者一般无焦虑抑郁情绪，也无恐怖症状。

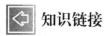
知识链接

以道家学说为治疗哲理的心理治疗

（1）我国的道家处世养生法有助于减缓精神应激。道家有自成体系的处世养生哲学，与儒家思想长期并存。道家处世养生法作为一种价值观，对应激相关障碍、神经症与心身疾病的认知心理治疗有较好效果。道家处世养生法经杨德森教授整理，有以下四条原则：

第一，利而不害，为而不争：只做利己利人利天下之事，不做危害自己、他人与社会之事。"为而不争"是要求自己尽力而为，量力而为，不与人争，不与人攀比，不嫉贤妒能，这样就可大大改善人际关系，消除"窝里斗"的现象。

第二，少私寡欲，知足知止：降低利己私心与过高的争权争名争利欲望，制定经过努力可以实现的为社会与个人的奋斗目标。不安排过多任务，对人对己不做过高要求，有所不为然后有所为，适可而止，知足常乐。

第三，知和处下、以柔克刚：海纳百川，水容万物，求同存异，百花齐放。

第四，清静无为、顺其自然：掌握事物发展的客观规律，预测进程，预知结局，因势利导。不倒行逆施，不强迫蛮干，不揠苗助长，不急于求成，在危机面前做好出现最坏情况的精神准备，寻求最好的结局。

（2）道家处世养生法认知心理治疗，有 A、B、C、D、E 五个治疗程序。

A. 探索应激源，由病人陈述生活经历，遭遇的生活事件或精神创伤、存在的精神痛苦与躯体不适。

B. 通过价值观量表评估病人的价值观，即对人生、名誉、权力、地位、财富、爱情、健康等的评价与个人的追求。

C. 评估病人应对生活事件所常采用的方法、成功的经验，特别是失败的教训，如走极端、以偏概全的思维方式与行为方式。

D. 介绍道家处世养生法的几个基本原则，让病人对照自己的 A 型性格与行为、失败的应对方式，重新思考和定位。

E. 通过一个月至半年的治疗，客观评价疗效。

总之，通过集体宣传与个别谈心，针对病人的生活事件、心理冲突、性格特征与失败的应对方法，共同寻找摆脱心理危机的出路。在认知治疗时，应列出失败的认知方式，寻找新的认知方式，接受道家处世养生法的观念，反复练习，不断解决遭遇的生活事件，达到重新适应生活、回归社会和促进精神健康的目的。

三、产生适应障碍的原因与判断

（一）产生原因

本障碍是个人对生活改变或应激性事件（如丧偶、出国、移民、参军、退休等）不能适应，而持续处于情绪障碍和不良适应行为的一种异常状态。由于对同样的应激源许多人都能顺利处置，无任何异常反应，而病人却出现精神障碍，说明个人的易感性对适应障碍的发生有重要作用。尽管如此，仍需肯定如果没有应激源，也就不会发生这种情况。

1. 心理社会因素：生活环境和家庭的变迁，人际关系恶化，工作和学业受挫，亲友死亡等，某些因素还带有特定的时期如新婚期，毕业生求职，离退休后适应新的生活规律等。

2. 个性因素：对于同样的应激源许多人都能顺利处置，无任何异常反应，而病人却出现精神障碍，说明个人的易感性对适应障碍的发生有重要作用，但应该肯定如果没有应激源，也就不会发生适应障碍。另外，社会适应能力欠佳、应付方式生硬和单调及个体遭受应激时的生理状况处于相对较弱的状态，也易产生适应障碍。

（二）基本判断

1. 有明显的生活事件（但不是灾难性的或异乎寻常的）应激源作为诱因，特别是生活环境或社会地位的改变（如移民、出国、入伍、退休等），情绪、行为异常等精神障碍多开始于应激源发生后 1 个月内。

2. 有证据表明患者的社会适应能力不强。

3. 临床表现以情绪障碍为主，如烦恼、焦虑、抑郁等，同时有适应不良行为（如不愿与人交往、退缩等）和生理功能障碍（如睡眠不好、食欲不振等）。但严重程度达不到焦虑症、抑郁症或其他精神障碍的标准。

4. 社会功能受损。

5. 病程至少 1 个月，最长不超过 6 个月。

 活动体验

判断小雨的适应障碍

活动步骤：

(1) 了解"小雨的环境适应问题"案例内容（接上例）。

(2) 列出下表不同项目内容，讨论并加以判断。

小雨适应障碍判断

项目	内容
生活事件	到南方上大学，人生地不熟，生活环境变化较大
社会适应能力	高一时在学校寄宿，学习上偷懒、不自觉，高二开始回家住，逐渐好转；社会适应能力有待提高
临床表现	从大一军训开始，小雨就情绪不好，心里总好像有事情，而且总是回想过去的快乐时光，也不爱搭理同学，整个感觉是混乱、不对劲，不知如何是好，完全不知道自己该怎么做
社会功能	特别在人际关系方面，不知道如何与人相处
病程时间	1个月<病程（3个月）<6个月

知识链接

如何进行自我评价

自我评价是心理学中自我意识的一个方面，是指人对自身条件、素质、才能等各方面情况的一种判断。大学新生对自我的评价得当与否，将直接影响到大学生活中的学习效能、职业选择和事业奋斗中的自信心。

正确地进行自我评价一般可以通过两种渠道：直接的自我评价和间接的自我评价。

进行直接的自我评价，首先要认识到自己的自然条件，包括健康情况、心理状态、情感特点、兴趣倾向、知识水准、专业特长、智力情况、能力特点，还可以测定一下自己的生物节律周期、智商指数、气质类型、性格类型等作为参考。

其次，是用自己在不同领域的实践中（如对各个科目的学习）取得的不同成绩相比较，以发现自己的长处，确定奋斗的目标。

间接的自我评价法，是指通过与他人行为的对照及情况的对比，发现自我认识的错位。"不识庐山真面目，只缘身在此山中"，这是一些人不能对自己作出正确的自我评价的原因之一。当事者迷，那么就不妨用与他人相比较的方法及用自己在不同领域中取得的不同成果相比较的方法鉴别一下。

对女大学生来说，她们在自我评价的问题上常常具有两重性，一方面好幻想，把个人的境遇、发展、前途勾画得绚烂多彩；另一方面又常常低估自己的才智和工作能力，自我评价常常是过谦的，甚至是比较自卑的。

"天生我材必有用""尺有所短，寸有所长"，每个人都有自己的长处和短处。有的人可能不辨音律，但却有高超的组织才能；有的人也许不解数字之谜，但却心灵手巧，长于工艺；有的人可能不会琴棋书画，但酷爱大自然，精于园艺；有的人或许记不住许多外语单词，但有一副动人的歌喉，擅长文艺。

正确的自我评价是帮助我们确定正确的奋斗方向的前提。在实践的鉴别中，在与他人的比较中，要使思维方法尽可能地全面些、辩证些、灵活些。

人的知识、才能通常是处于离散、朦胧状态的，需要人们不断地挖掘、发现和开发。从个人兴趣爱好、思维方式的特点、毅力的恒久性、已有的知识结构、献身精神与果敢魅力等多方面进行全面的考察和测试，将为你作出科学的自我评价提供有益的帮助。

知识链接

心理放松小窍门

大学生在身心发展过程中，有意识地掌握一些常用的自我心理调适方法，如自我暗示法等，对自我心理放松、消除心理压力是非常有帮助的。

自我暗示是用思想、词语对自己施加影响，以达到心理卫生、心理预防和心理治疗目的的方法。通过自我暗示，可以调理自己的心境、感情、爱好、意志乃至工作能力，起到非常积极的作用。比如，面临紧张的考场，反复告诫自己"沉着、沉着"；在荣誉面前，自敲警钟"谦虚、谦虚"；在遭遇挫折时，安慰自己"要看到光明，要提高勇气"，等等。

学习自我暗示，需要坚强刚毅的意志，要对自我及自我暗示有坚定不移的信心，并在实践中进行锻炼，使自我暗示得到恰如其分的应用。下面介绍两种具体的自我暗示的方法。

（1）冥想放松法。你可以用一件真实的物品，如某种球类，某种水果，或者手头可以找到的小型物体，来发挥自我想象的能力，具体做法是：

① 凝视手中的橘子（或其他物品），反复、仔细地观察它的形状、颜色、纹理脉络；然后用手触摸它的表面质地，看是光滑还是粗糙，再闻闻它有什么气味。

② 闭上眼睛，回忆这个橘子都留给你哪些印象。

③ 放松肌肉，排除杂念，想象自己钻进了橘子里。那么，想象一下，里面是什么样子？你感觉到了什么？里面的颜色和外面的颜色一样吗？然后再假想你尝了这个橘子，记住它的滋味。

④ 想象自己走出了橘子的内部，恢复了原样，记住刚才在橘子里面所看到的、尝到的和感觉到的一切，然后做5遍深呼吸，慢慢数5下，睁开眼睛，你会感觉到头脑清爽、心情轻松。

（2）自主训练法。又叫适应训练法，其中较简单的一种方法如下：

① 取坐姿，背部轻轻靠在椅子上，头部挺直，稍稍前倾，两脚摆放与肩同宽，脚心贴地。

② 两手平放在大腿上，闭目静静地深呼吸3次，排除杂念，把注意力引向两手和大腿的边缘部位，把意念引导到手心上。

③ 不久，你会感到注意力最先指向的部位慢慢地产生温暖感，然后逐渐地扩散到全部手掌。这时，你心里可以反复默念："静下心来，静下心来，两手就会暖和起来。"

④ 做5遍深呼吸，慢慢数5下，睁开眼睛。

情境分析要点总结：

（1）适应障碍是一种慢性心因性障碍。
（2）适应障碍症状表现多种多样。
（3）心理社会因素与个性因素，是产生适应性障碍的主要原因。

【拓展阅读】

心理适应的内部机制：

有人把适应过程归纳为需要——阻挠——反应——解决问题四个环节。这一观点的可取之处，是从心理动力与主客体之间关系的角度解释了适应过程，不足之处是流于表面，没有深入内部机制的层面进行分析。

按照皮亚杰的观点，心理适应的内部机制就是同化与顺应的平衡。这是从发生认识论的角度对适应过程做出的一种解释。从这一角度出发，可以认为心理适应就是主体对外部变化所做出的一系列自我调节的过程，其最终目的是重新适应新的环境变化。但是，只用同化和顺应这两个过程来说明适应似乎过于简单。在解释社会适应中一些复杂的适应过程时，有必要对此做出进一步的说明。结合认知心理学和社会心理学的有关理论，我们认为，心理适应的内部机制可表述为一种模式。这一模式表示，从出现不适应现象到重新适应，中间一般要经历认知调节、态度转变和行为选择三个环节，其中认知调节又可分为外部评估和内部评估两个部分。具体运行过程以及各环节的作用大致如下：

（一）认知调节

认知调节是适应过程的起始阶段，这一环节包括外部评估和内部评估两部分。

1. 外部评估。

外部评估是认知调节的第一阶段，指主体对变化了的外部环境及其对自身发展所具有的影响作用进行全面了解并做出新的判断的过程，主要任务是确定外部环境中发生了哪些新变化，提出了哪些新要求，这些变化和要求对自身发展所具有的影响，在此基础上应对发展中遇到的困难做出准确的判断，对新的角色期待形成正确的理解与把握。如果这个阶段中的认识、判断出现了偏差，就可能产生不适应的表现。比如，一个新升入高一的学生 A 面对学习成绩名次下降的新情况，出现了一时的不平衡，即不适应的现象。为了重新恢复平衡，适应新环境，就要正确判断成绩下降的原因，然后找到有效的对策。首先要分析的就是客观的原因，如学习任务、学习方法等方面的新特点与新要求，并对此做出正确、合理的判断。如果这种了解比较准确、全面，就为有效调节打下了良好的基础。如果对新环境的新特点缺乏全面、客观的判断，就会给适应带来困难。

2. 内部评估。

内部评估是指主体在对外部变化做出正确判断的基础上，对自身内部状态进行进一步的了解与判断。实际上这是一种在自我监控系统的参与下，自我评价和自我意向重新调整的过程。具体包括：对因外部变化引起的内部不平衡状态的估计，对不适应现象的归因分析，对已有经验的检索与比较，对原有行为方式应对效果的审视与判断等。通常自我评价的结果会影响到自我体验的改变，如自信心的增强或削弱。同时，自我体验的改变也会影响到对行为目标的重新选择，包括对目标价值及成功概率的重新评估，以及在此基础上所形成的新的自我期待等。比如，前面那位高一学生A对学习环境的新特点与新要求有所了解后，还要进一步分析一下内部原因，如对自己原有的经验和能力做出一个估计，判断自己是否有能力满足新的要求。如果认为名次的下降只是暂时的，主要原因是一时的不适应或努力不够，那么他的自信心不会受到影响，自我观念仍然是积极的；但假如认为名次下降的原因主要是自己的能力不足，这就会使自信心水平下降，同时会感到紧张和担忧。

由外部评估到内部评估，这是认知调节发展的必然过程。在这一过程中，主体的理解力、判断力和自我评价的水平对认知调节的效果具有直接的影响。

（二）态度转变

认知过程的变化必然会引起情绪体验的变化，同时也会导致行为意向发生相应的变化。当认知、情感和行为意向都发生了变化时，就会引起态度的改变。态度的转变实际上是对动力系统和反应倾向的调节，这是适应新环境的变化，保持和恢复心理平衡的一种背景条件。比如，学生A如果能对名次下降的原因做出正确解释，相信自己有能力改变这一现实，他就能继续保持对待学习的积极态度；但如果由于名次下降而怀疑自己的实力，从而导致自信水平下降，产生自卑感和紧张、焦虑感，其结果就会使他的学习态度发生消极的变化，产生厌学心理。在这一过程中，主体的价值观念、对目标的期望水平以及情绪、情感的深刻性，对态度的转变具有重要的影响作用。

（三）行为选择

行为选择实际上是一个比较与决策的过程，其核心是对原有行为方式的调整与改变。行为方式的重新选择是以认知的调节与态度的改变为基础的，受思维方式与态度倾向的直接制约。思维方式与态度倾向如果是积极的，那么主体的行为方式也会是积极的；思维方式与态度倾向如果是消极的，那么行为方式也会是消极的。比如学生A的行为就可能有不同的选择：如果他认为学习对自己非常重要，同时对学习和自己充满了信心，就会表现出积极进取的态度和坚持不懈的努力；相反，如果认为学习的意义无足轻重，同时对学习和自己又丧失了信心，产生了明显的厌学态度，就会表现出退缩和放弃的行为倾向。在此过程中，远大目标的引导，坚毅、顽强的性格特征，高度的自尊与自信，是影响行为选择的重要因素。

在这一过程中，同化与顺应这两种调节方式始终在发挥着作用。面对内外环境的复杂性和行为效果的多重可能性，主体的判断与选择不可能一次完成。所以适应过程必然会表现为一个反复循环的动态过程。一般规律是，经过以上几个环节，如果所选择的行为方式取得了令人满意的结果，对适应环境起到了积极的作用，就意味着同化与顺应的过程基本上实现了平衡，这一行为就会因受到正强化而巩固下来，逐渐形成稳定的态度倾向与行为习惯。这就是性格形成的过程。如果行为反应的效果不理想，主体与环境之间仍然存在着不适应的现象，说明同化与顺应之间并不平衡，这时就需要再次进入上述的自我调节系统中进行重新选择。有时这种选择需要经历若干次的重复，才能取得理想效果，达到同化与顺应的平衡状态。

根据对心理适应内部机制的上述假设，可以看出与心理适应能力有关的基本心理素质主要有以下几项：一是对新情况或复杂情况能够迅速做出正确反应的能力，主要表现为分析问题和做出正确判断的能力，特别是运用辩证思维的方法去分析问题和做出判断的能力。二是对自己进行全面、客观评价的能力，以及在此基础上所形成的积极的自我观念。这两项都是与第一个环节有关的心理素质。三是积极的生活态度和明确的生活目标，包括远大的理想和坚定的信念，同时还要有积极的自我体验，做到自尊、自爱，对自己始终充满自信。这是与第二个环节有关的心理素质。四是良好的性格特征，特别是意志品质方面的特征。比如坚韧、顽强、果断和较强的自制力，较强的竞争意识和好胜心，对人对事宽容的态度与豁达的胸怀等。这些是同第三个环节有关的心理素质。五是自我监控的意识和自我调节的能力，特别是自省、自察和自我审视的意识，以及自我调节与自我控制的能力。这是同全部适应过程都有关联的心理素质，也是决定一个人心理适应水平的关键。

上述基本素质应当成为心理适应能力培养的主要目标。

【思考与练习】

（1）什么是适应障碍？它是什么原因导致的？
（2）适应障碍有何表现与分类？
（3）如何判断适应障碍？

【测一测】

社会适应能力测试

情境2　学　会　调　适

情境引入

让人敬而远之的同学

大学生黄倩倩是一个情绪化的女孩子，平时喜怒无常，经常在大庭广众之下情绪失控：有时生闷气，有时大喊大叫痛骂同学，有时号啕大哭……其实，引起她情绪激动的事在常人看来都是微不足道的，比如同学不小心碰掉她的学习用具，或者老师安排座位不符合她的心意，等等。每次她都认为是同学故意在捉弄她，与她作对。由于她的这种性格，班上同学对她敬而远之，甚至取笑她，造成她与同学之间经常闹矛盾，关系非常紧张。这些又越发导致她情绪异常。这种不良情绪严重影响了她的学习生活与人际交往，也给老师带来了很多班级管理的麻烦，连安排她的座位老师都费尽脑筋——还真不容易找到与她合适的同桌人选，因为没有人愿意与她同桌。

情境分析

黄倩倩稍不如意就发泄情绪，喜怒无常，严重影响自己的学习生活和人际交往，这是一种适应能力低下的表现。

下面，我们来学习自我调适的相关知识：自我调适的原因是什么？自我调适的影响因素是什么？自我调适能力的培养方法是什么？

一、大学生自我调适的原因

现代社会的飞速发展给每个人的生活适应都提出了较高的要求，对于正处于成长过程中的大学生来说尤为突出。从主观上说，大学生处于青年期，是人生中生理与心理发展变化最剧烈的时期；从客观上说，大学环境与中学相比有极大的不同。如何进行自我调适，以适应主客观的变化，是每个大学生都面临的首要挑战和必须解决的首要问题。

（一）自我调适是大学生身心发展的必然要求

根据发展心理学的理论，一个人从出生到死亡所经历的每个人生阶段都要完成这个阶段人的发展与成长所面临的课题，即人生发展课题。青年期是人生发展变化的重大转折期，不单是生理上迅速发育并走向成熟，更是心理上快速发展，特别是自我意识发展的关键期，这就决定了青年大学生面临和需要解决的人生发展课题更加复杂、更加多样。美国发展心理学家哈维格斯特（R. J. Havillrst）提出了青年期发展的课题：学习与同龄男女的新交际、学习社会性别角色、认识自己的生理结构、有信心经济独立、选择职业、做结婚与组织家庭的准备，等等。人生发展的新课题，或多或少会给大学生带来一些烦恼与痛苦。但是，只要他们能恰当地把握和调适自我，反而会在烦恼与痛苦中更快地成长与成熟起来；否则，很有可能造成心理异常。大学生发展自我调适能力，消除稳固的、习惯性的心理机制，满足新的需要，就能够使自己较好地完成面临的人生课题，维护健康的心理。

（二）自我调适是大学生适应大学生活的必然要求

大学展现给大学生的是一个全新的面貌，大学生所要经历的也是一种全新的生活。大学的生活环境、人际关系、学习的方式方法等，都与中学有明显的差异。这将使大学生原有的、习惯了的心理定式受到冲击，不可避免地产生孤独、苦闷、焦虑、烦躁等情绪反应。在这种情况下，他们只有根据客观环境的变化调适自我，适应大学新的管理模式、授课方式、师生关系和学习生活等，才能实现由中学生到大学生的角色转变。是否适应大学生活，不仅表现在入学初期，而且表现在大学生活的整个过程之中。不同时期大学生面临的心理困惑和出现的心理问题不同，大学阶段大致可以划分为入学适应期、稳定发展期、准备就业期，其中，入学适应期是整个大学阶段问题最突出、适应最困难的时期。大学生活是一个需要不断调适自我的过程，自我调适能力的高低会直接影响大学生整个大学时期的学习成绩与生活质量。

(三) 自我调适是大学生适应社会发展的必然要求

人类社会从原始农业经济发展到今天的知识经济时代，社会的发展速度日趋加快，知识的创新能力明显增强。知识经济时代的到来、市场经济的深入发展都对未来人才素质提出了更高的要求。为此，大学生应对自己的知识结构、能力结构作相应的调整，除了掌握所学的专业知识和基本技能之外，还必须具备与社会发展相适应的新的能力，同时，还要不断调整自己的思想观念、心理状态、思维方式等，依据社会对人才的要求和自身的特点，进行合理的自我设计，努力把自己培养成为社会需要的新型人才。

 知识链接

心理需求与自我调节

自我决定理论把人类动机看成是从外在调节到内在动机之间的动态连续体，并依据自主的程度对动机类型进行了详细划分，同时从满足人们基本心理需要的角度，对促进外在动机内化的条件进行了探讨。其潜能可以引导人们从事感兴趣的、有益于能力发展的行为，这种对自我决定的追求就构成了人类行为的内部动机。自我决定论包括自主需求、胜任需求和联系需求三因素。自主需求是经验意志和自我赞同自己行为的需要；胜任需求是指人们希望可以与周围环境产生有效熟练的互动，是一种感到自己是有用的和对环境有控制感的需要，它对挑战和有效地支持反馈有促进作用；联系需求是指在个体所生存的特定社会环境下，可以感觉归属与他人有所连接，是一种共有的感觉或与他人间的亲密感，即个体需要来自周围环境或其他人的关爱、理解和支持，体验到归属感，是与亲密的他人和社会群体的有意义联系，它对温暖、关心和重要性有促进性作用。自我决定论认为自主与联系两种内在需求，并非对立的关系，而是并存的，不互相冲突。学业的自我调节，包括自主调节和受控调节，有广义和狭义之分。广义指人们给自己制定行为标准，自己能够控制，如用奖赏或惩罚来加强、维护或改变自己行为的过程。狭义实际上指自我强化，包括自我观察、自我判断和自我反应等。自我观察指人们根据不同的活动中存在的不同衡量标准，对行为表现进行观察的过程。它时常受自我判断和自我反应的影响。自我判断指人们为自己的行为确立某个目标，以此来判断自己的行为与标准的差距，并引起肯定的或否定的自我评价的过程。自我判断的核心是自我标准的建立，对大多数人来讲，评价其行为的适应性并没有绝对的标准。自我反应指个人评价自我行为后产生的自我满足、自豪、自怨和自我批评等内心体验。自我反应是个人满足兴趣和自尊的发展的重要和持久的基础。完全符合行为标准的工作会形成个人有效感，增强对活动的兴趣并引起自我满足。没有活动标准和对活动不进行评价，人们会没有积极性，感到无聊和仅仅满足于一时的外部刺激。过于严格的自我评价也会成为个人不断烦恼的原因，引起一些精神病理症状，造成各种异常行为，甚至导致自残。

二、影响自我调适的因素

生活在社会环境中的人时时接受外界信息，经过个人的知觉选择进入大脑，大脑又时

时加工着各种信息。对每个人来说，输入的信息可能是相同的，但经过加工输出的信息会千差万别，不同的输出结果又会影响人的自我调适。大学生一起走进校园，他们面对的困惑基本相同，但经过加工调适的结果却有很大的差异，这主要是由于影响大学生自我调适的各种因素不同造成的。

（一）人生目标和态度

人生态度是人们在一定的社会环境中，经过个人的生活体验表现出来的对人生问题的行为倾向，它集中表现在一个人怎样对待生死、荣辱、苦乐、义利以及顺境与逆境、幸福与不幸、成功与失败等问题上。当然，人生态度与人生目标密不可分，人生目标是否明确常常决定着一个人的人生态度是乐观还是悲观，是积极还是消极。一个大学生具有怎样的人生目标和态度，就会有怎样的行为表现。就当代大学生来说，绝大多数抱着积极有为、益于社会的人生态度，但少数人或者抱着自甘平庸的人生态度，或者抱着看破红尘、与世无争的人生态度，或者抱着享乐、实惠的人生态度。他们的人生态度不同，也就决定了他们遇到问题时，是积极主动地处理，还是消极被动地等待，以及如何对待、怎样对待等行为表现。人生目标和态度决定了一个人自我调适的方向和驱动力的大小。人生目标和态度一经形成，就为自我调适提供了心理基础，并成为指导行为活动的稳定的心理倾向。

（二）人际交往的范围

从社会性角度说，交往是人的第一需要。人的社会性决定了人只有在与他人的交往中，才能获得自我作为社会一员的身份确认的意义。"自我与社会是双胞胎"，一个人的自我是由其人际交往产生的，以不同性质、不同范围的他人的观点为参照对自己进行认识和调适，他人成为认识和调适自我的一面镜子，这就是库利（C. Cooley）的"镜中自我"。米德（Maed）认为，人能够在特定的场合下，由人际交往经验形成他人对自己可能采取的态度的预感，并由此调适自己在特定场合的反应。人是依据内化了的所属群体的态度调适自己的行为。米德强调指出，他人对自己的态度、行为与自我采取的态度、反映之间的关系就形成了主体的意义。意义是人际适应的重要因素，也是自我调适的重要因素。所以，离开与他人的交往，离开了人际关系，自我将无法对象化，自我的认识与调适也将不复存在。适当的交往既可以防止人盲目地自傲自大，也可以防止人轻易自卑自贱。每个大学生原有的交往范围和层次，以及在交往中形成的对事件意义的认识，成为影响自我调适的重要因素。

（三）个人的经历与认知水平

人拥有的心理状态、精神活动乃至自我意识都来源于自身与物质世界、社会环境的交互作用之中。个体的经历是联系人与外界、主体与客体、自我与他人的桥梁，是实现客观主体化和主观客体化之间转化的方式，也是影响个体对自我、他人和社会认知的重要因素之一。自我调适本质上源于主观意义，而主观意义形成于各种形式和层次的活动之中，形成于个体的整个成长经历之中。

三、自我调适能力的形成与培养

在瞬息万变的信息时代，大学生要适应不断变化的环境，维护身心的健康发展，最根本的在于形成自我调适能力。因为每个人所处的环境中,"致病因素"大量存在,只有依靠自己的力量,才能长期地、永久地并依据外界的变化随时随地、及时地调适自我。预防心理疾病的关键就是增强自身的"免疫"能力。因此,重视大学生自我调适能力的形成,符合维护其身心健康发展的需要,也符合构建学习型社会和终身教育的时代要求。

(一) 树立正确的奋斗目标,以积极的态度对待人生,是主动进行自我调适的思想前提和心理基础

正确的奋斗目标是人生的灯塔,是人的精神支柱,是积极主动调适自我适应社会的永不枯竭的力量之源。正确的奋斗目标是以正确地认识自我、认识社会为前提的。青年大学生正值青春年华,对未来充满憧憬,往往把目标确立得过高,这很容易使他们屡遭失败,从而导致心理崩溃。我们要帮助大学生正确认识自我,确定自己在社会中的位置,摆正个人与社会的关系,这样建立起来的目标才具有实现的可能性,才能达到自我期望与现实的契合。正确的奋斗目标会使大学生心理充实,从工作、学习和生活中得到乐趣,以积极的态度对待人生,保持身心的健康发展。

(二) 不苛求他人、不苛求社会,是自我调适必须遵循的基本原则

在现实生活中,我们发现许多出现心理问题的人,多是以他人或者社会必须怎样或者应该怎样为前提的,并以这个设定的前提为依据思考问题和处理事情。而当他们设定的前提崩溃时,便会由于接受不了现实而导致心理异常,或以仇视的心态,或以消极的态度,或以忌妒的心理等对待他人和社会,这必然会使他们作出错误、被动的调适,而最终的结果只能是适应困难,心理问题加重。人本主义心理学家马斯洛(A. H. Maslow)曾指出:"我们并不因为水是湿的,而抱怨水;或者也不由于石头是硬的,而抱怨石头;也不因为树是绿的,而抱怨树。"我们应该以平静的心态接纳一切,包括不如意的环境、自己和他人的缺点。一个人只有具备了博大的胸怀,才能客观冷静地认识现实、接纳现实、把握现实,与环境保持良好的接触,才能随时调节自我、适应环境。

(三) 遵循人际交往原则,建立良好的人际关系是自我调适的重要内容

人是一切社会关系的总和,个体的生存和发展离不开纷繁复杂的人际关系。人际关系是个体社会生活的重要组成部分,是个体心理正常发展的基础。我国著名的心理卫生学家丁瓒先生指出,人类的心理适应,最重要的是对人际关系的适应,所以人类的心理病态主要是由人际关系的失调带来的。"由此可见,从一定程度上说,自我调适主要是调适人与人之间的关系。我们应该帮助大学生掌握人际交往的原则,学会正确处理人际矛盾与冲突,把握人际交往的技能与技巧,这对于调节好个人与他人、个人与社会的关系都是十分重要的,同时也有利于形成良好的自我调适能力。

 知识链接

心理调适能力的培养

成功的秘诀就在于懂得怎样控制痛苦与快乐这股力量,而不为这股力量所牵制。如果

你能做到这点，就能掌握自己的人生，反之，你的人生就无法掌握。——安东尼宾斯

（1）认识情绪。心理学认为：情绪的产生并不是诱发事件本身直接引起的，而是经历这一事件的个体对这一事件的解释和评价引起的。这就是著名的情绪理论（ABC理论）。例如：因为做了错事便认为自己无能，于是感到很自卑。在这里，做错了事就是事件A；认为自己无能就是对这件事的评价和解释B；自卑就是因为认为自己无能而引起的情绪体验C。该理论认为，改变你对该事件的解释和评价，就可以改变你所体验到的情绪。

（2）培养积极的心态。要做到两点：一是要明白情绪的产生是一种正常的生理现象，是你的内心需要是否得到满足的外在表现。因此，你要清楚地认识你的需要是什么，以及你的需要是否为你的能力所及，你的需要是否达到了三好："我好、你好、大家好"。二是要善于从负性事件中提取正面信息。任何事件都会有正负两方面的信息，自卑的人看到的大多是负面的信息，而自信的人看到的大多是正面的信息。

（3）面对负性事件要坚持四不原则：一是不责备。责备会激发对方的自我防御机制，对解决问题无效，而是要清楚地描述这件事并坦诚地表达你的感受和希望。二是不逃避。只有敢于面对才能成长，厌学、网瘾就是面对负性事件时采取了逃避的策略。三是不遗忘。越想忘记就越忘不了，认可负性事件的存在，当下该做什么就做什么。四是不委曲求全。委曲求全指放弃自己的利益来获取某些结果，而不委曲求全是在不伤害别人的前提下保存自己，做自己想做而又能做的事。

（4）以适当的方式排解情绪。排解情绪的方式以不伤害别人为原则。如痛哭一场、向知心朋友倾诉、逛街、听音乐、运动等都是较好的方式，比较糟糕的方式是喝酒、飙车，甚至自杀。排解情绪的目的在于给自己一个理清想法的机会，让自己好过一点，也让自己更有能量去面对未来。有了不舒服的感觉，要勇敢地面对，仔细想想，为什么这么难过、生气？我可以怎么做，将来才不会重蹈覆辙？怎么做可以降低我的不愉快？这么做会不会带来更大的伤害？从这几个角度去选择适合自己且能有效排解情绪的方式，你就能够控制情绪，而不是让情绪来控制你。

▶ **情境分析要点总结：**

（1）自我调适是适应社会发展的必然要求。
（2）个人的经历与认知水平是自我调适的重要影响因素。
（3）建立良好的人际关系是自我调适的重要内容。

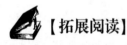【拓展阅读】

强身健体提高心理适应能力：

健身锻炼对身心有多种好处，可以消耗热量，增加胰岛素敏感性，降低血糖，有利于糖尿病的控制；可以通过改进体内循环降低患心脏病的风险度；可以控制体重，降低血胆固醇浓度；可以防止骨质疏松；可以降低血压；可以消除紧张感；可以改善睡眠，提高睡

眠质量；可以抵抗焦虑和压抑感，增加积极性和乐观感；可以推迟和防止慢性病及与老龄有关的疾病。

美国的科研人员发现，经常健身能够降低患感冒的概率。这是研究人员对115名绝经后的女性进行了为期1年的研究后得出的结论。这些女性都是身体超重或肥胖症患者，其中一半人参加散步锻炼，一半人参加伸展练习。研究人员指出，凡是坚持散步锻炼的人患感冒的次数越来越少，那些只进行伸展练习的人，患感冒的次数则相应增加了3倍。研究人员指出，这一研究结果证明了长期坚持中等强度的锻炼对于健身具有积极意义的论断。

美国有一位训练专家设计出一套能让人一生受用的健身计划，使每个年龄段的人都能找到适合自己的运动方式。下面是专家提出的具体方案。

20多岁：可选择高冲击有氧运动、跑步或拳击等。对你的身体而言，好处是能消耗大量热量，强化全身肌肉，增强精力、耐力与手眼协调。在心理上，这些运动能帮助你解除外在压力，让你暂时忘却日常杂务，获得成就感。

30多岁：建议选择攀岩、滑板、溜冰或者武术来健身。除了减肥，这些运动能加强肌肉弹性，特别是臀部与腿部肌肉；还有助于提高活力、耐力，能改善你的平衡感、协调感和灵敏度。在心理上，攀岩能培养禅定般的专注功夫，帮助你建立自信与策略思考力；溜冰令人愉悦，多感，忘却不快；武术能使人在冲突中保持冷静、自强与警觉心，同样能有效增进专心的程度。

40多岁：选择低冲击有氧运动、远行、爬楼梯、网球等。对身体的好处是能增强体力，加强下半身肌肉，特别是双腿肌肉。爬楼梯既可以出汗健身，又很适合忙碌的城市上班族天天就近练习。网球则是非常合适的全身运动，能增强身体各部位的灵敏度与协调度，让人保持活力，同时对关节的压力也不如跑步和高冲击有氧运动大。而在心理上，这些运动能让人神清气爽、松弛紧张情绪和减轻压力。

50多岁：适合的运动包括游泳、重量训练、划船，以及打高尔夫球。游泳能有效加强全身各部位的肌肉与弹性。重量训练能锻炼肌肉、增加骨骼密度，提高其他运动能力。打高尔夫球时，如果能自己走路、自背球袋，而且加快脚步，常有稳定心脏功能的效果。在心理上，游泳兼具振奋与镇静的作用，专心地划水让人忘却杂事；重量训练有助于提高自我形象满意度，让压力与烦躁都随汗水宣泄而出；团队一起划船能培养协作与团队精神；打高尔夫球则可让人更专心、更自律。

60岁以上：多散步、跳交谊舞、练瑜伽或做水中有氧运动。散步能强化双腿，帮助预防骨质疏松与关节紧张；跳交谊舞能增进全身的韵律感、协调感和优雅感，非常适合不常运动的人；练瑜伽能使全身更富有弹性与平衡感，能预防身体受伤；做水中有氧运动主要增强肌肉力量与身体的弹性。这些都不算是激烈的运动，除了能够健身，它们的最大功用是能使人精神抖擞、感觉有趣，是保持年轻心态的一个好方法。

追求快乐之道有一个大前提，那就是要了解快乐不是唾手可得的，它既非一份礼物，也不是一项权利，你得主动寻觅、努力追求才能得到。希望寻求快乐幸福，那么不论你多忙，都需要留出点时间做点自己感兴趣的事情。它可以是一个业余爱好，也可以是一项技能。在你感兴趣的事情上，你可以转移自己的注意力，体验到成就感，建立起自信心。同时也可以回想一下自己童年时候的快乐游戏，虽然幼稚，但却有浓重的感情色彩，容易被接受，可以暂时忘却现实生活中的烦恼。

快乐的滋味如人饮水，因人而异。能使别人快乐的事物不一定能使你快乐，唯有你自己才知道该如何去追求快乐。可是千万别守株待兔，快乐是只狡猾的兔子，你得努力用心去追寻才能得到。

项目四　做聪明的学习者——学会学习

▶ 学习目标

知识目标
① 了解学习的内涵；
② 了解学习动机的含义；
③ 了解高职学习的特点。

能力目标
① 掌握激发学习动机的方法；
② 能够树立正确的学习观念；
③ 能够确立学习目标，制订学习计划。

情境1　激发学习动机

▶ 情境引入

小张的学习困扰

小张是某高职院校一年级的学生，他来自农村家庭，又有一对双胞胎妹妹，因此，家里不富裕。父母供他上大学，实属不易。入学后，他很努力，各科学习成绩在班上名列前茅。可是最近，随着期末考试的临近，大量的功课需要复习，小张却打不起精神，感觉前途渺茫，失去了学习动力和生活的方向。想起家里辛劳的父母和年幼的妹妹，他觉得自己没有尽到一个长子和兄长的责任，他甚至想辍学回家，打工赚钱，帮衬家里，可又怕辜负父母的期望，让他们伤心。因此，小张整日不能安心复习功课，上课心神不定，跟不上老师的讲课进度，课下也无心学习了，总是无精打采的样子。

小张很苦闷，他想重新振作起来，全身心投入学习，却不知如何去做。请同学们思考一下，小张应当如何调整自己，找到学习的动力呢？

▶ 情境分析

下面，我们来讨论关于学习动机的重要知识：什么是学习？什么是学习动机？学习动机不当的主要表现有哪些？针对学习动机不当的问题，如何进行自我调整？

一、学习的概念

（一）学习的含义

"学习"是个体在一定情景下由于反复地经验而产生的行为或行为潜能的比较持久的变化，或者说是一种因经验或练习获得知识技能或产生行为，并使其成为较为持久改变的历程。

在理解学习的概念时，应注意以下三个方面：

首先，学习是以行为或行为潜能的改变为标志的。这种改变可以是可观察的行为变化，也可能是隐性的、潜在的行为变化。

其次，学习引起的行为变化是相对持久的。无论是外显的行为变化还是行为潜能的变化，只有行为变化的持续时间较长，才可以称为学习。

最后，学习是由练习或经验引起的，与成长的作用是不同的。

（二）学习的分类

学习过程非常复杂，学习内容非常广泛，学习的形式也是多种多样、差异较大，因此很难对学习进行统一分类。下面两种分类的观点是比较有影响的：

一个是加涅的分类，他根据学习的复杂程度，将学习从简单到复杂分为八类。加涅还认为，通过学习可以得到五方面的结果：智慧技能、言语信息、认知策略、动作技能和态度。

另一个是奥苏伯尔（Ausubel，1968）的分类，他根据学习材料与学习者原来只是结构的关系，将学习分为意义学习和机械学习；根据学习的方式，将学习分为接受学习与发现学习。

接受学习：讲授者将学习的内容以定论的形式传授给学生，对学生来说，学习就是被动"接受"知识的过程，学习中不要求学生主动去发现什么，而只要求他们把学习的内容化为自身的知识，以后能在恰当的时候把知识提取出来或加以运用。

发现学习：讲授者不直接把学习内容教给学生，而是在学生内化之前，让学生自己去发现这些内容。

意义学习：通过符号、文字使学习者在头脑中获得相应的认知内容。

机械学习：学习者没有理解学习符号的真实含义，只是在学习内容与已有的知识结构之间建立一种非本质的、人为的联系。

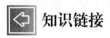 **知识链接**

学 习 理 论

（1）学习的联结理论或联想理论。

联想学习是从哲学心理学中的联想主义演变而来的一种学习理论，是指在学习情境中，经由刺激与反应构成联想而产生学习历程，是美国行为主义对学习心理所持的中心理念。

① 经典条件作用。

巴甫洛夫（1849—1936）是20世纪初俄国著名的生理学家和心理学家，是经典条件作用学习理论的建构者，是1904年生理学或医学诺贝尔奖得主，也是传统心理学领域之外影响科学心理学发展最重要的人物之一。

经典条件作用或古典制约作用，包括两种含义：一是指一种实验设计，经由此种设计即可产生刺激—反应联结式联想学习；二是指一种基本学习理论，将学习视为刺激–反应联想的历程。

这其中提到了两种反射，一是无条件反射，指的是自然的生理反应，不需要学习；二是条件反射，指的是研究助手的脚步声与狗的唾液分泌增加本来没有必然的联系，是一种无关刺激，或称为中性刺激；当脚步声与食物同时、多次重复后，狗听到脚步声，唾液分泌就开始增加，这时中性刺激由于与无条件刺激联结而变成了条件刺激，由此引起的唾液分泌就是条件反应，即条件反射。条件反射还遵循习得、消退、泛化与分化等一系列规律。

② 操作性条件作用。

桑代克（1874—1949）是20世纪美国心理学家，是联结主义的创始人，也是被称为"教育心理学之父"的人。

 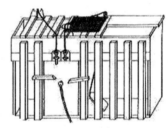

在迷笼实验中，猫踏到机关的动作逐渐提前并增多，最后终于学到一进箱就会踏机关开门外出取食的地步。由此，研究者认为，学习是经由尝试与错误的历程，在问题情境中，个体表现出多种尝试性的反应，直到其中有一个正确有效反应的出现，将问题解决为止，即尝试错误学习；在尝试错误学习的历程中，某一反应之所以能与某一刺激发生联结，是因该反应能够获致满足的效果，这就是效果律。

斯金纳（1904—1990）是20世纪美国心理学家，是操作条件作用学习理论的建构者，是极端行为主义的代表，是20世纪70年代对学校教育影响最大的心理学家。

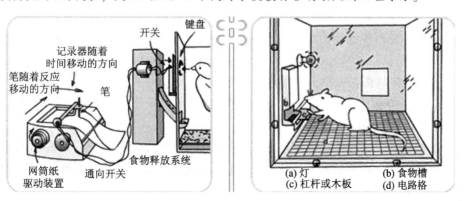

斯金纳箱的设计犹如桑代克的迷箱,唯附有精密电动装置,以便自动记录动物正确反应的次数及频率。通过一系列实验,说明了个体一切行为改变虽然决定于个体本身行为表现的后果,但仍然是受外在因素控制的。

(2) 学习的认知理论。

① 格式塔的学习理论,也称为顿悟学习。

柯勒（1887—1967）是20世纪德裔美国心理学家,是完形学派的代表之一,是认知学习论的先驱,也是将完形心理学理论系统化的功臣。

顿悟（insight）是内在的认知心理历程,是个体洞察学习情境顿然领悟的现象。

柯勒在研究黑猩猩的顿悟学习时,曾设计过很多不同的实验情境,其中最著名的是黑猩猩换杆取食的实验。

首先,黑猩猩的领悟学习不像桑代克的猫和斯金纳的白鼠那样重复多次练习才能学到简单的反应,而是几次尝试即可领悟到如何解决问题。其次,黑猩猩学习到一种行为之后,很容易迁移到另外情境中学习另一种行为;而且能运用环境条件解决问题,可见黑猩猩已经具备了类似人类思维的能力。在其《猩猩的智慧》中提到,这种顿悟学习依赖情景,相关越大,越易察觉,并且这种顿悟可以重复和迁移。

② 托尔曼的认知地图与潜在学习。

托尔曼（1886—1959）是20世纪美国心理学家,是新行为主义的代表之一,是认知学习论的先驱,也是潜在学习理论的建构者。

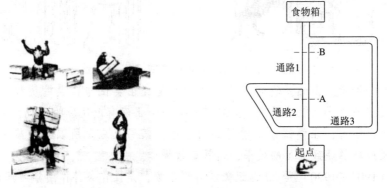

方位学习或位置学习（place learning）,是指个体在生疏的环境中对多条通路的辨别、认识、选择,从而达到目的物所在的位置。在迷津里游泳可以到达目的地,在把水抽干的情况下同样可以到达目的地,这说明白鼠学到的不是一系列动作,而是迷津本身的空间布局。

在白鼠的迷津地图实验中,把白鼠分为三组：A组,总能得到食物；B组,始终没有食物；C组,前10天没有食物,从第11天才得到食物。当给C组食物后,其错误次数明显减少,这说明潜在学习的存在。

此外,还有班杜拉的观察学习。班杜拉（1925— ）是20世纪美国心理学家,是观察学习论（社会学习论）的创始人,是综合了联想学习与认知学习两种理论,从而建构了更适合解释人类复杂行为（包括人格）的心理学家。

观察学习（observational learning）,是指在社会情境中,个体只凭观察别人的行为及其行为后果（在行为后得到奖励或惩罚），不必自己表现出行为反应，即可学习到别人行为的学习历程。

二、学习动机是什么

学习者的学习通常是由各种因素共同作用的结果，比如学习者的个人兴趣爱好、人生观、价值观、个人需求、个人志向、他人激励、学习态度、学习能力等多种因素。这其中最重要的影响因素是学习动机。

那么，到底什么是学习动机呢？学习动机是指引发与维持学生的学习行为，并使之指向一定学业目标的一种动力倾向，是直接推动学生进行学习的一种内部动力，是激励和指引学生进行学习的一种需要。学习动机不当不仅会导致学习效率下降，还会引发诸多心理问题。

假如你感到学习很吃力，不知道为何而学，没有自信心，看不到学习上的进步或希望，为自己的前途担忧，不想再继续学习，将学习看作是痛苦的事情，这些可能都说明了你目前的学习动机是不当的，更确切地说，是缺乏学习动机或学习动机不足的表现。

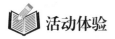
活动体验

学习动力自我诊断测试

这是一份关于大学生学习动力的自我诊断量表，一共有20个问题。请你根据自己的实际情况，逐一对每个问题做"是"或"否"的回答。为了保证测验的准确性，请你认真作答。

1. 如果别人不督促你，你极少主动地学习。
2. 你一读书就觉得疲劳与厌烦，直想睡觉。
3. 当你读书时，需要很长的时间才能提起精神。
4. 除了老师指定的作业外，你不想再多看书。
5. 在学习中遇到不懂的知识，你根本不想设法弄懂它。
6. 你常想：自己不用花太多的时间，成绩也会超过别人。
7. 你迫切希望在短时间内就能大幅度提高自己的学习成绩。
8. 你常为短时间内成绩没能提高而烦恼不已。
9. 为了及时完成某项作业，你宁愿废寝忘食、通宵达旦。
10. 为了把功课学好，你放弃了许多感兴趣的活动，如体育锻炼、看电影与郊游等。
11. 你觉得读书没意思，想先找个工作。
12. 你常认为课本上的基础知识没啥好学的，只有看高深的理论、读大部头作品才带劲。
13. 你平时只在喜欢的科目上狠下功夫，对不喜欢的科目则放任自流。
14. 你花在课外读物上的时间比花在教科书上的时间要多得多。
15. 你把自己的时间平均分配在各科上。

16. 你给自己定下的学习目标，多数因做不到而不得不放弃。
17. 你几乎毫不费力就实现了你的学习目标。
18. 你总是同时为实现好几个学习目标而忙得焦头烂额。
19. 为了应付每天的学习任务，你已经感到力不从心。
20. 为了实现一个大目标，你不再给自己制定循序渐进的小目标。

【测试结果及分析】

上述20道题可分成四组，它们分别测试你在四个方面的困扰程度：1~5题测查你的学习动机是否太弱；6~10题测查你的学习动机是否太强；11~15题测查你的学习兴趣是否存在困扰；16~20题测查你在学习目标上是否存在困扰。

选"是"记1分，选"否"记0分，将各题得分相加，算出总分。总分在0~5分，说明学习动机有少许问题，必要时可调整。总分在6~10分，说明学习动机有一定的问题和困扰，可调整。总分在14-20分，说明学习动机有严重的问题和困扰，需要及时调整。

学习动机不足和学习动机过强是学习动机不当的最主要的两种表现。

（一）学习动机不足

经过紧张的高中生活，特别是经过了高考，来到了四处弥漫着自由气息的大学校园，很多高职学生一下子放松下来。许多学生找不到生活和学习的目标，盲目地参加学校的各种社团活动、交友或者做兼职工作，无心于学习，或者对学习只是应付，没有全身心地投入。

1. 学习动机不足的具体表现。

（1）学习中有懒惰行为。懒惰行为体现在上课表现不积极，对于老师所讲的课程内容漠不关心，迟到早退，甚至逃课。课下不及时完成作业，应付了事，上交不及时或者干脆不做作业。他们通常会有种"明日复明日"和得过且过的惰怠思想，不肯在学习中付出任何努力，还总能为他们的懒惰行为找到自欺欺人的借口。

（2）学习时注意力不集中，容易受到外界干扰。学习动机不足导致上课时注意力难以集中，听讲不专心，思考不专注，学习不深入，对学习内容的理解不透彻，停留在一知半解的层面。学习兴趣不浓，容易因为受到外界的干扰而转移注意力、中断学习。

（3）对学习产生厌倦情绪。学习动机不足的学生常常认为学习是枯燥乏味的，对学习提不起任何兴趣，体验不到学习的快乐，认为学习很"辛苦"，久而久之，对学习便产生了冷漠、厌倦的情绪。

（4）学习缺乏独立性。部分学生学习未树立具体的目标，无论是对大学期间的整体学习还是对某一学科都抱着"随大流"的思想，不积极发挥自己的主观能动性，缺乏目的性和创造性。

（5）学习缺乏方法。很多高职学生原本有努力学习的愿望，却因为在多年的学习中没有形成科学的适合自己的学习方法，没有养成良好的学习习惯，导致学习效率低下，学习成绩不佳，久而久之，没有了学习动力。到了大学新的学习环境中，便更加难以适应了。

2. 学习动机不足的原因。

高职学生学习动机不足的原因可以归纳为个人因素、家庭教育因素和社会因素等几个方面。具体体现在以下几点：

(1) 没有明确的学习目标。这是学习动机不足的最主要原因。高职生经过以高考为指挥棒的高中生活，到了大学，仿佛进入了一个完全自由的天地，忽略了大学生活中隐形的课业压力，看不清未来走上社会的激烈竞争，学习处于盲目状态。

(2) 对成绩不理想的原因分析不当。很多学生对自己学习成绩不理想的原因分析比较片面。有些同学认为是自己智商低，没有学习的天赋，多年来成绩一直上不去，完全是因为自己学习能力不够。还有些同学认为自己学习成绩不理想，主要是运气不好，没有考入好学校，或是没有遇见好老师，把原因归为外界环境不佳。

(3) 缺乏学习的意志力。绝大多数高职生在中小学阶段，没能形成良好的学习习惯。有的学生刚入学时，也曾有过雄心壮志，一心想要学到真本领，可是时间一长，很难持之以恒，容易随波逐流，半途而废。

(4) 缺乏学习的自信心。在长期的学习过程中，一些学生更多的体验是学习没有任何进步和随之而来的挫败感，很少能体验到成就感，这对他们的自信心造成了严重打击。久而久之，严重影响学习的兴趣和意志力，并形成了恶性循环。

3. 学习动机不足的应对措施。

(1) 树立明确的学习目标。认识学习的真正价值，树立大学阶段的学习目标，认真抓好学业与未来就业乃至人生的规划。从大方向着眼，小行动入手，将理想与日常行为密切结合在一起。制订各个学科的切实可行的学习目标和日常学习计划，既不能好高骛远，也不能标准过低，要根据自己的情况，难易适中，切合实际。

(2) 正确认识自我。有意识地提升自我认知水平，只有清楚地掌握了自己的实际情况，才能准确地分析自己学习成绩不理想的真正原因，从而进行正确的归因，使学习成绩的提升建立在稳定可控的因素上，例如个人的努力。合理地利用外部条件，使其通过内因发挥作用。

(3) 增强学习意志力。意志力是心理学的一个概念，是指人自觉地确定目的，并根据目的调节支配自身的行动，克服困难，去实现预定目标的心理过程。意志力是人完成任何一项任务的必要条件。学习是一项持续性的任务，需要意志力的全程参与。可通过明确学习目标，坚定学习行动，不断自我鼓励，有效借用外界力量等方式提升学习意志力。

(4) 培养学习的自信心。面对学习中的问题或困难，要积极乐观地应对，时时进行自我激励，看到自己今天与昨天相比的进步。从小目标开始，不"难为"自己，在点滴的进步中获得成就感，从而使自信心得以不断提升。

（二）学习动机过强

与学习动机不足相对的是学习动机过强的动机不当表现。如果学习动机过强，遇到一些较高难度的学习任务时，会对学习形成阻力，使学习效率下降。

1. 学习动机过强的具体表现。

(1) 学习强度过大。过强的学习动机使得这部分学生几乎将全部课余时间都用于学习，将除了学习之外的所有大学活动视为对时间的浪费。他们错过了人际交往能力、组织协调能力、语言表达能力等重要能力的培养机会，忽略了个人综合素养的全面提升，给自己的学习压力过大。

(2) 自我要求过于严苛。过强的学习动机会使学生自我要求过于苛刻，产生过强的获得奖励的动机，过分注重分数和成绩排名等，制定的学习目标往往过高，不切实际，且要求自己只能成功，不能失败，造成自己很难达到既定目标，经常体验到挫败感，使自己压力过大，常常产生深深的自责。

（3）紧张焦虑。学习动机过强的同学时常表现为情绪紧张，甚至焦虑。他们不能以舒缓放松的心情学习和生活，经常为学习担心，特别是在考试前焦虑的情绪更为明显，常导致食欲不振、坐卧不宁，甚至严重影响睡眠，使得正常的学习和生活受到影响，记忆力减退，课堂上越想认真听讲，却越总是心不在焉，学习效率大大降低。

2. 学习动机过强的原因。

（1）学业目标设置过高。这些学生在设置学业目标时，没有准确评估自身的真实情况，被表面的过强的学习动机干扰，自我期望值较高，盲目渴望成功，好高骛远，脱离实际，制定的学习目标往往遥不可及。

（2）认知模式不准确。认为学习单靠个人努力就可以实现目标、获得成功，或是片面地将学习成绩视为大学学业成功的唯一标准，并以此作为自我评价的唯一标准，而忽略大学对学生考核的多元化评价体系，从而给自己施加过重的精神压力，产生了过强的学习动机。

（3）受到外在不利因素的影响。动机过强者除了内在的个人要强因素，还可能是受到外在因素的影响所致。比如，家人、学校或亲朋对他们较高的期待，或是看到他们的稍许进步便大加赞赏和鼓励，给学习者提出更多更高的要求，这在一定程度上促使这些学习者进一步形成过强的学习动机。

3. 学习动机过强的应对措施。

（1）设定合理的目标。针对设定的学业目标过高的问题，这类学生应该结合自身的实际情况，设定合理的目标。

（2）学会放松。学习是一种紧张的智力活动，用脑时间过长，容易造成脑部缺氧，产生疲劳，使大脑反应迟钝、记忆力下降、思维能力受阻。对学习动机过强的人而言，适当休息、充实生活是必要的。因为休息能使处于紧张状态的大脑得以放松，使原来兴奋的脑细胞转入抑制，加速血液循环，改善大脑血氧供应，使大脑功能迅速恢复，有利于学习效率的提高。

 **知识链接**

休闲的方式

（1）娱乐型。包括琴棋书画、吹拉弹唱等富有情趣的活动。这类活动轻松愉快、舒适，可舒缓身心、自得其乐。

（2）体育型。包括各种体育项目，如篮球、游泳、散打、轮滑、足球等。体育活动能增强体质，消除紧张情绪，解除身心疲乏。

（3）文化型。包括看书、读报或杂志，听网课等。这能改变生活节奏，集中学习一些知识或技能，增长见识，启迪想象力，使人终身受益。

（4）旅游型。不一定非去游览名山大川，可以在野外徒步旅行。旅游能增长见识、锻炼体魄、开阔视野、陶冶情操。

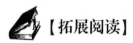 情境分析要点总结：

（1）小张同学应该重新评估自己的生活，加强与家人的沟通，排除外部影响。
（2）小张同学应设定合理的学习目标。

【拓展阅读】

加涅的学习分类

加涅（1916—2002），美国教育心理学家。加涅认为，人类的学习是复杂多样的，是有层次性的，总是由简单的低级学习向复杂的高级学习发展，构成依次递进的层次与水平，而简单的低级学习是复杂的高级学习的基础。1968年，他把人类的学习分为八个层次：

（1）信号学习。这是最低级层次的学习。"无论在普通家畜方面或在人类方面，对于信号学习普遍都是熟悉的。"

（2）刺激—反应学习。加涅认为，这一层次的学习相似于桑代克的"尝试错误学习"和斯金纳的"操作性学习"。它只涉及一个刺激与一个反应之间的单个联络，而且刺激与反应是统一地联结在一起的。

（3）连锁学习。这是一种成系列的单个"刺激—反应"结合的学习。有些连锁学习是由肌肉反应组成的，而有些连锁学习完全是言语的。

（4）言语联结学习。这是指语言学习中言语的连锁化，包括字词形声义的联想和言语顺序的学习。

（5）辨别学习。这是指学习者对某一特别集合中的不同的成分作出不同的反应的学习。

（6）概念学习。这是指对事物的共同特征进行反应的学习。其中有些概念可以通过学习者与环境的直接接触来获得，但有些概念则要运用语言对事物进行分类、归纳和概括才能获得。

（7）原理（规则）学习。这是对概念间关系的认识或理解。

（8）解决问题学习。这是原理学习的一个自然的扩大，是一种"高级规则"的学习。

 【思考与练习】

（1）我的学习动机是什么？
（2）我是如何做到的？

【测一测】

考试焦虑测验

情境 2 学会学习

▶ 情境引入

小悠的烦恼

小悠是一名标准的"乖乖女",文静、听话的她选择了一个自己也比较认可的专业——会计。一切似乎都很顺利。但是,最近她有些烦恼:不知道该怎样学习了!高中的学习都是在老师的全程指导下完成的,但是,大学却不是这样。没有了老师的"指导",她不知道怎样学习了。

▶ 情境分析

下面,我们来了解一下高职学习的相关知识:高职的学习有什么特点呢?应该怎样看待高职的学习?用什么样的策略来应对学习?

一、高职的学习特点

(一)知识的专业性和实用性

从高考填报志愿那一刻起,学习的专业性就摆在了我们面前。随着社会对高职院校学生专业化、职业化的要求越来越高,高职生学习的专业性、实用性的特点也越来越显著。

近年来,随着职业教育越来越受到重视,在日常教学中,知识技能的学习与实践能力的培养显得同样重要。在就业压力的影响下,那种只重视学生知识、忽视学生创造能力、实操能力培养的模式已经逐渐被摒弃。这就要求我们在大学学习阶段,不仅要学好书本知识,还要培养对理论的实际应用能力。

(二)学习的主动性和综合性

首先,大学教师在课堂上的讲解不像中学老师那样面面俱到,可能只讲难点、疑点、重点或者是教师最有心得的那一部分,其余部分就要由学生自己去攻读、理解和掌握了。所以,调动自身的学习主动性,培养和提高自学能力,是高职生必须具备的本领。对于大多数学生来说,合理安排好自己的学习时间,从中学那种填鸭式的学习状态转到大学自主式的学习状态是比较具有挑战性的。这也是大学新生容易出现的学习不适问题。

其次,进入大学后,学生普遍觉得知识浩瀚如海,宽松的学习环境也为每个人的发展提供了广阔天地,使得他们可以广泛涉猎各学科知识,在较短的时间内有效地掌握各种知识和技能。同时,如何处理好诸多知识与专业学习的关系也成为高职生颇感头痛的一个问题。

此外,除了课本上的知识,大学阶段的学习可能还包括一系列的社会化的学习,如人际交往、自理能力、独立能力等,这些体现的都是综合素质的提升。

（三）学习途径的多样性

高职生的学习不再像中学，课堂教学虽然还是学生吸取知识的主要途径，但相对中学而言，知识的学习途径更多了。学生可以通过学校组织的报告会、讲座等来扩展知识，也可以通过图书馆、网络等途径来自主学习。此外，参加班级活动、社团活动、社会实践等也是提升自己能力的好方法。

二、转变学习观念

（一）培养专业兴趣

兴趣是人对事物的一种特殊的认识倾向，是力求认识、探究某种事物或从事某种活动的心理倾向。这种倾向具有肯定的趋向，并能持续一定的时间。

在学习活动中，当对所学的知识产生浓厚的兴趣时，个体会保持积极的学习态度，并伴随着愉快的情绪体验。但在现实中，常常会出现这样的情况：当刚刚开始学习一门新的学科时，学生由于新奇感而有较强的求知欲，但随着学习的不断深入，难度逐渐增大，好奇心就逐渐减弱了。

那么，如何才能保持对所学专业的兴趣呢？

首先，要培养好奇心。好奇心的探究会引起对某一方面或某些方面的兴趣。爱因斯坦说："我没有什么特别的才能，不过喜欢刨根问底追究问题罢了。"有了学习兴趣，就不会感到学习的压力，即使学习很艰苦也会乐在其中。

其次，要明确专业优势，增加自信心和自豪感。有很多学生虽然选择了自己所学的专业，但是并不喜欢，总想着改变专业，或者想毕业后从事其他方面的工作。要想激发学习兴趣，就要了解这一专业的特点和就业优势，认识到三年的学习会对自己产生的积极影响。

最后，要从努力学习中培养兴趣。兴趣与努力是相辅相成的。原来没有兴趣，经过努力学习，不断积累知识、深入了解，就可以慢慢培养起兴趣。但是，不顾学习本身的特点，一味追求兴趣，想把学习的一切都兴趣化是不可能的。学习是一种艰苦的劳动，兴趣能帮助我们更好地学习。

只有主动积极地参与学习过程，认真思考，刻苦钻研，才能够体会到学习知识的快乐，感觉到智慧的力量。因此，在学习过程中，无论遇到怎样的困难，无论学习内容怎样枯燥，都不要轻易放弃，只要坚持下去，学习兴趣就会慢慢培养起来。

（二）扩展学习范围

关于大学要学什么，网上有非常多的讨论：有人说要学习专业技能，有人说要学会与人交往，有人说要掌握自学能力，有人说要学会思考……不管哪种观点正确，给我们的提示就是：大学，它不是一个学习内容单一的地方，它可以给我们提供各种学习的场合和机会，只要你努力去学习了，就一定会有所收获！首先，我们要明确，学习是我们必须面临的课题，或这或那，必须有所选择。其次，学习的内容和形式是多种多样的，要通过不断的尝试寻找属于自己的。

（三）树立终身学习观念

有人认为，经过了高中的紧张学习，大学就是来放松的。有人认为，毕业参加工作后就再也不用学习、不用考试了。其实，我们应该树立终身学习的理念。

早在1965年，联合国教科文组织就开始倡导终身教育。1972年5月，联合国教科文组织国际教育委员会出版了《学会生存——教育世界的今天和明天》一书，正式确立了终身教育思想的国际地位。与终身教育并列，联合国教科文组织在1976年11月召开的第19次全体会议通过的《关于成人教育发展的报告》中，提出了终身学习的概念："终身学习是21世纪的生存概念。"

终身学习是通过一个不断的支持过程来发挥人类的潜能，它激励并使人们有权利去获得他们终身所需要的全部知识、价值、技能与理解，并在任何任务、情况和环境中有信心、有创造性和愉快地应用它们。终身学习意味着知识经济时代的学习观念将发生根本性的改变，即把学习从单纯接受学校教育的学习扩展开来，并从少数人的学习扩展到所有人，从阶段性的学习扩展到人的一生，从被动的学习发展到主动的学习，从而使学习成为所有人终生的行为习惯和自觉行动。古人云：吾生而有涯，而知也无涯。终身学习把学习从单纯求知变为生活方式，就是要做到活到老、学到老。终身学习是新世纪知识经济、知识社会发展和人的发展的必然要求。

（四）学会休闲放松

常年的紧张学习让我们很难一时放松下来，但是，作为健康的生活方式，我们应该在学习之余学会休闲放松。

首先，防止大脑疲劳与勤奋学习并不矛盾，只要正确处理学习和休息的关系，把科学用脑与勤奋学习结合起来，不但能够逐步提高学习效率，而且对身体也有好处。大脑是思维的器官，只要不在疲劳状态下思考、研究问题，不但没有害处，反而会越用越灵。大脑生理学家指出，正常人的大脑具有140亿~160亿个神经元，可储存1 000万亿信息单位，相当于美国国会图书馆所藏1 000多万册图书50倍的知识。这就是说，无论怎样增加信息接收量，也不会导致大脑负担过重，因此它具备人们刻苦学习的物质基础。同时，一些科学家通过一系列试验认为，懒惰会引起早衰，而长期从事脑力劳动的人到60岁时仍能像20岁那样思维敏捷。

其次，要学会生活。也就是要学会健康的生活方式，能够积极地安排自己的生活，使自己的生活和精神充满生机，真正达到生理和心理的健康。

最后，要掌握健康的休闲方式。目前大学生普遍存在的问题就是不会利用闲暇时光，有了时间，不是在宿舍玩游戏就是上网聊天，白白浪费了大好时光。应该掌握一些强身健体、陶冶情操的休闲方式，让自己能够受益终生。

三、掌握学习策略

不管怎样，学习总是我们一生要面临的课题。下面，我们通过一个小活动来看看自己的学习方法如何。

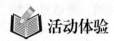 活动体验

小测试：看看你的学习方法如何

下面有10个问题，请你根据自己平时的实际情况，平时怎么做的、怎么想的就怎

回答。每个问题有三个可供选择的答案：(A) 是，(B) 不一定，(C) 否。请在每一题后给出相应的答案。

1. 学习除了书本还是书本吗？
2. 你对书本的观点、内容从来不加怀疑和批评吗？
3. 除了小说等一些有趣的书外，你对其他理论书根本不看吗？
4. 你读书从来不做任何笔记吗？
5. 你认为课堂上的基础知识没啥好学的，只有看高深的大部头著作才过瘾吗？
6. 除了学会运用公式和定理，你还知道它们是如何推导的吗？
7. 你能够经常使用各种工具书吗？
8. 你能够见缝插针、利用点滴时间学习吗？
9. 上课或自学时，你都能聚精会神吗？
10. 你常与同学争论学习上的问题吗？

答案与说明：

第1、2、3、4、5题回答（C）的每题记10分，回答（B）的每题记5分，回答（A）的不记分；第6、7、8、9、10题回答（C）的不记分，回答（B）的每题记5分，回答（A）的每题记10分。最后计算总分。

总分在85分以上，学习方法很好；

总分在65～84分，学习方法好；

总分在45～64分，学习方法一般；

总分在44分以下，学习方法较差。

同学们，经过以上的测试，你属于哪一类呢？

学习的方法有很多，比如过度学习法和迁移学习法：

过度学习法就是在全部学会学懂以后再继续学习一段时间。也就是说，在达到最低限度领会后，或在达到勉强可以回忆后，继续进行学习。"过度学习"究竟学习到何种程度算"适度"了，这要取决于学习材料的性质和学习者本人的情况。

迁移学习法是指之前学习或训练的内容，会影响到后来类似的学习或训练的内容，即已获得的知识、技能、方法等分别会对学习新的知识、技能、方法等产生影响，如我们常说的"举一反三""触类旁通"等。实际上，一切有意义的学习都是在原有的学习基础上进行的，都受原有的认知结构的影响。因此，一切有意义的学习都包含着迁移，而决定迁移的实现及学习效果的重要因素则是学生的认知结构。所以，在校期间必须踏踏实实地深入掌握和领会各门课的基本结构、基本原理和基本概念，这样才会具有扩展知识的根基，将来在知识学习和能力发展上具有较强的生命力。

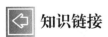

学习方法的五字诀

清华大学建筑系教授、工程院院士龙驭球先生总结自己几十年大学从教经验，概括出大学学习方法的五字诀："加、减、问、用、新",它对大学生科学地掌握学习方法有很大的启发和帮助。"加"指知识的摄取和积累过程,强调在继承中创新;"减"指知识的提炼和升华过程,在"去粗取精,弃形取神"中要注意"去"和"弃";"问"指善问巧思;"用"指在应用和实践中对已有知识进行检验;"新"指创新。掌握学习方法就是要做到"五会":

- 会加——勤于积累,融会贯通,用心梳理,落地生根。
- 会减——概括的能力,简化的能力,统率驾驭的能力,弃形取神的能。
- 会问——(多问出智慧)要会问,要追问,要问自己。
- 会用——(学习=学+习)多面性,综合性,检验性。
- 会创新——反思性,跳跃性,灵活性,牢固性,悟性。

关于学习策略,我们从以下几方面进行介绍:

(一) 丰富学习途径

从高职的学习特点可知,高职生的学习途径比以往丰富许多,但相当一部分学生还沿用过去课堂学习经验,并没有意识到还有更多的途径可以获得学习资源。

1. 主动向老师请教。在大学里,老师不仅是我们专业上的领路人,也是解答我们人生困惑的人。但是,很多学生对大学老师的印象是上完课走人,没有什么交流。其实,这要求我们转变观念,主动加强与老师的沟通,如通过电话、网络等方式与老师联系。在这种联系中,我们可以掌握更多的专业知识,还可以与老师探讨人生。

2. 加强与同学和学长的交流。三人行必有我师。通过与同学的交流,我们可以学习对方的经验,还可以加强对问题的理解。与同专业的学长之间的交流对于新生来说尤为重要,刚入学的高职生对专业知识的理解不一定全面,可以通过与学长的交流更深入地了解本专业的情况、在学习中要注意的问题、专业的长远规划等,可以借鉴学长的经验。

3. 充分利用图书馆、网络等资源。学校的图书馆会为本校的各个专业提供专业书籍、期刊资料和电子书库等,能够满足不同专业学生的学习需要。这是一个巨大的知识宝库,我们应该学会通过图书馆来掌握更多的信息。网络是当今世界上最便利、最快捷的获取学习资源的渠道。通过网络,可以了解到学校内外的更多信息,获得对世界的不同看法,形成多元的视角。

5. 通过班级活动、社团活动以及实践活动等锻炼自己。社团是大学校园中极富生命力的队伍,社团活动丰富多彩,不仅能培养大学生多方面的兴趣,还能锻炼大学生的人际交往和组织能力。学校组织的各种活动,尤其是与专业相关的实践活动,是非常难得的锻炼机会,我们可以从中锻炼自己的实际动手能力,增加对社会的了解,提升自身的竞争能力。

(二) 学会阅读

由于大学更注重自主学习,学会阅读显得尤为重要。

1. 掌握阅读方法。

浏览概貌。对将要阅读的材料先形成一个总体印象,并从中了解一些与阅读此材料有关的基本知识背景等内容。

仔细研读。这是阅读过程中最重要的一步。在这个过程中要认真阅读每一部分,细细地领会内容，必要的时候还可以做笔记。

复习思考。读完后不能一扔了之，还要就其中的内容作一番思考，以便使这些内容与自己头脑中的知识与思想相互融合。而对于专业知识，则应在读后再次复习，加强记忆，达到掌握的目的。

知识链接

五步阅读法

五步阅读法又称 SQ3R 读书法，为英文"survey"（浏览）、"question"（发问）、"read"（阅读）、"recite"（复述）、"review"（复习）五个词首字母组合。这种阅读方法将阅读过程分为五个步骤：

一是浏览。通过看前言、序、目录、内容摘要及正文的大小标题、注释、附录等，概括地把书看一遍，从整体上对全书有个印象，明确其重点和难点。

二是发问。对书中的重点、难点之处进行阅读，提出问题，以备在深入阅读中思考、寻求答案。

三是阅读。带着所提问题，对内容进行深入细致的阅读，并做读书笔记，以加深理解、增强记忆。

四是复述。在阅读理解的基础上，对阅读中所获取的知识信息进行回忆检查，掌握重点，突破难点，以提高阅读效率。

五是复习。对阅读过的内容，不断地进行复习，以巩固记忆，保证学习成效。五步阅读法符合感知、记忆与思维相联系的规律，因而是一种行之有效的读书方法。

2. 做好读书笔记。

大学教材内容较多，老师在课堂上只讲授重点，而讲的内容书上又不一定有，所以学生需要边听课边记笔记。记笔记需要同时运用多种感官，眼看、耳听、手记并举。总的说来，记应该服从于听。听懂是第一位的，记好是第二位的，并逐渐做到既听懂又记好。对于记课堂笔记有几点要求和诀窍：

（1）要把老师讲授的重点、要点以及自己理解上的难点、疑点快速记下。

（2）要详略得当，力求简略。要抓住知识的内在规律，记清老师讲授的思路、逻辑推理方法、纲目重点、基本结论等。

（3）记笔记最好以理解为基础，用自己的语言表达。

（4）笔记要以自己看懂为标准，可用符号、略语。

（5）笔记要有明显的标题、分段，条理清晰。笔记本每页的左（右）侧以及段行之间要留有空白，以便于自学时修改或补充。如在听课中遇有障碍，没有听清，不要用更多的时间去思索，不妨在笔记上做个记号，暂时跳过去，跟上老师讲课的思路，留在课后专门去解决。

除了课上记笔记，在课外阅读时也要注意做好笔记，提高阅读效率。课外阅读笔记有这样几种形式：

（1）摘录式。这是使用最多的一种方式。主要摘录书籍、报刊、调查报告、文书档案中与自己学习内容有关的原始材料。如果你是文科生，则可摘录有关的学习资料、重要文章、警句格言、词语典故等。如果你学的是理工科，就得摘录有关文献、重要的结论与证明、独特的技巧等。

（2）提要式。即看完一本书或一篇文章，对文中的某一观点、事件、情节或某一定理等，进行分析、归纳，用自己的话把其内容、要点写出来。这不仅可备忘、备查，而且能训练综合、概括能力。这一方式对于文科生尤为有效。

（3）卡片式。这个方式要求有一个大的卡片式的本子，可以记录自己感兴趣或对自己有用的知识，当需要提取知识时，翻阅卡片就可以在最短时间内获得大量知识。卡片式的记笔记方法是一个长期的过程，需要持之以恒。

（三）巧妙记忆

朱熹说过："余尝谓读书有三到：谓心到、眼到、口到……"所谓"心到"，就是指要用脑思考；所谓眼到、口到，是重视多种感官的协同作用。手、脑、眼、耳并用，可以提高记忆的效果。为更好地记忆，下面介绍几种记忆方法。

1. 理解记忆法。深刻理解的材料比较容易记住，甚至终身不忘。为了加深对学习材料的理解，在学习中应力求领会事物的本质，找出事物的内部联系和规律，并与已有的知识经验联系起来，把新材料纳入已有的知识系统中，这样就能够记得牢固，便于今后灵活运用。

2. 有意记忆法。在学习过程中，集中注意力，设法记住必须记住的材料，这就是有意记忆。但也有另一种情况：许多事情并没有经过什么努力，也没有明确的目的，却被牢牢记下来了，这就是无意记忆。然而，试验证实，有意记忆较之无意记忆，效果要好得多。在学习中，我们要善于给自己提出记忆的目标和任务，加强记忆的目的性和计划性。

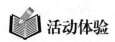 活动体验

记忆小测试

要求用一分钟的时间记住下列词语，但是画线的词语不要记：
海宁人经济<u>稀饭</u>化妆
防风灯友谊剪刀热情
<u>黏土</u>字典油脂纸张
天使蜡烛<u>樱桃</u>副词
你记住了哪些词语，画线的词语记住了吗？你发现没有，不要求记的词语，你反倒记住了，这是怎么回事呢？
请将画线的词语写下来。

3. 边读边背法。将回忆与反复阅读结合起来，其记忆的效果比单纯反复阅读直到背记好得多，如记忆外语单词、短语，读一两遍之后，就应该试着背记或默写。试验证明，用40%的时间进行阅读，用60%的时间作背记，效率最高。背记无异于自我检查，能够

检查出哪些地方记住了,哪些地方还没记住,再阅读时就可以在难点上多下功夫,不必平均使用力量。将阅读和试背交叉进行,有利于保持大脑神经的兴奋,延缓抑制过程的到来。

4. 归类对比法。归类对比有利于加强记忆、熟练应用和发挥思维的灵活性。用归类对比的方法,显示出相似事物的不同点和不同事物的共同点,便于记忆。

5. 联想记忆法。当我们要记住新的东西时,总是想方设法将强烈的联想与已有的知识联系起来。联想造成的印象越强烈,则记忆越深刻难忘。联想有接近联想、类似联想和对比联想等。如背诵一首诗,就是由于词与词、句与句相互接近而联想起来的;学习外语,把同义词、近义词、反义词放在一起学,通过类似联想和对比联想,容易把这些词记住。

6. 组织记忆法。有组织的材料易于记住并能够较牢固地保持。按照一个人的兴趣和目的与原有的认知结构组织起来的材料,最有希望保持在记忆中。对材料进行加工整理的前提是分析和综合与加深理解,如编写提纲、绘制图表等都有助于巩固记忆,提高学习质量。

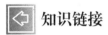 知识链接

其他的记忆方法

分类记忆法。把一定的记忆材料分成适当的类别进行记忆的方法。

形象比拟法。一种用形象事物来比拟抽象事物的方法,使抽象的事物变得直观,便于理解和记忆。

谐音记忆法。利用读音的相似,把无意义的材料转化为有意义材料的一种方法。

奇异联想法。利用奇怪的违反常理的联想,把那些看上去毫无联系的东西联系在一起的方法。

简约记忆法。把事物的特征概括化的记忆方法。它既简单明了,又突出特征,使记忆变得简单。

歌诀记忆法。把要记忆的材料变成韵律化的歌谣口诀。

定位记忆法。也称"标钉法",即在自己的"记忆仓库"中准备好一系列位置固定的"货架",当识记一系列材料时,可以按顺序往"货架"上存放,以保证提取时有条不紊。

操作记忆法。记读书笔记是提高记忆效果的一种好方法。

练习记忆法。俗话说,眼过百遍,不如手过一遍。

▶ 情境分析要点总结:

(1) 做好课前预习,课上认真听讲、做好笔记,课后做好复习。
(2) 寻找学习的各种途径。
(3) 注意劳逸结合。

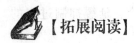

【拓展阅读】

艾宾浩斯的遗忘曲线

我们常常会遇到这样的情况：为了应付考试突击记住的内容几天后就忘得差不多了。德国心理学家艾宾浩斯于1885年就曾提出这一敏锐的、非常现代的观察结论："考试时仓促填塞的知识，如果不通过进一步的学习进行充分巩固，并随后进行充分复习，是会很快遗忘的。"

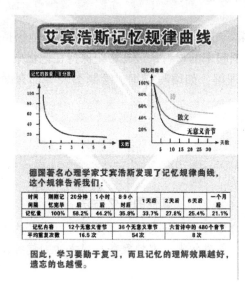

他使用无意音节对自己进行了测试，要求自己背诵长度不等的音节序列。艾宾浩斯选择使用死记硬背的学习方法，通过机械复述来记忆，以完成任务。他用"保存成绩"作为测量指标，例如，如果学会一个序列用了12遍，而几天后重学这一序列用了9遍，那么他在那段时间里的"保存成绩"为25%（12-9=3（遍），3÷12=0.25）。艾宾浩斯记录了不同时间间隔后的记忆保持程度，发现记忆的最初迅速遗忘，跟随着是逐渐下降的遗忘率，也就是我们熟悉的遗忘曲线。

艾宾浩斯的遗忘曲线代表了机械学习实验的结果。在艾宾浩斯的影响下，心理学家们花了几十年的时间来通过观察被试学习和记忆无意音节来研究人类的词语学习。

【思考与练习】

(1) 你感兴趣的是什么？你是如何利用兴趣来激发学习的？

(2) 你到大学后都有哪些收获？你是如何获得的？

(3) 除了课本上的知识，你还需要学习哪些内容？

▶【测一测】

学习动力自我诊断测试

情境 3　时 间 管 理

▶ 情境引入

我该怎么办？

祁云是一名大学一年级的学生，进入大学生活半年后，她开始有些困惑了：不知道自己的时间都去哪了，每天除了上课，就是跟舍友逛街、玩手机、看电影，偶尔参加社团和学校组织的活动。生活过得懒散，漫无目标。她想改变自己的生活，想过的更充实，但是又不知道该怎么办。

▶ 情境分析

下面，我们来了解一下关于时间管理的相关知识：你的时间是怎样进行分配的？我们该如何进行时间管理？

时间是每个人一生中最重要的资源，但是，正如黑格尔所说：时间"犹如流逝的江河，一切东西都被置于其中席卷而去"。如果一个人没有很好地去重视时间，那么他就是在浪费自己的资源，在人生成功的战略上已经输给了别人。

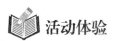 活动体验

时间管理小测试

我们把自己的时间管理得如何呢？下面有10个问题，请将代表频率的数字填在每道题后的括号里。1表示"从不"；2表示"偶尔"；3表示"时常"；4表示"总是"。

1. 考试前我总是临时抱佛脚。（　　）
2. 我能够按时交课后作业。（　　）
3. 我觉得自己每天都有充足的睡眠。（　　）
4. 我计划好了每周与朋友们玩耍的时间，并且通常可以按计划行事。（　　）
5. 当需要完成一篇论文时，我总是拖延到最后几天才开始写。（　　）
6. 我经常因为时间紧而取消其他活动项目。（　　）

7. 我通常可以按时完成学习任务。（　　）
8. 我经常因为不能完成老师布置的任务而找各种借口。（　　）
9. 我对自己目前的时间规划很满意。（　　）
10. 我心头总有事情悬着，但就是没有时间去完成它。（　　）

评分和评价：

分数 A：将 1、5、6、8 和 10 题括号里的数字相加，就得到分数 A。

分数 B：将 2、3、4、7 和 9 题括号里的数字相加，就得到分数 B。

如果分数 B 大于分数 A，你可能经常拖延任务；如果分数 B 小于分数 A，说明你能够很好地管理自己的时间；如果两个分数相等，你可能偶尔会拖延任务，但还没养成习惯。

根据以上评分，你的时间利用水平如何呢？

一、时间管理的积极意义

时间的不可逆性要求我们不断提高管理时间的能力，利用好当前拥有的每一分钟。时间管理就是为了实现目标而对时间进行计划、安排、控制、分配、使用、反馈等活动，对于我们个人都有非常重要的积极意义。

首先，良好的时间管理能力有助于提高学习效率。高效率的学习能使我们充分利用时间，学到更多的知识和技能。所以，良好的时间管理能力可以对个人的学业产生促进作用。时间管理能力越强，学业成绩就越好；时间管理能力越弱，则学业成绩就越差。

其次，良好的时间管理有助于获得成功。善于管理时间的人能够更出色、快捷地完成学习任务，取得优秀的成绩。这会促使其有更强的自信心和自尊心，不断进取，为实现远大理想而做好充足的准备。

最后，良好的时间管理能力有利于身心健康。善于管理时间的同学由于能够快捷地完成学习任务，所以能给自己留出更多的时间来休闲和放松，或是发展个人的爱好，这都有益于身心健康。甚至有人说："时间管理最重要的目的是创造更多的休闲时间。"国外大量研究表明，缺少时间做个人的事情常常引发各种身心疾病。因此，良好的时间管理能力有助于个人维护身心健康，而身心健康是成才的一个必备条件。

此外，当今社会发展迅速，科学技术不断更新，新知识、新技术不断涌现，这就要求我们不断学习新的技能，不断完善自己的知识体系。因此需要在课余时间进行再学习。善于驾驭时间的同学就能够抽出更多的时间去"充电"，这有利于同学们不断发展，在激烈的竞争中保持优势。

二、设定合理目标

弗洛伦丝·查德威克曾先后两次横渡英吉利海峡，其成功的关键就在于有明确的目标。虽然看不见对面的陆地，但陆地在她心中。有了目标就有了奋斗的动力，因此她奋力向前游，并取得了成功。

目标不仅要明确，而且要设置合理。轻易即可达到的目标将丧失其激励作用；定得过高，束之高阁，也只能是纸上谈兵，同样达不到确定学习目标的目的。所以，要从客观实际出发，把目标建立在切实可行的基础上。

首先，要分析实际情况。在分析时，要考虑本专业的总体培养要求、各专业课的基本要求、自己现有的知识基础以及可利用的时间和精力等。

其次，是确定目标。明确自己的实际情况后，再设置目标，并且要考虑到自己的发展需求。在校学习的大学生，可以把弥补某个薄弱环节作为一定时期的主攻目标。一个人的时间和精力总是有限的，如果没有明确的目标，缺乏主攻方向，今天向西，明天向东，走到哪儿算哪儿，就会白白耗费精力。

三、制订可行计划

在明确目标的基础上，还要为自己制订一个切实可行的计划，养成按自己选定的目标和制订的计划学习的习惯。

每位大学生都应当学会制订自己的学习计划表。一份有效的学习计划表可分为三步：一是统计非学习的活动以及这些活动所占用的时间总量。二是计算尚有多少时间可用于学习。三是绘制一份每周活动图表，把学习时间列在突出位置。其中第一步可以通过核查用去的时间确定；第二步可以通过学习时间统计表来完成；第三步可以通过应用日程表来做到。掌握时间管理的方法，分清学习任务的轻重缓急，可以有效利用时间，提高自学的效率和质量。

2012年10月，清华大学双胞胎姐妹马冬晗和马冬昕凭一张"最牛学习计划表"和一段"全能答辩视频"走红网络。

学习计划表是一页A4打印纸，清秀的字迹密密麻麻地记录着马冬晗一周内每天的课程安排、学习情况、生活情况、一天总结等数十项量化内容。

计划表显示，早上6点起床锻炼……中午11点25分至13点30分吃午饭，打印课件……晚上10点到11点听英语，晚上11点到凌晨1点读《飘》、背单词，凌晨一点之后才是SLEEP。每天只睡五六个小时。

从中我们可以看出，学习计划表在她们姐妹的学习中起到了多么重要的作用。在制订学习计划表时，应注意的问题：

1. 安排一天中感觉最好的时间段用于自学。

2. 安排自学内容要分清主次、缓急。先安排课后复习和作业，再安排阅读参考书。

知识链接

时间"四象"法

美国著名管理学家科维提出了一个时间管理的理论,把工作按照重要和紧急两个不同的程度进行了划分,基本上可以分为四个"象限":

A. 重要且紧急(比如救火、抢险等)——必须立刻做。

B. 紧急但不重要(比如有人突然打电话请你吃饭等)——只有在优先考虑了重要的事情后,再来考虑这类事。人们常犯的毛病是把"紧急"当成优先原则。其实,许多看似很紧急的事,拖一拖,甚至不办,也无关大局。

C. 重要但不紧急(比如学习、做计划、与人谈心、体检等)——只要是没有前一类事的压力,应该当成紧急的事去做,而不是拖延。

D. 既不紧急也不重要(比如娱乐、消遣等事情)——有闲工夫再说。

3. 根据自学内容的不同,安排合适的时段和时间的多少。如早晨用来记外语单词,晚上用来复习和做作业。

4. 连续学习的时间不要太长,一般以2小时为宜。

5. 在较长时间的自学中,应交替安排两种以上的学习内容,以改换不同的用脑方式,起到调节脑功能的作用。

6. 要善于利用零碎时间。

衡水中学是衡水市直属的三所重点高中之一,被人们称为"超级高考工厂"。2016年高考,河北省文理状元由衡水中学包揽。省文科、理科前10名,衡中各占9名。且不论它在教育上的成功与失败,在时间管理上可谓做到了极致。

衡水中学作息时间表	
5:30起床	13:45起床
5:45早操	14:05—14:45第六节
6:00—6:30早读	14:55—15:35第七节
6:30—7:10早饭	15:35:15:55眼保健操
7:10—7:35早预备	15:55—16:35第八节
7:45—8:25第一节	16:45—17:25第九节
8:35—9:15第二节	17:35—18:15第十节
9:25—10:05第三节	18:15—18:50晚饭
10:05—10:30课间操	18:50—19:10看新闻
10:30—11:10第四节	19:15—20:00晚一
11:20—12:00第五节	20:10—20:55晚二
12:00—12:45午饭	21:05—21:50晚三
12:45—13:45午休	21:50—22:10洗漱
	22:20寝室熄灯

大学里自由支配的时间较多,大学生要学会自我管理,首先就是时间管理。充分利用大学时光,把学习时间和其他时间分配好,是助你成才的重要内容。

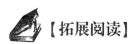 情境分析要点总结:

(1) 设定自己的目标,可以是三年的,可以是一年的,或者是半年的。
(2) 制订自己的计划,可以是月计划,也可以是周计划或者日计划。
(3) 可以找个朋友一起努力,相互监督和支持、帮助。

【拓展阅读】

时 间 管 理

时间管理是指通过事先规划和运用一定的技巧、方法与工具实现对时间的灵活有效运用,从而实现个人或组织的既定目标,EMBA、MBA等主流商业管理教育均将时间管理能力作为一项对企业管理者的基本要求涵括在内。

有关时间管理的研究已有相当长的历史。时间管理理论可分为四代:

第一代着重强调利用便条与备忘录,在忙碌中调配时间与精力。

第二代强调行事历与日程表的作用,反映出时间管理已注意到规划未来的重要性。

第三代是目前正流行的讲求优先顺序的观念。也就是依据轻重缓急设定短、中、长期目标,再逐日订定实现目标的计划,将有限的时间、精力加以分配,争取最高的效率。这种做法有它可取的地方。但也有人发现,过分强调效率,把时间安排得死死的,反而会产生反效果,使人失去增进感情、满足个人需要以及享受意外之喜的机会。于是许多人放弃这种过于死板拘束的时间管理法,回复到前两代的做法,以维护生活的品质。

第四代理论已经出现,它与以往截然不同之处是根本否定"时间管理"这个概念,主张关键不在于时间管理,而在于个人管理。与其着重于时间与事务的安排,不如把重心放在维持产出与产能的平衡上。

时间管理的方法有很多,如新概念GTD、帕累托原则、时间"四象"法、麦肯锡30秒电梯理论以及莫法特休息法等。

【思考与练习】

(1) 你这学期有什么目标和计划吗?
(2) 你每天的时间是如何分配的?

【测一测】

大学生时间管理自我诊断量表

项目五 走出孤独的围墙——学会交往

▶ 学习目标

知识目标
① 了解孤独的内涵与测量；
② 了解孤独感产生的原因；
③ 理解孤独感与青春期的关系；
④ 理解孤独感与心理困惑的关系。

能力目标
① 掌握人际交往技巧；
② 能够学会调控交往。

情境1 人际交往面面观

▶ 情境引入

孤独感挥之不去

对什么事情都失去好奇心，孤独感很强，有时梦里都备感孤独，朋友聚在一起也是片刻的欢喜，马上又陷入孤独的灰色地带，很想赶走这种感觉，可是自己不断尝试，都不能摆脱。因此很苦楚，经常心悸、胸闷，有时感觉胸口堵得慌。从小就觉得很孤单，可以前都觉得没什么，到了大学之后，孤独感越来越明显，想和同学多交往，不知道为什么和别人聊不来，或者说不知道要聊什么，以前很要好的朋友，现在越来越疏远，心里有话不知道该和谁说，感觉越来越无助，很难受。

▶ 情境分析

孤独感是一种封闭心理的反映，是感到自身与外界隔绝或受到外界排斥所产生的孤伶苦闷的情感。一般而言，短暂的或偶然的孤独不会造成心理紊乱，但长期或严重的孤独可引发某些情绪障碍，降低人的心理健康水平。孤独感还会增加与他人和社会的隔膜与疏离，而隔膜与疏离又会强化人的孤独感，久之势必导致疏离的个人体格失常。大多数人都体验过孤独的痛苦。有关统计资料表明，孤独感已成为现代人的通病。心理学家估计随着社会变得越来越富有，对孤独感和人与人之间关系的关注将继续增强。

一、孤独感的内涵及测量

（一）孤独感的内涵

孤独（loneliness）在现实生活中经常被人提及，孤独是一种主观上的社交孤立状态，伴有个人知觉到自己与他人隔离或缺乏接触而产生的不被接纳的痛苦体验。Lttitia Anne Peplau 和 Daniel Perlnen（1982）对孤独特征的定义：孤独是一种不愉快的、令人痛苦的主观体验或心理感受。

（二）孤独感的测量

孤独和孤立的含义是不同的。孤独是个体对自己社会交往数量的多少和质量好坏的感受。对孤独感的这种界定，可帮助我们理解为什么有些人虽然远离人群，生活却感到非常快乐，而一些人尽管被人群所包围，而且经常与他人交往却感觉孤独。有许多人抱怨身边没有多少真正的朋友，对这些人来说，与人进行坦诚的交往的需要不能满足时，会产生强烈的孤独感。从这个意义讲，孤独是一种个人体验。每个人都会感到孤独，而且孤独感的有无随着环境的变化而变化，据此可认为孤独感是一种人格特征。有人设计了一些人格量表来测量人们对孤独感的一般感受性。用这个量表对某大学学生进行的测验表明，人际关系方面存在的问题仍是当前大学生心理健康的主要障碍。

 **知识链接**

孤独感程度测试

本测试含有11个"孤独"正序条目与9个"非孤独"反序条目，适用于年满18周岁或以上人士。结果：>44分，高度孤独；39~44分，一般偏上孤独；33~39分，自然水平孤独；28~33分，一般偏下孤独；<28分，低度孤独。

1. 你和周围的人相处融洽，有物以类聚之感。（　　）
   A. 从不（4分）　　B. 很少（3分）　　C. 有时（2分）　　D. 经常（1分）
2. 你觉得缺个伴儿。（　　）
   A. 从不（1分）　　B. 很少（2分）　　C. 有时（3分）　　D. 经常（4分）
3. 你觉得没有人可以求助、分享和依靠。（　　）
   A. 从不（1分）　　B. 很少（2分）　　C. 有时（3分）　　D. 经常（4分）
4. 你觉得孤单。（　　）
   A. 从不（1分）　　B. 很少（2分）　　C. 有时（3分）　　D. 经常（4分）
5. 你觉得自己是朋友群中的一员。（　　）
   A. 从不（4分）　　B. 很少（3分）　　C. 有时（2分）　　D. 经常（1分）
6. 你觉得和身边的人有许多共同点。（　　）

A. 从不（4分） B. 很少（3分） C. 有时（2分） D. 经常（1分）

7. 你觉得和任何人都不再亲近了。（　　）
   A. 从不（1分） B. 很少（2分） C. 有时（3分） D. 经常（4分）
8. 你觉得你不能和周围的人分享兴趣和想法。（　　）
   A. 从不（1分） B. 很少（2分） C. 有时（3分） D. 经常（4分）
9. 你觉得自己外向而友好。（　　）
   A. 从不（4分） B. 很少（3分） C. 有时（2分） D. 经常（1分）
10. 你觉得和别人很亲近。（　　）
    A. 从不（4分） B. 很少（3分） C. 有时（2分） D. 经常（1分）
11. 你觉得自己遭人冷落。（　　）
    A. 从不（1分） B. 很少（2分） C. 有时（3分） D. 经常（4分）
12. 你觉得自己和别人的交往没有意义。（　　）
    A. 从不（1分） B. 很少（2分） C. 有时（3分） D. 经常（4分）
13. 你觉得没有人真正了解你。（　　）
    A. 从不（1分） B. 很少（2分） C. 有时（3分） D. 经常（4分）
14. 你觉得自己与他人隔绝了。（　　）
    A. 从不（1分） B. 很少（2分） C. 有时（3分） D. 经常（4分）
15. 你觉得如果自己愿意，就一定能找到伴儿。（　　）
    A. 从不（4分） B. 很少（3分） C. 有时（2分） D. 经常（1分）
16. 你觉得还是有人真正了解你。（　　）
    A. 从不（4分） B. 很少（3分） C. 有时（2分） D. 经常（1分）
17. 你觉得害羞。（　　）
    A. 从不（1分） B. 很少（2分） C. 有时（3分） D. 经常（4分）
18. 你觉得身边虽然有人，可却没和你真正在一起。（　　）
    A. 从不（1分） B. 很少（2分） C. 有时（3分） D. 经常（4分）
19. 你觉得还是有人可以说说话。（　　）
    A. 从不（4分） B. 很少（3分） C. 有时（2分） D. 经常（1分）
20. 你觉得还是有人可以求助、分享或依靠的。（　　）
    A. 从不（4分） B. 很少（3分） C. 有时（2分） D. 经常（1分）

二、孤独感产生的原因

有孤独感的人倾向于在社交时对他人和自己给予严厉的、苛刻的评价，许多有孤独感的人缺乏一些基本的社交技能，从而使他们无法与他人建立持久的关系。

（一）自我意识

一个人在青少年时期，自我意识开始觉醒并逐渐建立，产生了了解别人内心世界并被同龄人接受的需要。这时很关心自己在他人心目中的地位和形象，重视他人对自己的评价。正因为这样，会将自己隐藏起来，一方面觉得自己心中有很多秘密不愿告诉别人，有一种封闭心理；另一方面又特渴望别人能真正了解自己。当这种需要得不到满足时，便会陷入惆怅和苦恼，产生孤独感。

（二）自我评价

自我评价不当，如果一个人自我评价过低，往往会产生自卑心理，自卑心理严重的人往往缺少朋友，容易产生孤独感。而如果一个人自我评价过高，往往产生自负心理，看不起别人，在交往中表现为不合群、不随和、不尊重他人，很容易导致他人的不满，因此，自负心理严重的人往往也缺乏朋友、感到孤独。

（三）缺乏交往

人际交往需要真诚、热情，也需要技巧。有的人因为没有掌握交际技巧而失去朋友或得罪他人、破坏自己的形象。

（四）情感障碍

情绪情感成分是人际交往中的主要组成部分，人际交往中的情绪情感障碍常常诱发孤独感。常见的情绪情感障碍有：害羞、恐惧、愤怒、忌妒、狂妄等。其中，与孤独感密切相联的是害羞和恐惧。害羞和恐惧会使人产生逃避行为，企图避开与人交往的情境，离群索居，自我封闭。到了青年期，少年时代人际关系的特点继续发展着。但青年期人际关系发生着质的变化，主要表现在从精神上脱离对父母或成人的依赖，对新的友伴关系（特别是异性关系）的协调和适应，自我意识的进一步发展和完善，以及对成人权威的抵触和反抗，竞争和对抗的激化等方面。因而这时的人际关系具有广泛性、自主性、易变性和异性敏感性等特点。

孤独者因为采用消极的交往方式并缺乏必要的社交技能，而难以与他人建立亲密的友谊。与这些人交往常常让人感到不愉快，所以他们很难建立有助于他们发展社交技能的人际关系，因而难以摆脱孤独。心理学家认为，通过基本社交技能的训练，可以使孤独者走出孤独的恶性循环，此种方法已广泛应用于心理咨询与治疗的实践中。这些方法提供了一定的希望，即使孤独也不一定陷入抑郁的恶性循环之中而不能自拔。

（五）环境因素

有些环境容易让人感到孤独，比如孤单的环境、陌生的环境、突变的环境等。

 知识链接

极限测试实验

孤独，并非指单独生活或独来独往。一个人独处，也许并不感到孤独，而置身于大庭广众之中，未必就没有孤独感。真正的孤独是那种貌合神离，没有情感和思想交流的状态。当然，每个人都有孤独的时候，不是每个人都能消除孤独感。人本来就害怕孤独，但无论置身于怎样的人群之中，人和人之间还是毫无瓜葛。人世就是这样的冷漠无情，所以，都市中流行随身听大概就是为了用平时听惯了的音乐来打发处于人群中的孤独吧！那么，人到底能承受多少孤独呢？1954年，美国做了一项实验，该实验以每天20美元的报酬（在当时是很高的金额）雇用了一批学生作为被测者。

实验内容是这样的。为了制造出极端的孤独状态，实验者将学生关在有隔音装置的小房间里，让他们戴上半透明的保护镜，以尽量减少视觉刺激。接着，又让他们戴上木棉手套，并在其袖口处套了一个长长的圆筒。为了限制各种触觉刺激，又在其头部垫上了一个气泡胶枕。除了进餐和如厕的时间以外，实验者要求学生24小时都躺在床上。可以说，这样就营造出了一个所有感觉都被剥夺了的状态。

结果，尽管报酬很高，却几乎没有人能在这项孤独实验中忍耐三天以上。最初的八个小时好歹还能撑住，之后，学生就吹起了口哨或者自言自语，有点烦躁不安了。在这种状态下，即使实验结束后，让他们做一些简单的事情，他们也会频频出错，精神也集中不起来了。

据说，实验后得需要三天以上的时间才能恢复原来的正常状态。实验持续数日后，人会产生一些幻觉，例如看见一队花栗鼠行进的情景，或者听到有音乐传来，等等。到第四天时，学生会出现双手发抖，不能笔直走路，应答速度迟缓，以及对疼痛敏感等症状。

通过这个实验我们明白了一点：人的身心要想正常工作，就需要不断地从外界获得新的刺激。也就是说，人需要打破孤独。但孤独感却时时向我们袭来，人际交往中所出现的孤独感已经成为困扰步履匆匆的青年人、中年人的重要因素。

三、孤独感与青春期的关系

男女青春期后会感到特别孤独的原因是，青春期是儿童向成人转变的过渡阶段，在这个阶段，有关自己和社会的各种信息纷至沓来，需要经过不断思考，最后确定自己的生活目标。而进入青春期的男孩女孩都有这样一种体验：觉得自己是大人了，于是总想一夜之间成熟起来；觉得父母的关心不再像过去那样暖融融地打动心扉，反而感到厌烦和刺耳；老师在他们心中似乎也失去了往日的威信；就连平时挺要好的同学，也不是那么亲密无间、无话不谈了，自己一肚子的心事，不知道该和谁说。

这个过程一开始，少男少女往往不知道自己想干什么、能干什么、自己是一个什么样的人。社会赋予他们的角色一下子增多了：不仅要作为子女，还要当学生；在同学中，想成为被人接纳和喜爱的人；希望得到成年人的尊重和信任。要在不同的环境中"扮演"好相应的角色，对于少男少女来说，不是一件轻松的事情，可是他们又想表现得独立和成熟，于是一方面特别需要和别人探讨和交流，一方面又不愿意敞开心扉。所以德国心理学家斯普兰格说："没有谁比青年人从他们孤独小房里更加用憧憬的目光眺望窗外世界了，没有谁比青年在深沉的寂寞中更加渴望接触和理解外部世界了。"这种孤独感正是青少年自我意识发展的一种表现，随着年龄的增长、社会经验的丰富和自我探索的深入，青少年会逐渐获得一种熟悉自己，对自己有信心、有把握的感觉。这时，既能够独立思考，也会乐于与人交流了。

四、孤独感与心理困惑的关系

都市中到处是高楼大厦、川流不息的汽车，我们在拥挤的人潮中穿行。然而，公交车和地铁上的摩肩接踵，商场和公园里的熙熙攘攘，也让我们生发出一种前所未有的孤独感。近年，美国心理学家的调查为现代都市人的孤独感提供了最有力的佐证，在400名受访者中，百分之百的人自称常感孤独。

"孤独感不是一种简单的心境。"中国社会科学院社会学研究所博士王俊秀称，"它是一种封闭的心理状态，是因感到自身与外界隔绝或被外界排斥而产生的苦闷心情。"孤独感是人类独有的心理现象。湖南师范大学心理系主任丁道群接受《生命时报》采访时说，人在渴望交往而实际交往情况不佳时容易产生孤独感。

有心理学家把人际落空造成的孤独感分为两种：一种是慢性孤独，多因长期没有获得满意的人际网络而起。自从计划生育政策实施后，基本都是独生子女，调查显示61.3%的独生子女"很孤独"；而压力和竞争让上班族整日奔波，无法停下脚步邀上好友倾心畅谈，内心平添许多寂寥；另外，全职太太经常独守空房，更让孤独有机可乘。另一种是转化型孤独，家庭破裂、频繁跳槽和子女单飞都会导致原有社会关系断裂，也让人难逃孤独。

人格因素同样影响都市人对孤独的感知，英国心理学家埃克森认为，人格的一个极端是外向，另一个极端则是内向，"而我们每个人不是偏外向些，就是偏内向些"。香港城市大学应用社会科学系副教授岳晓东说，调查显示，56%的人性格都偏内向。著名心理学家荣格认为，内向者的兴趣集中在自己的思想、观点、情感和行为上。岳晓东指出，内向者对自我世界的过度关注极易引发孤独感。内向的人不喜欢、不习惯表达自己；或常常缺乏勇气，担心自己的想法不受重视或不被肯定，进而选择缄默，因此难免孤独。

五、孤独感改善方法

每个人在一生中都或多或少地体验到孤独感。有孤独感并不可怕，但是这种心理得不到恰当的疏导或解脱而发展成习惯，就会变得性情孤僻古怪，严重的甚至有可能会变成自闭症，这就需要心理医生的治疗了。以下是克服孤独感的一些方法，只要持之以恒，一定会收到意想不到的效果。

（一）克服自卑

由于自卑而觉得自己不如别人，所以不敢与别人接触，从而造成孤独状态。这如同作茧自缚，自卑这层茧不冲破，就难以走出孤独。其实，人与人不可相比，每个人都有长处和短处，人人都是既一样又不一样。所以，一个人只要自信一点，就会钻出自织的茧，从而克服孤独。

（二）外界交流

独自生活并不意味着与世隔绝，虽然客观上与外界交流造成困难，但依然可以通过某些方式达到交流的目的。如当你感到孤独时，可翻翻旧日的通讯录，看看你的影集，也可给某位久未联系的朋友写信。当然与朋友的交往和联系，不应该只是在你感到孤独时，要知道，别人也和你一样，需要并能体会到友谊的温暖。

（三）勇于交往

与人们相处时感到的孤独，有时会超过一个人独处时的十倍。这是因为你和周围的人格格不入。例如，你到一个语言不通的地方，由于你无法与周围的人进行必要的交流，也无法进入那种热烈的情感中，所以，你在他人热烈的气氛中会感到倍加孤独。因此，在与他人相处时，无论是在什么样的情境下，都要做到"忘我"，并设法为他人做点什么，你应该懂得在温暖别人的同时，也会温暖你自己。

（四）享受自然

生活中有许多活动是充满了乐趣的，只要你能够充分领略它们的美妙之处，就会消除孤独。如有些人遇到挫折，心情不好，但又不愿与别人倾诉时，常常会跑到江边或空旷的田野，让大自然的清风尽情地吹拂，心情就会逐渐开朗起来。

总之，驱除孤独感很重要的一条，就是要尽力改变自己原来的环境。孔子曾说过："独学而无友，则孤陋而寡闻。"一个人的时候，要给自己安排一些感兴趣的事情，如读读书，听听音乐，从事自己的业余爱好，等等。每个人都会有孤单的时候，在属于自己的时间里满足自己的兴趣爱好，乃人生的一种乐趣。

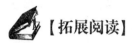情境分析要点总结：

（1）孤独是个体对自己社会交往数量的多少和质量好坏的感受。
（2）孤独感与环境因素、自我评价、情感障碍、自我意识和缺乏交往有关。
（3）改善孤独感可通过克服自卑、外界交流、勇于交往和享受自然来实现。

【拓展阅读】

走出孤独的围墙——自我封闭心理解析

人们自我的发展，学习、工作上的进步，信息的沟通，心理的调适，等等，各种不同层次需求的满足，都离不开人际交往。然而现代都市生活节奏加快和人际交往复杂化的倾向越来越明显，人们面临的突发事件和信息爆炸情况越来越多，这很容易给人们的心理带来不适应感和挫折感，从而使人产生各种人际交往问题。在这些问题当中，自我封闭是相对突出的，并且是对人们的身心健康危害较大的交往障碍之一。

从社会心理学和人际关系心理学的角度来看，自我封闭是指个体将自己真实的思想、情感、欲望掩盖起来，试图与世隔绝，严重者对任何人都不信任，怀有很深的戒备，很少或根本没有社交活动，断绝了与他人的交往。由于人的本质属性是社会性，因此自我封闭会对患者身心健康造成严重的影响。

人际和谐的表现之一是乐于与人交往，然而有些人不同程度的自我封闭心理，阻碍了其正常人际关系的发展。这其中的原因是多种多样的，但是最主要的原因在于自闭症患者大多缺乏自信，自卑心理严重。比如，有的人老是担心改不掉乡音，一张口就遭到别人嘲笑，因此就很少说话，一张口就紧张，生怕被人嘲笑，最终导致自我封闭，不愿与其他人交往。

随着心理咨询和社交指导的推广，认知行为学说得到了发展。有些人认为社交恐惧主要是缺乏社交技巧和能力的培养锻炼。缺乏社交技巧给别人造成不好的印象，引起别人不好的反应，导致尴尬的处境。同时，本人觉察到了自己的社交笨拙，也容易造成紧张害怕。

出现这类交往问题的人首先必须认识到，金无足赤，人无完人，每个人都有自己的长处和短处，不能过分夸大自己的短处，忽视自己的长处。应该在努力弥补自己弱点的同时，相信自身存在的优势，并充分发挥自己的强项，增强自己的信心。

其次，作为这类人的亲友，一旦发现其出现自我封闭倾向，就应当寻找机会与他们多进行交流，帮其找出问题所在。针对问题的具体情况，可以通过一些发生在自己身上的真实事例对他们进行教育，也可以通过多表扬他们身上的优点和长处，来增强他们的自信，让他们放宽自己的心胸，克服自卑心理，大胆地突破自我封闭的樊篱，走出孤独的围墙，沐浴在人际和谐的阳光下，大胆地迈出正常人际交往的第一步，从而走向健康的人生。

【测一测】

大学生人际关系的心理诊断

情境2　人际交往的技巧之道

情境引入

为什么周围的人都讨厌我

我叫李强（化名），有件事困扰我已经大半年了，我怎么也想不通。我们宿舍有八个同学，大家关系都不错，我跟王风走得更近一些。王风电脑玩儿得好，有时饭都顾不上吃，更别提学习了。我就常催他按时去吃饭，考试前他也总找我帮他复习功课。

大二的一次考试前，我正焦头烂额地在自习室复习，突然收到王风的短信："你在哪儿？"我知道他又找我帮他考前突击复习。当时我真是自顾不暇，于是就回复他："现在特忙，自己都顾不过来了。"发完这条短信后，我压根儿没当回事，继续复习。晚上回到宿舍后，我依然像往常一样和大家有说有笑。可当我跟王风打招呼时，他却看都不看我一眼，像没听到一样。我想可能他心情不好，也没在意。等我洗完脸回来，准备在他床边跟他说一件有意思的事情时，他偏偏歪在一旁摆弄收音机，仿佛我根本不存在。我有点蒙了：他真的生气了？

接下来的几天我一直主动跟他说话，甚至私下问他是不是生气了，他依然对我不理不睬的。有时候我问烦了，他就回一句："别磨叨了行不行？我啥事没有。"接下来的日子，我们之间就一直这样，我在他面前好似空气。真不明白，这几年的友谊就因为这么一件小事没了吗？看见我很苦恼，其他同学也安慰我："没事的，他就那样，别跟他一般见识。"

本来挺好的关系就因为一件小事突然变得尴尬起来。只要王风一回宿舍，我的心就莫名其妙地堵得慌。他和同学们兴高采烈地聊什么时，我也不插嘴，自己在一边待着。时间一长，我有了一种被人孤立的感觉。

他过生日那天，邀请大家出去吃饭。他瞅着其他人说："大家一起走啊……"当时我就在旁边，可他看都没看我一眼。别的同学拽我一起去，我先说"吃过了"，大家一定要我也去，拗不过，我就一同去了，而王风自始至终什么都没说。席间，他和大家挨个喝酒，唯独没有和我碰杯。我感觉自己很多余。

之后，我几乎夜夜失眠，总是在纠缠一个问题——是不是自己有不对的地方？可却想不明白他怎么能这么对我。我们真回不到以前了吗？我到底做错了什么？

▶ 情境分析

李强大学期间遭遇的这种情况叫人际交往困惑。人是社会动物，每个个体均有其独特的思想、背景、态度、个性、行为模式及价值观，然而人际关系对每个人的情绪、生活、工作都有很大的影响，甚至对组织气氛、组织沟通、组织运作、组织效率及个人与组织关系均有极大的影响。

下面，我们来学习关于人际交往的相关知识：人际交往概述，交往秘诀，交往技巧，人际交往心理效应。

一、人际交往概述

（一）人际交往的内涵

人际交往也称人际沟通，指个体通过一定的语言、文字或肢体动作、表情等表达手段，将某种信息传递给其他个体的过程。

通常人际交往有赖于以下条件：

1. 传送者和接受者双方对交往信息的一致理解。
2. 交往过程中有及时的信息反馈。
3. 适当的传播通道或传播网络。
4. 一定的交往技能和交往愿望。
5. 对对方时刻保持尊重。

（二）人际交往的原则

人际交往的客观动机：人与人进行交往时，双方都希望自己得到的使用价值大于付出的使用价值。人际交往的基本原则：人际交往总是以双方的成本价值为基础，实现等价交换。

几点说明：

1. 人际交往的主体是广义的，包括个人、集体与国家，因此人际交往包括个人与个人、个人与集体、集体与集体、国家与国家之间的交往等具体形式。
2. 人际交往的内容也是广义的，包括商品交换、思想交流、劳动服务、互助合作、劳动与娱乐等。
3. 人际交往的主体关系也是广义的，包括夫妻关系、父母子女关系、朋友关系、亲戚关系等。
4. 人际交往的领域也是广义的，包括经济领域、政治领域和文化领域等。
5. 人际交往的等价方式也是广义的，包括正值等价与负值等价，即对方如果使自己遭受了价值损失，自己将会设法使对方遭受同样程度的价值损失。

知识链接

人际交往的重要性

人际交往促进深化自我认识。在我们的交往活动中，有时候两方面的评价会有一定的差距，不少人会因此而产生烦恼。这就要求我们要善于调节两方面的评价，全面提高自己的综合素质。正确的自我认识有助于我们找到自己的社会位置，扮演好自己的社会角色。

人际交往促进社会化进程。人际交往是社会发展的必然产物，也是社会发展的基本前提。没有人际交往过程中所形成的各种各样的网络关系以及人们所担当的各种各样的社会角色，社会就不成其为社会，发展也无从谈起。

人际交往与我们密不可分，是我们生活的一部分，贯穿生命的始终。良好的人际交往能力是青少年社会化的起点，是将来在社会立足的生存需要，也是为社会做贡献的本领。

人际交往是实现人生价值的桥梁。人生的意义在于奉献，人际交往是我们奉献的桥梁。良好的人际交往能让我们掌握更多社会的信息，知道人民的生活和需要，保持和人民大众的血肉联系，因此能更好地为人民服务。

二、人际交往秘诀

（一）感情愉悦

彼此愿意与对方交往，并能从交往的过程中有所收获，交往就可良性循环而进行下去。如果交往变成了负担，变成了没有意义的纯粹是浪费时间的活动，那么这样的交往不会长久。感情愉悦往往作用于交往的前期。

（二）价值观

在交往的过程中，彼此的价值观相似，不仅可以得到支持和共鸣，而且可以预测对方的行为倾向，这样双方就比较容易适应。到了交往的后期，价值观相似会起很大的作用，很多人都是因为价值观的分歧而最后分道扬镳。

（三）慎重给人提建议

最大的危险就是在别人没有征求你意见的时候提建议，有些人会拒绝采纳你的建议，无论这些建议有多好，或者你的初衷有多高尚。如果你坚持这样做，你和他们之间的关系就会受到影响。不要再把时间和精力浪费在试图解决别人的问题上，这也包含你的配偶、朋友和工作上的伙伴，这种试图解决他们的问题的做法，等于是说他们没有能力做好这件事。喜欢主动向别人提建议的人应该认识到，智者不需要建议，傻瓜不采纳建议，所以你没有必要提。当有人来向你征求建议的时候，你要先弄清楚他希望得到什么样的建议，然后再向他提建议，要向人提供他希望的建议，这可能是一种解决那些实际上并不重要的问题的好策略。

（四）善于倾听别人说话

这一点很关键。在与别人交流的时候，仔细认真地听别人说话，你就能够很准确地理解和领会别人想要表达的思想，以及说话的目的，这样你就能够准确地表达自己的思想，表达自己的观点，能够很好地与人交流和沟通，达到事半功倍的效果。

（五）换位思考

做什么事都要换位思考，遇到事情时，不妨站在对方的角度去思考问题，从对方出发，想想我们这样做对方会如何想，会引发的后果，这样我们就能够想清楚，把事情做到最佳。假如对方是领导就更应该注意这一点，但是前提必须把自己的思维上升一个高度。假如你是领导，希望对方如何去做，会产生什么样的效果，得与失都要想明白，做事就能够得当。养成这样的思维习惯，在处理很多问题上，就能轻松自如、恰到好处。

知识链接

职场交往原则

1. 长相不令人讨厌，如果长得不好，就让自己有才气；如果才气也没有，那就总是微笑。

2. 气质是关键。如果时尚学不好，宁愿淳朴。

3. 与人握手时，可多握一会儿。真诚是宝。

4. 不必什么都用"我"做主语。

5. 不要向朋友借钱。

6. 不要"逼"客人看你的家庭相册。

7. 与人打的时，请抢先坐在司机旁。

8. 坚持在背后说别人好话，别担心这好话传不到当事人耳朵里。

9. 有人在你面前说某人坏话时，你只微笑。

10. 自己开小车，不要特地停下来和一个骑自行车的同事打招呼，人家会以为你在炫耀。

11. 同事生病时，去探望他，很自然地坐在他病床上，回家再认真洗手。

12. 不要把过去的事全让人知道。

13. 尊敬不喜欢你的人。

14. 对事不对人；或对事无情，对人要有情；或做人第一，做事其次。

15. 自我批评总能让人相信，自我表扬则不然。

16. 没有什么东西比围观者们更能提高你的保龄球的成绩了，所以，平常不要吝惜你的喝彩声。

17. 不要把别人的好视为理所当然，要知道感恩。

18. 榕树上的八哥在讲，只讲不听，结果乱成一团。学会聆听。

19. 尊重传达室里的师傅及搞卫生的阿姨。

20. 说话的时候记得常用"我们"开头。

21. 为每一位上台唱歌的人鼓掌。

22. 有时要明知故问：你的钻戒很贵吧？有时，即使想问也不能问，比如：你多大了？

23. 话多必失，人多的场合少说话。

24. 把未出口的"不"改成"这需要时间""我尽力""我不确定""当我决定后，会给你打电话"。

25. 不要期望所有人都喜欢你，那是不可能的，让大多数人喜欢就是成功的表现。

26. 当然，自己要喜欢自己。

27. 如果你在表演或者是讲演的时候，只要有一个人在听也要用心地继续下去，即使没有人喝彩也要演，因为这是你成功的道路，是你成功的摇篮，你不要看的人成功，而是要你成功。

28. 如果你看到一个帖子还值得一看的话，那么你一定要回复，因为你的回复会给人继续前进的勇气，会给人很大的激励，同时也会让人感激你。

三、人际交往技巧

（一）交谈、聆听与目光接触的技巧

一次成功的交谈不仅取决于交谈的内容，而更多的是取决于交谈者的神态、语气和动作等。同样的一句话，用不同的语调说出会有不同的效果，所以我们在交谈的时候要表示自己的友善之心，不要盛气凌人。同时，不要没完没了地说个不停，应给别人说话的机会。不能随便打断别人的谈话，忽视别人的感觉。

聆听也是一门艺术。聆听需要我们耐心地倾听，同时要作出适当的反应。这时应当注意集中精神、表情自然，经常与对方交流目光，适当地用嘉许的点头或微笑来表示你很乐意倾听。这样，别人才更有信心继续讲下去。如有疑问，我们也可以提出一些富有启发性的问题，这样，对方会感到你对他的话很重视。

目光接触是人与人之间最能传神的非言语交往。"眉目传情""暗送秋波"等成语，形象地说明了目光在人们的情感交流中的重要作用。在销售活动中，听者应看着对方，表示关注；而讲话者不宜再迎视对方的目光，除非两人的关系已密切到了可直接"以目传情"的地步。讲话者说完最后一句话时，才将目光移到对方的眼睛，这是在表示一种询问："你认为我的话对吗？"或是暗示对方："现在该轮到你讲了。"

（二）衣着、体势、微笑与"三A"法则

在谈判桌上，人的衣着也在传递信息，也在与对方沟通。意大利影星索菲亚·罗兰说："你的衣服往往表明你是哪一类型，它代表你的个性，一个与你会面的人，往往自觉地根据你的衣着来判断你的为人。衣着本身是不会说话的，但人们常在特定的情境中，以某种衣着来表达心中的思想和建议要求。"

达芬·奇曾说过，精神应该通过姿势和四肢的运动来表现。同样，与人际交往中，人们的一举一动都能体现特定的态度，表达特定的含义。专家认为，身体的放松是一种信息传播行为。向后倾斜15度以上，是极其放松的表现。人的思想感情会从体势中反映出来：略微倾向于对方，表示热情和兴趣；微微起身，表示谦恭有礼；身体后仰，显得若无其事和轻慢；侧转身子，表示嫌恶和轻蔑；背朝对方，表示不屑理睬；拂袖离去，表示拒绝交往。

微笑来自快乐，它带来的快乐也创造快乐，在与人交往的过程中，微微一笑，双

方都从发自内心的微笑中,获得这样的信息:"我是你的朋友。"微笑虽然无声,但是它说出了许多意思:高兴、欢悦、同意、尊敬。所以,请你时时处处把"笑意写在脸上"。

美国学者布吉林教授等人,曾经提出一条在人际交往中成为受欢迎的人的"三A"法则。第一个A(Accept):接受对方;第二个A(Appreciate):重视对方;第三个A(Admire):赞美对方。

(三) 人际交往中的声调、礼物与时间

有一次,意大利著名悲剧影星罗西应邀参加一个欢迎外宾的宴会。席间,许多客人要求他表演一段悲剧,于是他用意大利语念了一段"台词",尽管客人听不懂他的"台词"内容,然而他那动情的声调和表情,凄凉悲怆,不由得使大家流下同情的泪水。可一位意大利人却忍俊不禁,跑出会场大笑不止。原来,这位悲剧明星念的根本不是什么台词,而是宴席上的菜单。

恰当地自然地运用声调,是顺利交往的条件。一般情况下,柔和的声调表示坦率和友善,在激动时自然会有颤抖,表示同情时略为低沉。不管说什么话,阴阳怪气的,就显得冷嘲热讽;用鼻音哼声往往表现傲慢、冷漠、恼怒和鄙视,是缺乏诚意的,会引起人不快。

礼物的真正价值是不能以金钱衡量的,其价值在于沟通了人们之间的友好情意。当你过生日时送你一束鲜花,你会感到很高兴,与其说是花的清香,不如说是鲜花所带来的祝福和友情的温馨使你陶醉,而自己买来的鲜花就不会引起如此愉悦的感受。

在人际交往中,赠送礼物是免不了的,向对方赠送小小的礼物,可增添友谊,有利于巩固彼此的关系。那么送大概多少钱的东西才适当呢?在大多数场合,不一定是贵重的礼物才会使受礼者高兴。相反,可能因为过于贵重,反而使受礼者觉得过意不去,倒不如送点富于感情的礼物,更会使对方欣然接受。

在一些重要的场合,重要人物往往姗姗来迟,等待众人迎接,从此显示身份尊贵。然而,以迟到来显示身份,毕竟不是一种公平的交往,这常会引起对方的不满,从而影响彼此之间的合作与交往。

赴约一定要准时,如果对方约你7时见面,你准时或提前片刻到达,体现交往的诚意。如果你8点钟才到,尽管你表示抱歉,也必然会使对方不悦,对方会认为你不尊重他,这无形之中为以后的交往设下障碍。

 知识链接

人际交往良好关系的养成

(1) 尊重原则。

尊重包括两个方面:自尊和尊重他人。自尊就是在各种场合都要尊重自己,维护自己的尊严,不要自暴自弃。尊重他人就是要尊重别人的生活习惯、兴趣爱好、人格和价值。只有尊重别人才能得到别人的尊重。

(2) 真诚原则。

只有以诚待人，胸无城府，才能产生感情的共鸣，才能收获真正的友谊。没有人会喜欢虚情假意，夸夸其谈都会败下阵来。

(3) 宽容原则。

在人际交往中，难免会产生一些不愉快的事情，甚至产生一些矛盾冲突。这时候我们就要学会宽容别人，不斤斤计较，正所谓退一步海阔天空。人不犯我，我不犯人，人先犯我，礼让三分。不要因为一些小事而陷入人际纠纷，这样我们会浪费很多时间，同时也会变得自私自利，变得很渺小。

(4) 互利合作原则。

互利是指双方在满足对方需要的同时，又能得到对方的报答。人际交往永远是双向选择、双向互动。你来我往，交往才能长久。在交往的过程中，双方应互相关心、互相爱护，既要考虑双方的共同利益，又要深化感情。

(5) 理解原则。

理解是成功的人际交往的必要前提。理解就是我们能真正了解对方的处境、心情、好恶、需要等，并能设身处地地关心对方。有道是"千金易得，知己难求"，人海茫茫，知音可贵。善解人意的人永远受人欢迎。

(6) 平等原则。

与人交往应做到一视同仁，不要嫌贫爱富，不能因为家庭背景、地位职权等方面原因而对人另眼相看。平等待人就不能盛气凌人，不能太嚣张。平等待人就是要学会将心比心，学会换位思考，只有平等待人，才能得到别人的平等对待。

(7) 信用原则

言必信，行必果。"人无信不立""言而无信非君子"。要取信于人：第一，要守信，言行一致，说到做到。第二，不仅要信任别人，而且要争取赢得别人的信任。第三，不轻易许诺。第四，要诚实，答应别人的事要尽量做到，做不到的要讲清楚，以取得对方的理解。第五，要自信，给别人以信赖感和安全感。

四、人际交往心理效应

(一) 首因效应

在人际交往活动中，我们会很重视开始接触到的信息（包括容貌、语言、神态等），而后面的信息就显得不是那么重要了，这种心理被称为首因效应。首因效应启示我们，一方面要给他人留下良好的第一印象，另一方面又要在以后的交往中纠正对他人第一印象的不全面的认识。

(二) 近因效应

近因效应，是指一次交往的印象对我们的认识所产生的影响。一次交往留下的印象，往往是最深刻的印象。一般而言，熟人之间的交往近因效应会发挥较大的作用，因此我们平时应该注意给人留下良好的印象。

(三) 光环效应

光环效应又称晕轮效应，是指在交往的过程中，我们往往会从对方的某个优点而泛化到其他有关的方面，由不全面的信息而形成完整的印象。光环效应往往对恋爱双方的作用更明显，正所谓"情人眼里出西施"。

（四）投射效应

投射效应是指在交往的过程中，我们总是假设他人和自己有相同的倾向，即把自己的特性投射到他人身上，从而形成对他人的印象。有时候，我们对他人的猜测，无形中透露的正是自己的信息。所以，我们不要瞎猜别人的坏处，不要那么小心眼。

（五）刻板效应

刻板效应是社会上对于某一类事物或人物的一种比较固定、概括而笼统的看法。在人际交往中，我们有时会把对某一类人物的整体看法强加到该类的每一个个体上，而忽视了个体特征。刻板效应有利于总体评价，但对个体评价会产生偏差。比如，农村来的同学认为城市来的同学见识广，而城市来的同学认为农村来的同学见识狭隘。

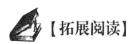 情境分析要点总结：

（1）人际交往也称人际沟通；指个体通过一定的语言、文字或肢体动作、表情等表达手段，将某种信息传递给其他个体的过程。

（2）人际交往以价值观、感情愉悦、慎重提建议和善于倾听为要诀。

（3）人际交往以交谈、聆听与目光接触，衣着、体势、微笑与"三A"法则，声调、礼物与时间等为技巧。

（4）首因效应、近因效应、光环效应、投射效应和刻板效应，是人际交往的心理效应。

【拓展阅读】

人际交往七种心态

怯懦心理：主要见于涉世不深、阅历较浅、性格内向、不善言辞的人。由于怯懦，在社交中即使自己认为正确的事，经过深思熟虑之后，却不敢表达出来。这种心理别人也能观察出来，结果会使别人对你产生看法，不愿成为你的好朋友。

自卑心理：有些人容易产生自卑感，甚至自己瞧不起自己，缺乏自信，办事无胆量，畏首畏尾，随声附和他人，没有自己的主见。这种心理如不克服，会磨损人的独特个性。

猜疑心理：有些人在社交中或是托朋友办事，往往爱用不信任的目光审视对方，无端猜疑，捕风捉影，说三道四。如有些人托朋友办事，却又向其他人打听朋友办事时说了些什么，结果影响了朋友之间的关系。

逆反心理：有些人总爱与别人抬杠，以表明自己标新立异。对任何一件事情，不管是非曲直，你说好，我就认为坏，你说对，我就说它错，使别人产生反感。

作戏心理：有的人把交朋友当作逢场作戏，朝秦暮楚，见异思迁，爱吹牛，爱说漂亮话，与某人见过一面，就会说与某人交往有多深。这种人与别人交往只是做表面文章，因而没有感情深厚的朋友。

冷漠心理：有些人无论对什么事情只要与己无关，就冷眼旁观，不闻不问，或者错误地认为言语尖刻、态度孤傲就是"人格"，致使别人不敢与其接近，从而失去一些朋友。

贪财心理：有的人认为交朋友的目的就是"互相利用"，见到对自己有用、能给自己带来好处的人才交往，而且常是"过河拆桥"。这种贪图财利、爱沾别人光的不良心理，会使自己的人格受到损害。

【测一测】

同学人际交往类型测试

情境3　构建和谐人际关系

情境引入

良好的人际交往是心理健康的前提条件

小李从北方来到南方一所大学读书，临行前，在一家企业做人事主管的父亲，反复告诫儿子，在大学里首先要和同宿舍的同学搞好关系，这样才会生活愉快。进校后，小李牢牢记住父亲的话，但是由于和同宿舍的一名南方同学在对爱情的看法上相差甚远，经常斗嘴，导致彼此不服气，互相看不起，矛盾时有发生。那位南方同学用小李的话说，比他更会处理人际关系，到最后同宿舍的其他同学都站到了他的对立面，他与同学的关系开始变得紧张起来，他们都不理解他、信任他，甚至奚落他。小李对他们也充满怨恨和不信任，进而猜疑和反感，只要有两位同学当着他的面嘀咕几句，他就认为他们是在说自己的坏话，心里十分苦闷。而那位南方同学却好像整天都过得很开心、很快乐，看到这一切，小李十分伤心，一度产生了退学的念头。

情境分析

大量事实表明，心胸是否宽广与人际交往是否和谐直接相关，只有良好的人际交往，才能使人变得宽容，更容易理解和信任别人。在多年的心理咨询实践中，笔者接触了许多因人际关系不协调，而产生心胸狭窄的实例，而且有的人因此形成了恶性循环，让人很痛心。

下面，我们来学习构建和谐人际关系的知识：和谐人际交往原则，和谐人际关系的建立与发展，建立和谐人际关系的重点，和谐人际交往三维理论。

一、和谐人际交往原则

（一）相互原则与交换原则

人际关系的基础是彼此间的相互重视与支持。任何个体都不会无缘无故地接纳他人。

喜欢是有前提的，相互性就是前提，我们喜欢那些也喜欢我们的人。人际交往中的接近与疏远、喜欢与不喜欢是相互的。

人际交往是一个社会交换过程。交换的原则是：个体期待人际交往对自己是有价值的，即在交往过程中的得大于失，至少等于失。人际交往是双方根据自己的价值观进行选择的结果。

（二）自我保护原则与平等原则

自我价值是个体对自身价值的意识与评价；自我价值保护是一种自我支持倾向的心理活动，其目的是防止自我价值受到否定和贬低。由于自我价值是通过他人评价而确立的，个体对他人评价极其敏感。对肯定自己价值的他人，个体对其认同和接纳，并回报以肯定与支持；而对否定自己价值的他人则予以疏离；此时可能激活个体的自我价值保护动机。

在人际交往中总要有一定的付出或投入，交往双方的需要和这种需要的满足程度必须是平等的，平等是建立人际关系的前提。人际交往作为人们之间的心理沟通，是主动的、相互的、有来有往的。人都有友爱和受人尊敬的需要，都希望得到别人的平等对待。人的这种需要就是平等的需要。

（三）相容原则、信用原则与理解原则

相容是指人际交往中的心理相容，即人与人之间的融洽关系，与人相处时的容纳、包涵、宽容及忍让。要做到心理相容，应注意增加交往频率，寻找共同点，谦虚和宽容。为人处世要心胸开阔，宽以待人。要体谅他人，遇事多为别人着想，即使别人犯了错误，或冒犯了自己，也不要斤斤计较，以免因小失大，伤害相互之间的感情。只要有利于事业和团结，做出一些让步是值得的。

信用是指一个人诚实、不欺骗、遵守诺言，从而取得他人的信任。人离不开交往，交往离不开信用。要做到说话算数，不轻许诺言。与人交往要热情友好，以诚相待，不卑不亢，严谨而不过于矜持，谦逊而不矫揉造作，要充分显示自己的自信心。一个有自信心的人，才可能取得别人的信赖。处事果断、富有主见、精神饱满、充满自信的人就容易激发别人的交往动机，博取别人的信任，使人产生乐于与你交往的魅力。

理解主要是指体察了解别人的需要，明了他人言行的动机和意义，并帮助和促成他人合理需要的满足，对他人生活和言行的有价值的部分给予鼓励、支持和认可。上述这些人际交往的基本原则，是不可分割的整体。运用和掌握这些原则，是处理好人际关系的基本条件。

 知识链接

和谐人际关系的经营

人们处在繁忙的工作生活当中，复杂的人际关系无疑给人增添了新的压力，那么，该怎样经营好你的人际关系呢？

（1）处理好各种关系。

对上司：上司一般都把下属当成自己的人，希望下属忠诚地跟着他、拥戴他、听他指挥，所以要在上司面前讲诚信、讲义气、敬重他。在与上司的相处中，谦逊还是相当重要的。谦逊意味着你有自知之明，懂得尊重他人。谦逊可让你得到更多人的支持，能助你更好地成就事业。

对同事：对同事不能苛求，对每个人都一样友好。任何人日后都可能成为你的好朋友、重要的工作伙伴，甚至变成你的顶头上司，所以千万不要预设立场，认为他不是重要角色，就忽略他的存在，同时，也不要随便听信别人的闲言碎语，让自己保持一个开阔的胸襟，以眼见的事实客观地去评断每一个人。

对下属：多帮助关心下属。对下属要坦诚，而对下属善意地表示接近的良好愿望，使下属感到受尊重、被重视，不仅会激发下属的积极性，还会使下属对上级的思想修养、工作作风、领导意图有所了解，下级对上级习惯性的心理距离由此逐渐缩小。

对竞争对手：在我们的工作当中，处处都有竞争对手。当你超越对手时，没必要蔑视人家，别人也在寻求上进；当人家的进步走到了你前面时，也不必心存忌妒。无论对手如何使你难堪，都不必计较，既要有大度开明的宽容风范，又要有一个豁达的好心情。这样还担心败北吗？说不定对手早已在心里向你投降了。

(2) 人际交往需要真诚。

且不说在亲友交往中需要真诚，那是情理中的事，就是在复杂社会交往中，也非常需要真诚。比如在我们周围有这样一些人，长期共处但还未达到亲密无间的程度，所以在交往中，要注意把握说话的尺度，但是不能虚情假意，不能欺骗对方。如果对方是我们能够信赖的人，我们必须坦诚相对。总之，人际交往中还是要多一些真诚。

(3) 多认识一些"带圈"的朋友。

多认识些"带圈"的朋友，意思是多认识一些朋友多的人。每个人的人际网络是不一样的，朋友的朋友也有可能成为你的朋友。这就如同数学的乘方，以这样的方式来建立人际网络，速度是惊人的。

假如你认识一个人，他从来不跟你介绍他的朋友，但另外一个说："下星期我们有个聚会，你来参加我们的聚会吧！"你应邀参加了那个聚会，结果认识了不少新朋友，五湖四海哪的都有。"带圈"的人和"不带圈"的人的附加值是不一样的。我们知道在人际网络中，朋友的介绍相当于信用担保，朋友要把你介绍给其他人，就意味着朋友是为他做担保。基于这一点，你可以请你的朋友多向你介绍他的朋友。认识一些"带圈"的朋友很重要的一点，就是可以弥补我们个人在社会关系中的不足。

二、和谐人际关系的建立与发展

(一) 定向阶段

奥尔特曼和泰勒（D. A. Taylor, 1973）认为，良好的人际关系的建立和发展，从交往由浅入深的角度来看，一般需要经过定向、情感探索、感情交流和稳定交往四个阶段。

定向阶段包含着对交往对象的注意、选择和初步沟通等多方面的心理活动。我们并不是要同所有人都建立良好的人际关系，而是有选择性的。在通常情况下，只有那些具有某种能引起我们兴趣的特征的人，才会引起我们的特别注意。在一个团体中，我们在人际关系方面会将这些人放在注意的中心。

注意也是选择，它本身反映着某种需要倾向。比如在我们选择恋人时，某些与我们理想的情人形象相接近的异性，尤其会引起我们的注意。

与注意不同，选择是理性的决策。而注意是自发的、非理性的。我们究竟要将谁作为交往对象，并与之保持良好的人际关系，往往要经过自觉的选择过程。只有那些在我们的价值观念上具有重要意义的人，我们才会选作交往和建立人际关系的对象。

初步沟通是我们在选定一定的交往对象之后，试图与其建立某种联系的实际行动。目的是对别人有一个初步的了解，以便确定是否可以与之进一步交往，从而使彼此的关系发展获得一个明确的定向。由于初步沟通实际上是试图建立更深刻关系的尝试，因此，尽管我们所展露的个人信息是最表面的，但我们都希望在初步沟通过程中给对方留下良好的第一印象，以便使以后关系的发展获得一个积极的定向。

人际关系的定向阶段，其时间跨度随不同的情况而不同。邂逅而相见恨晚的人，定向阶段会在第一次见面时就完成。而对于可能有机会经常接触而彼此又都有较强的自我防卫倾向的人，这一阶段要经过长时间沟通才能完成。

（二）探索阶段

这一阶段的目的是双方探索在哪些方面可以建立真实的情感联系，而不是仅限于一般的正式交往模式。在这一阶段，随着双方共同情感领域的发现，双方的沟通也会越来越广泛，自我展露的深度与广度也逐渐增加。但在这一阶段，人们的话题仍避免触及对方的私密领域，自我展露也不涉及自己根本的方面。尽管在这一阶段双方关系已开始有一定程度的情感卷入，但双方的交往模式仍与定向阶段相类似，具有很大的正式交往特征，彼此还都仍然注意自己表现的规范性。

（三）交流阶段

人际关系发展到感情交流阶段，双方关系的性质开始出现实质性变化。此时双方的人际关系安全感已经得到确立，因而谈话也开始广泛涉及自我的许多方面，并有较深的情感卷入。如果关系在这一阶段破裂，将会给人带来相当大的心理压力。在这一阶段，双方的表现已经超出正式交往的范围，正式交往模式的压力已经趋于消失。此时，人们会相互提供真实的评价性的反馈信息，提供建议，彼此进行真诚的赞赏和批评。

（四）交往阶段

在这一阶段，人们心理上的相容性会进一步增加，自我暴露也更广泛深刻。此时，人们已经可以允许对方进入自己高度私密的领域，分享自己的生活空间和财产。但在实际生活中，很少有人能建立这一情感层次的友谊关系。许多人同别人的关系并没有在第三阶段的基础上进一步发展，而是仅仅在第三阶段的同一水平上简单重复。

 知识链接

心理健康的基本条件——学会分享、接受和给予

不会分享与分担是现在这一代大学生在特殊的成长背景中极易形成的负性品质，这也是造成他们在人际交往中受挫的重要原因，尽管心理健康水平测量结果表明，独生子女的

健康水平高于非独生子女，但在各学段的教育中，我们都能明确地感受到这一代青少年存在的不会分享与分担的问题。良好的人际交往能够让大学生在良性的人际氛围中，充分体验与享受交往对象带来的快乐，并乐意将自己的快乐与对象分享，进而学会分担与体验交往对象的痛苦，并产生同感与共情，积极帮助交往对象解决问题，重新找回失去的快乐。分享是一个很重要的品质，尤其对心理健康发展有着特殊的意义。在樊富珉教授的团体咨询中，分享是首要的训练项目，其目的就是让每一个参与团体活动的人体验到分享的心理感受，学会分享。从而达成人与人的心理相容，在互相帮助下解决心理健康问题。

接受与给予是矛盾统一于人际交往中的一对交互影响的心理品质与行为。由于每个人都生活在某个群体中，必然会与群体中的人发生各种形式的联系，在这一过程中，我们无法离开他人的给予，也正是在这种接受与给予的过程中，体验帮助与被帮助的快乐，感受做事与做人的真正含义。大学生是一个特殊的群体，更多的是在接受中成长，不懂或很少给予，体会不到给予的愉悦，在人际交往中表现出明显的"自我中心"倾向，而使人际关系遭到破坏，心理健康也受到影响。因此，学会接受与给予，有助于良好人际关系的建立，相反，良好的人际交往更能使大学生体验到接受与给予的乐趣，养成接受与给予的良好心理品质。

蓝风是大三的学生，是学生干部，学习成绩优秀，但人际关系较紧张，不仅与同寝室的同学相处不好，就连班上的许多同学也和他无法正常交往。在同学们心目中，他是一个清高、傲慢的人，实在不好接近，虽然学习成绩优秀，但对他的其他方面则不敢恭维。蓝风也为此很头疼，只要是他主持的活动项目，同学们似乎都有意不参加，好像故意和他作对。而他本人长期坚持的做人准则就是：我行我素，万事不求人。他几乎不接受别人的帮助，也认为自己没有帮助别人的义务。他成绩好，可每当班上同学向他求教时，他要么说不知道，要么就在给别人讲完之后，将别人奚落一顿，有时还要加上一句"拜托你上课时认真听讲，下次不要再来问我这么简单的问题"。时间一长，同学们都不愿意与他交往，他的人际关系越来越差。蓝风也对自己的人际关系状况十分不满意，常感到孤独、没有归属感，有时孤独感令他窒息，他焦虑，甚至恐惧，但不知如何入手改变现状。因为他自己也纳闷：我究竟有什么问题？

蓝风的人际关系不佳的重要原因就在于他是一个不懂得接受、更不知道给予的人，在他的观念里，每个人只要做好自己的事情就足够了，没有给予与接受的意识，以致最终失去了别人的支持，生活在自己孤独的世界里，痛苦不堪。不懂接受与给予，不仅影响良好人际关系的建立，而且影响心理健康的水平。

三、构建和谐人际关系的重点

（一）团队交往重点：明确目标、轻松沟通

在团队里，要进行有效沟通，必须明确目标。对于团队领导来说，目标管理是进行有效沟通的一种解决办法。在目标管理中，团队领导和团队成员讨论目标、计划、对象、问题和解决方案。由于整个团队都着眼于实现目标，这就使沟通有了一个共同的基础，彼此能够更好地了解对方。即便团队领导不能接受下属成员的建议，他也能理解其观点，下属对上司的要求也会有进一步的了解，沟通的结果自然得以改善。如果绩效评估也采用类似

办法的话,同样也能改善沟通。

在团队中,身为领导者要善于利用各种机会进行沟通,甚至创造出更多的沟通途径。与成员充分交流等并不是一件难事,难的是创造一种让团队成员在需要时可以无话不谈的环境。

(二)个体交往重点:注意回答"3W+1H"

对于个体来说,要进行有效沟通,可以从以下几个方面着手:

一是必须知道说什么(WHAT),就是要明确沟通的目的。如果目的不明确,就意味着你自己也不知道说什么,自然也不可能让别人明白,自然也就达不到沟通的目的。

二是必须知道什么时候说(WHEN),就是要掌握好沟通的时间。在沟通对象正大汗淋漓地忙于工作时,你要求他与你商量下次聚会的事情,显然不合时宜。所以,要想很好地达到沟通效果,必须掌握好沟通的时间,把握好沟通的火候。

三是必须知道对谁说(WHO),就是要明确沟通的对象。虽然你说得很好,但你选错了对象,自然也达不到沟通的目的。

四是必须知道怎么说(WHAT),就是要掌握沟通的方法。你知道应该向谁说、说什么,也知道该什么时候说,但你不知道怎么说,仍然难以达到沟通的效果。沟通是要用对方听得懂的语言,包括文字、语调及肢体语言,而你要学的就是通过对这些沟通语言的观察,来有效地使用它们进行沟通。

以上沟通重点,可以用来检测和培育和谐人际关系,协助进行有效沟通。

 知识链接

人际交往水平与心理健康水平正相关

抑郁因子与社交回避、社交苦恼显著相关。在大学生心理咨询中,我们常常遇到高抑郁、低交往动机与交往水平的案例,尤其是社交恐惧症患者,多属于抑郁因子得分偏高的学生。改善社交认知,提高交往频率,培养交往能力,是降低抑郁的有效措施,这也是团体辅导在改善交往障碍、提高心理健康水平中效果显著的原因。

焦虑因子与社交回避、社交苦恼显著相关。焦虑程度高的大学生,在社交中,往往表现为回避的社交态度与行为或产生焦虑的情绪体验,而社交回避与苦恼又常常是造成焦虑的重要原因,二者交互影响。

恐怖因子与社交回避、社交苦恼显著相关。在人际交往中,恐怖因子得分高的学生,常表现为社交回避,即使不得已而发生的人际交往,也常常让他们感到苦恼。因此在交往中,他们常表现得较为自卑,缺乏自信,因而无法感受到人际交往的乐趣,极力回避人际交往,再加之缺乏成功的人际交往的经验与技能,处理交往过程中的问题的能力得不到充分的训练,以致造成交往受挫的恶性循环。

偏执因子与社交回避、社交苦恼显著相关。大学生偏执倾向较严重。偏执的大学生在人际交往中,常表现为交往面较窄,容易因交往中的某些自认为重要的因素而影响交往的质量,倾向于自我中心,对他人的心理状态与特点缺乏客观的评价与理解,固执己见,因而既影响人际交往的效果,更对心理健康起到明显的负面作用。所以偏执是衡量一个人心理健康水平的重要因素。

心理健康水平与人际交往水平是密切相关的,正如我们在心理健康教育和人际交往辅导中,所面对的诸多案例所反映的那样。心理健康的人,其人际交往相对正常;而人际交往异常,是造成心理健康水平不高或下降的关键因素。尤其是大学生正处在心理上的第二次"断乳"阶段,人际交往几乎是所有学生进入大学后面临的第一课题,也是一大难题。所以一年级大学生表现出来的心理问题大多与人际交往有关,这种现象会持续到二年级,到三年级后会有所好转。相对而言,高年级大学生的心理健康水平较低年级大学生高。

▶ 情境分析要点总结:

(1) 和谐人际交往原则,包括:相互原则与交换原则;自我保护原则与平等原则;相容原则、信用原则与理解原则。

(2) 和谐人际关系的建立与发展,需经历定向阶段、探索阶段、交流阶段和交往阶段。

(3) 明确目标、轻松沟通;明确"3W+1H"是团体或个人构建和谐人际交往的重点。

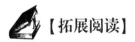

【拓展阅读】

人际交往三维理论

美国学者舒茨以人际关系需要为主线提出人际关系的三维理论,他称自己的理论是基本人际关系取向(FIRO)理论。其要点是:

(1) 个体都有三种基本的人际关系需要。包容需要:与他人接触、交往、相容;支配需要:控制他人或被他人控制;感情需要:爱他人或被他人所爱。

(2) 人际关系需要决定个体与其社会情境的联系。人际关系需要下如不能满足,可能会导致心理障碍及其他严重问题,如精神崩溃。

(3) 对于这三种基本的人际关系需要,人们有主动表现和被动表现两种形式,二者互补。

(4) 人际关系六种取向。主动包容式:主动与他人交往,积极参与社会生活;被动包容式:期待他人接纳自己,往往退缩、孤独;主动支配式:喜欢控制他人,能运用权力;被动支配式:期待他人引导,愿意追随他人;主动感情式:表现出对他人喜爱、友善、同情、亲密;被动感情式:对他人显得冷淡,负性情绪较重,但期待他人对自己亲密。

(5) 童年期的人际关系需要是否得到满足以及由此形成的行为方式,对其成年后的人际关系有决定性影响。

① 包容需要。如果儿童与双亲交往少,会出现低社会行为,如倾向内部言语,与他人保持距离,不愿参加群体活动等;如果儿童对双亲过分依赖则会形成高社会行为,如总是寻求接触,表现忙乱,要求给予注意;如果儿童与父母适当地沟通、融合,会形成理想

的社会行为，无论群居或独处都会有满足感，并能根据情境选择自己的行为方式，人际关系较好。

②支配需要。如果双亲对儿童既有要求，又给他们一定自由，使之有某种自主权，会使儿童形成民主式的行为方式。如果双亲过分控制儿童，儿童易形成专制式行为方式，如倾向于控制他人，易独断独行；或者形成拒绝式行为方式，表现顺从，不愿负责，拒绝支配他人；或者焦虑过重，防御行为明显。

③感情需要。如果儿童在小时候得不到双亲的爱，经常受到冷遇与训斥，长大后会出现低个人行为，如表面友好，但情感距离大，常常担心不受欢迎，不被喜爱，从而避免有亲密关系；如果儿童生活在溺爱关系中，长大后会表现出超个人行为，如强烈寻求爱，希望与人建立亲密的情绪联系；如果儿童能获得适当的关心、爱护，就会形成理想的个人行为，长大后既不会受宠若惊，也没有爱的缺失感，能恰当地对待自己。

舒兹的三维理论，在解释群体形成与群体分解中提出群体整合原则，即群体形成的过程开始是包容，而后是控制，最后是情感。这种循环不断发生。群体分解的原则是反其序，先是感情不和，继而失控，最后难以包容，导致群体分解。

【测一测】

你的社会适应能力如何？

项目六　魅力人格成就魅力人生
——人格完善

> 学习目标

知识目标
① 了解人格魅力内涵及表现；
② 理解健全人格。

能力目标
① 培养提升人格魅力；
② 培养塑造健全人格。

情境1　透视人格奥秘

> 情境引入

学界泰斗　人格魅力

　　有一年的秋天，北大开学了，一位外地来的年轻学子背着大包小包走进校园，他实在太累了就把行李放在路边。这时恰好一位老者经过，年轻学子走过去说，您能帮我看一下包吗？老人爽快地答应了。一个多小时过去了，年轻学子办完各种入学手续回来时，老人还在尽职尽责地帮他看着行李。几天后，在北大开学典礼上，年轻学子惊讶地发现，那天替他看包的老人，竟是大名鼎鼎的大学者、北京大学副校长季羡林先生。可以想象，当时在年轻学子心里，一种崇高的人格力量是怎样震撼着他。季羡林先生能在学术界享有崇高的声誉，我想，除了他精深的造诣、严谨的学风外，其高尚人格的魅力也是重要的原因。这个年轻人就是白岩松。

> 情境分析

　　学界泰斗、北大副校长季羡林为年轻学子看包，其高尚的人格魅力让人钦佩。
　　下面，我们来学习关于人格奥秘的相关知识：人格魅力内涵；基本表现；如何提升人

99

格魅力。

一、人格魅力内涵

人格魅力这名词就是一种感觉，为了表达这种感觉出来而创造的词。在当今社会中，为人处世的基本点就是要具备人格魅力。何为人格魅力？首先要弄清什么是人格。人格是指人的性格、气质、能力等特征的总和，也指个人的道德品质和人的能作为权利、义务的主体的资格。而人格魅力则指一个人在性格、气质、能力、道德品质等方面具有的很能吸引人的力量。在今天的社会里，一个人能受到别人的欢迎、接纳，他实际上就具备了一定的人格。

 知识链接

测测你的人格魅力

一个人要想让别人尊重他、欣赏他，必须有自己的人格魅力，对自己本身的优缺点有一定的了解，不自卑，不自傲；与身边的人处理好关系，能重视自己的言谈举止，不做有失风范的事；在遇到困难、挫折时，有一种乐观向上的态度，变得更加坚强；在生活当中更要乐观、积极，培养广泛的兴趣爱好，自信地面对生活，享受人生，使生活充实、多姿多彩。

下面这个测试是菲尔博士在著名女黑人主持人欧普拉的节目里做的。请你在回答其中的问题时，依你现在的情况来回答，而不要按照过去的情况。

1. 你何时感觉最好？
   A. 早晨　　　　　　　　B. 下午及傍晚　　　　　　C. 夜里
2. 你走路时是（　　）。
   A. 大步快走　　　　　　　　　　B. 小步快走
   C. 不快，仰着头，面对世界　　　D. 不快，低着头
   E. 很慢
3. 和人说话时，你（　　）。
   A. 手臂交叠站着　　　　　　　　B. 双手紧握
   C. 一只手或两只手放在臀部　　　D. 碰着或推着与你说话的人
   E. 玩耳朵、摸下巴或整理头发
4. 坐着休息时，你会（　　）。
   A. 两膝盖并拢　　　　　　　　　B. 两腿交叉
   C. 两腿伸直　　　　　　　　　　D. 一腿蜷在身下
5. 碰到感到发笑的事情，你会（　　）。
   A. 一个欣赏的大笑　　　　　　　B. 不出声地笑
   C. 轻声咯咯笑　　　　　　　　　D. 羞怯地笑
6. 参加派对或者社交场合，你会（　　）。

A. 很大声地入场，以引起注意

B. 安静地入场，找你认识的人

C. 非常安静地入场，尽量不被人注意

7. 当你非常专心工作时，有人打断你，你会（　　）。

A. 感到非常恼怒　　　　　　B. 欢迎他　　　　　　C. 在以上二者之间

8. 下列颜色中，你最喜欢（　　）。

A. 红或橘色　　　　　　　　B. 黑色　　　　　　　C. 黄色

D. 绿色　　　　　　　　　　E. 深蓝或紫色　　　　F. 白色

G. 棕或灰色

9. 入睡前几分钟，你在床上的姿势是（　　）。

A. 仰躺伸直　　　　　　　　B. 俯躺伸直　　　　　C. 侧躺微蜷

D. 头睡在一只手臂上　　　　E. 被子盖头

10. 你经常梦到你在（　　）

A. 下落　　　　　　　　　　B. 打架挣扎　　　　　C. 找东西或人

D. 漂浮或飞　　　　　　　　E. 平时不做梦　　　　F. 愉快的梦

二、人格魅力基本表现

（一）人格魅力性格特征

人，作为"万物之灵"，既是自然的人，又是社会的人。作为社会的人，无论在什么样的社会里都不是孤立地存在。离开社会、离开与人的交往，人也将不成其为"人"。

人在社会交往中认识自我，在认识和改造主客观世界中发展自己、壮大自己。在社会生活中，人际关系常常表现为一种感情上的联系和心理上的相互吸引。无论是谁，在社会交往中建立起来的人际关系越好，他的朋友就越多，就越能使自己得到温暖、勇气，越能增加自己的智慧和力量。

人际关系是一种最基本的关系，也是一种最复杂的关系。从主观上，我们想尽善尽美地处理好各种人际关系。但客观上，我们却常常为各种人际纠葛与矛盾感到烦恼和痛苦。我们探讨表现人格魅力的心理学规律，旨在通过与人沟通心灵、加深理解，从而促进人际关系向理想的方向发展。

谁都渴望自己与周围人的关系是和谐融洽的，尤其是青年，更希望与别人友好相处，获得他人的信任、理解和友谊。然而良好的人际关系的产生取决于交往双方，即一个人不但接受他人，同时还能为他人所接受，相互间的关系才会不断发展。如果大家觉得与某人交往并非一件顺利的事情，或者对他没有好感，即使他乐于同别人交往，人们也未必接受他。那么，怎样才能讨人喜欢、受人信赖呢？这就涉及人格魅力的问题。请看以下事例：

莫洛是美国纽约最著名的摩根银行的董事长兼总经理，他那总经理的宝座使他年收入高达100万美元。他最初是在一个小法庭做书记员，后来他的事业有如此惊人的发展究竟靠的是什么法宝呢？莫洛一生中最重大的一件事就是他博得了摩根的青睐，从而成为世人瞩目的商业巨子。

据说摩根挑选莫洛担任这一要职，不仅是因为他在经济界享有盛誉，而且更多的是因为他的人格非常高尚。范登里普出任联邦纽约市银行行长之时，他挑选手下重要的行政助理，首要的标准便是人格高尚。

杰弗德便是一个从普通的会计步步高升，后来任美国电报电话公司总经理的例子。他常对人说，他认为人格是事业成功的最重要的因素之一。他说："没有人能准确地说出'人格'是什么，但如果一个人没有健全的特性，便是没有人格。人格在一切事业中都极其重要，这是毋庸讳言的。"

像摩根、范登里普、杰弗德等企业领袖人物都非常看重人格，认为一个人的最大财产，便是人格。

一位有名的商店经理曾经说："有些人生来就有与人交往的天性，他们无论对人对己，处世待人，举手投足都很自然得体，毫不费力便能获得他人的注意和喜爱。可有些人便没有这种天赋，他们必须加以努力，才能获得他人的注意和喜爱。但不论是天生的还是努力的，他们的结果无非是博得他人的善意，而那获得善意的种种途径和方法便是人格的发展。"

只有健全的人格，才能获得人们的喜爱和合作。因此。世间凡是智者贤人，常把人格的特征极力表现出来。

有的时候，有些人即使与我们偶尔相识，只有一面之交，也能引起我们的注意，使我们喜悦，这是什么道理呢？他们能打动我们，使我们善待他们，这又是什么原因呢？

贺华勃说："这是一种不可言喻的两情相悦，他给予我们的，犹如芳香给予花儿一样。"

这种人格，或许是我们看见的他们的目光，或许是我们看见的他们的微笑，或许是我们看见和听到的他们的言谈举止。如果把这些"人格"合在一起，我们便得到一个印象、一个结论，就是他们很得别人的喜欢，使别人对他们产生兴趣。我们在不知不觉之中，便和他们接近，成为朋友。在这过程中，我们的人格也得到了发展，而使我们相悦的他们也一样。

因此，可以这样说，这些令我们喜爱的他人身上的"人格"特征，是他人身上放射的一种魅力。许多人，无论他们的相貌如何，都具有这种人格的魅力，具有令人尊敬、爱戴的凝聚力。

人格魅力的基础还在于人的性格特征；人的性格特征表现在以下方面：

第一，在对待现实的态度或处理社会关系上，表现为对他人和对集体的真诚热情、友善，富于同情心，乐于助人和交往，关心和积极参加集体活动；对自己严格要求，有进取精神，自励而不自大，自谦而不自卑；对待学习、工作和事业，表现得勤奋认真。

第二，在理智上，表现为感知敏锐，具有丰富的想象能力，思维有较强的逻辑性，尤其是富有创新意识和创造能力。

第三，在情绪上，表现为善于控制和支配自己的情绪，保持乐观开朗、振奋豁达的心境，情绪稳定而平衡，与人相处时能给人带来欢乐的笑声，令人精神舒畅。

第四，在意志上，表现出目标明确、行为自觉、善于自制、勇敢果断、坚韧不拔、积极主动等一系列优秀品质。

具有上述良好性格特征的人,往往是在群体中受欢迎和受爱慕的人,或可以称为"人缘型"的人。

(二) 人格魅力的基本特点

1. 微笑。

微笑,似蓓蕾初绽。真诚和善良,在微笑中洋溢着感人肺腑的芳香。微笑的风采,包含着丰富的内涵。它是一种激发想象力和启迪智慧的力量。微笑在社交场合中,是一种"必杀技"。

没人喜欢表情冷漠、呆板的人,不管你是去面试,还是相亲,哪怕在电梯间偶遇陌生人,都不妨面露微笑。真正的微笑不是嘴角上翘那么简单。有研究发现,露齿微笑的感染效果比抿嘴微笑高近三成,不要担心你的牙齿不齐,70%的亚洲男人都表示,自己喜欢经常微笑,又有小虎牙的女生。

2. 倾听。

倾听在有效沟通中是必需的,是为达成思想一致和感情交流的一种真诚表示。狭义的倾听是指接受言语信息,进而通过思维活动达到认知、理解的全过程;广义的倾听包括文字交流等方式。其主体者是听者,客体是诉说者。

倾听并不只是听,还要回应。随着对方的话语频频点头,对方说到精彩处报以微笑,都能让对方在你身上找到共鸣点,有"得一知己"的感觉。切忌在对方说话时插嘴,插嘴是社交场合的大忌。如果你面对的人滔滔不绝,丝毫不给你说话机会,也不要紧,你点头、赞同、微笑等一系列积极反应自会让他心生好感。

第一次见面时,永远留给对方充分的说话时间。没人喜欢滔滔不绝的"话匣子",社会心理学研究发现,27%的不成功相亲都源于一方话多、另一方无语的尴尬局面。在生活中,性格截然相反的人也可成为情侣、闺密,或者蓝颜知己,但对于第一次见面而言,双方并不熟悉,一切从零开始,就该遵守绝对公平的原则。建议你在谈话时尽量留给对方充分的说话时间,让人感觉到你的体贴和平等待人。

3. 话题。

人们更喜欢那些带来积极心理效应的人。只要你不是在做"深度访谈节目",就不要在与人第一次见面时谈论金融危机、中东战争、公司裁员等沉重话题。否则对方因此产生的负面情绪会不自觉地"移情"到你头上,在他潜意识里,你会成为坏心情产生的源头。建议你与人第一次见面时,尽量谈论轻松话题。如果对方是女性,谈论化妆品比较稳妥,对方若是男性,就向他咨询新出的手机款式。

4. 细节。

与说话时手势太多一样,口头语太多,说明着你内心犹豫不决、徘徊不定。所以,你宁可放慢语速,也要去掉诸如"这个""那个"之类的口头语。既然是第一次见面,就不要向对方透露过多个人细节。家长里短会让对方感觉你是个情感依赖者,以后一旦遇到不如意的事,一定会找他大吐苦水。在这种负面心理防御下,很少有人愿意与你深入交往。相反,在第一次见面时,如果你只对个人情况蜻蜓点水,只说个大概,反而能给对方留下神秘感,期待与你下次见面。

5. 坐姿。

谈话时把后背靠在椅子上,通常给人目中无人的感觉。剑桥大学的心理学试验表明,当面试官傲慢地"瘫"坐在椅子上时,36%的面试者会产生"此公司企业文化不佳"的想法。随意靠在椅背上与对方说话,是亲密朋友间的行为,当你面对陌生人时,建议你尽量保持后背正直,上体前倾,让人感觉你在有意拉近彼此的心理距离。

6. 目光。

以对方眉心为顶角,两颧骨为底角所形成的三角形,被心理学家称为"焦点关注区"。与对方说话时,如果你的目光不时地注视这个"三角区",将给人留下被强烈关注、自己成为焦点的感觉,这会让人对你好感倍增。相反,如果你死死地盯住对方的双眼看,反而会让他产生敌意。

7. 手势。

说话时不经意的手势会透露你的内心感受。比如当你的左手无意中拂过嘴唇时,对方如果精通心理学,立刻会感觉你刚刚说了句大话,或正在撒谎。建议你在说话时尽量减少手势,但也不要两手攥拳紧紧不放,这会透露你内心的紧张感。如果你不能将双手轻松地放在腿上或桌上,可以手拿一个毛绒玩具,它能有效减轻你的精神压力。

8. 交流。

通过简短对话,找到与对方的"交集",可以让双方交往迅速加深。但如果你碰到的人与你的经历大相径庭,思维模式截然相反,就应适当重复对方观点,以表示自己与他处于同一立场。比如,当他谈起你毫不了解的"货币战争"时,你可以在最后为他的言论做个总结:"因此你的意思是:这次金融海啸会让欧元遭到重挫?"这样一来,对方就会产生自我满足感,对你好感倍增。

9. 表情。

朱莉亚·罗伯茨被称为"好莱坞交际花",她之所以总让人深刻印象,是因为她有几个独特的大笑表情,谁也模仿不了。尽管人眼接受的是动态的视觉信号,但这种视觉信号存入大脑后,只能留下静态图像。因此几个只属于你的经典表情,能让别人脑海中关于你的记忆增色不少。这种表情不一定是微笑或大笑,你可以经常在镜前练习,找到一个自认为最好看的表情,在重要场合不经意地做出来。比如,女性轻轻地咬住下唇做思考状,就被称为最惹美国面试官喜爱的经典表情。

10. 坦诚。

如果你肤色偏黑,就不要在脸上涂很厚的白粉;如果你牙齿不齐,也不要刻意装出不露齿的微笑。每个人都喜欢结交真实随性的人,如果你在与人第一次见面时,就把最真实的自己坦露在对方面前,会让他感觉身心轻松。一样的道理,当你讲话出现口误时,也要及时纠正自己,这样才能给对方留下谦虚、有礼貌的好印象。

知识链接

三 种 人 格

一个人的魅力在于人格的魅力,人格分为虚假的人格、本性的人格、艺术的人格,有魅力的人格即真实的人格。有的人非常圆滑，你说他卑鄙他又不卑鄙，你说他虚伪他又不虚伪，这种人格属于艺术人格。艺术人格的人肯定没有本性人格的人有魅力，而拥有虚假人格的人迟早会被人抛弃。

如果一个人的魅力在于他的人格的话，一个人的可悲也在于他的人格。艺术人格的人，有时难免要说些谎话，在不影响、不伤害别人的情况下，不得不这么说。

我们每天都说很多话，那些实话就是力量，敢讲实话是有力量的象征。如果不得不说一些假话要尽量少说，伤人的话坚决不说。如果一怒之下说了伤人的话，要主动向对方道歉。

为什么生活中没有人承认自己是伪君子？因为人都是按照自己的准则处事的。

在一般人的心目中，大多数人都是好人。当我们很坦率地发表自己的意见时，结果远不是像人想象的那样美丽；任何人都喜欢听好听的话、听"艺术"的话，不论是中国人还是外国人。

三、人格魅力的培养提升

（一）人格魅力的培养方法

心理学家提供的几种培养人格魅力的方法，值得我们参考：

无论在什么场合都要谨记以礼待人、举止文雅、活泼开朗、和蔼可亲，特别是要具有接受批评的雅量和自嘲的勇气，对别人显示出浓厚的兴趣和关心。大多数人都喜欢谈自己，因此在与人交往时应该懂得如何引发对方表露自己。与人交往时，经常和对方的目光相接触，使对方产生遇到知己之感。平时要博览群书，使自己不至言谈无味。还要慷慨大度，这样才能获得别人的欣赏。

（二）人格魅力的提升方法

1. 沉稳。

不要随便显露你的情绪。不要逢人就诉说你的困难和遭遇。在征询别人的意见之前，自己先思考，但不要先讲。不要一有机会就唠叨你的不满。重要的决定尽量和别人商量，最好隔一天再发布。讲话不要有任何慌张，走路也是一样。

2. 细心。

对身边发生的事情，常思考它们的因果关系。对做不到位的执行问题，要找出它们的症结所在。对习以为常的做事方法，要有改进或优化的建议。做什么事情都要养成有条不紊和井然有序的习惯。经常查找自身别人看不出来的毛病加以改进。要随时随地对有所不足的地方补位。

3. 胆识。

不要常用缺乏自信的词句，不要常常反悔，轻易推翻已经决定的事。在众人争执不休时，不要没有主见。整体氛围低落时，你要乐观向上。做任何事情都要用心，因为有人在看着你。事情不顺的时候，歇口气，重新寻找突破口，要让事情办得干净利落。

4. 大度。

不要刻意把有可能是伙伴的人变成对手。对别人的小过失、小错误不要斤斤计较。在金钱上要大方，学习"三施"（财施、法施、无畏施），不要有权力的傲慢和知识的偏见。

取得任何成就都应和别人分享。必须有人牺牲或奉献的时候，自己走在前面。

5. 诚信。

做不到的事情不要说，说了就努力做到。虚的口号或标语不要常挂嘴上。针对有人向你指出的"不诚信"问题，拿出改善的措施。停止一切"不道德"的手段。耍弄小聪明要不得，要懂得计算诚信的代价。

6. 担当。

检讨过失的时候，先从自身或自己人开始。事情结束后，先审查过错，再讲述功劳。认错从上级开始，表功从下级启动。着手一个计划，先将权责界定清楚，而且分配得当。对"怕事"的人或组织要把事情挑明。

 知识链接

嘴·朋友·人格魅力

嘴：嘴的功能，一是吃饭，二是表达感情，人人都有一张嘴，可有人嘴馋，有人嘴快，有人嘴碎，有人敢直言。馋嘴要长在美食家的脸上，快嘴要长在演说家的脸上，碎嘴要长在热心肠的婆娘脸上，敢言的嘴要长在清官的脸上。如果清官长了馋嘴就成了贪官；小人长了快嘴就搬弄是非；男人长了碎嘴就成了婆娘；弄臣"敢言"，忠臣遭殃；妇人不能长男人的嘴，男人不能长妇人的嘴，妇人的嘴应该温柔、甜蜜、善良，让人感到可亲，男人的嘴应该忠诚、宽厚，让人感到可敬。

朋友：朋友有异性朋友、普通朋友、好朋友、真诚的朋友、同甘共苦的朋友，还有酒肉朋友。普通朋友无事很少往来；异性朋友应该相知相悦；真诚的朋友让人感到的是一种信任，是一种相扶相帮相互提高；同甘共苦的朋友可肝胆相照；酒肉朋友可以是利益合作伙伴，也可相互利用，甚至尔虞我诈。

真正的朋友不在距离的远近，不在甜言蜜语的吹捧，不在小恩小惠的施舍，不在形影不离的亦步亦趋。

真正的朋友敢和你吵嘴，敢指出你的缺点，能反思自己，能雪中送炭。是不是真正的朋友，你可在大是大非面前考验，也可从细微之处观察。疾风知劲草，日久见人心。

人格魅力：人格魅力是一种人品、能力、情感的综合体现，有这种魅力的人你和他相处时间长了，会对他产生一种认同、信服和崇拜。这样的人智商和情商都是一流的，知道怎样为官，更懂得怎样为人。你和他相处不需提防，不用担心被穿小鞋。他有睿智的头脑、敏锐的洞察力，你的小肚鸡肠他能宽容，你的虚情假意他能洞察，使你不能、不敢、不想对他有二心。这样的人你可托付一切。海不择细流，故能成其大，山不拒细壤，方能就其高。懂得自尊，懂得尊重，就会有这种魅力。

▶ **情境分析要点总结：**

（1）人格魅力指一个人在性格、气质、能力、道德品质等方面具有的吸引人的力量。

（2）人格魅力基本表现，包括性格特征与基本特点。

(3) 沉稳细心、有胆识、敢担当、诚信大度，是提升人格魅力的重点。

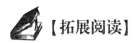【拓展阅读】

认识人格障碍

人格障碍（personality disorder）是指明显偏离正常且根深蒂固的行为方式，具有适应不良的性质，人格在内容上、性质上表现异常。由于这个原因，人格障碍患者常常很痛苦和（或）使他人痛苦，给个人或社会带来不良影响。人格异常妨碍了他们的情感和意志活动，破坏了其行为的目的性和统一性，给人以与众不同的特异感觉，在待人接物方面表现尤为突出。人格障碍通常开始于童年、青少年或成年早期，并一直持续到成年乃至终生。部分人格障碍患者在成年后症状有所缓解。

人格障碍可能是发生精神疾病的素质因素之一。在临床上可见某种类型的人格障碍与某种精神疾病关系较为密切，如精神分裂症患者很多在病前就有分裂性人格的表现，偏执性人格容易发展成为偏执性精神障碍。人格障碍也可影响精神疾病对治疗的反应。

人格障碍与人格改变不能混为一谈。人格改变是获得性的，是指一个人原本人格正常，而在严重或持久的应激、严重的精神障碍及脑部疾病或损伤之后发生，随着疾病痊愈和境遇改善，有可能恢复或部分恢复。人格改变的参照物是病前人格；而人格障碍的主要评判标准来自社会、心理的一般准则。

对人格障碍和疾病的区分并不容易做到，区分的关键是不正常行为持续的时间。如果一个人原来行为正常，后来在生活的某一阶段出现异常，就可以认为是疾病；如果其行为由幼年起一直不正常，则说明是人格障碍；如果行为隐渐发生改变（偏执性精神障碍）则不容易区分。

关于人格障碍的概念，过去曾有人认为人格障碍是精神病的轻症表现，与神经症是同一反应过程，但近年来的研究不支持这种见解，认为人格障碍是"行为的根深蒂固的适应不良类型"，在少年阶段或更早阶段即可发现，并贯穿整个生命过程。

【思考与练习】

(1) 什么是人格魅力？
(2) 什么构成人格魅力的基本表现？
(3) 提升人格魅力的重点是什么？

【测一测】

大学生气质测试问卷

中国心理学工作者张拓基、陈会昌根据曹日昌主编的《普通心理学》和苏联的斯米尔诺夫、彼得罗夫斯基、波里洛夫斯基分别主编的三本《普通心理学》中有关气质的论述，把每种气质类型编成15道题目，四种气质共编成60道测试题。

指导语：答题时请认真阅读每一道题，对于每一题你认为非常符合自己情况的，在题后（　）内填上"+2"；比较符合情况的填上"+1"；无法确定的填上"0"；比较不符合的填上"-1"；完全不符合的填上"-2"。

1. 做事力求稳妥，不做无把握的事。（　）
2. 遇到可气的事就怒不可遏，想把心里话全说出来才痛快。（　）
3. 宁肯一个人干事，不愿很多人在一起。（　）
4. 到一个新环境很快就能适应。（　）
5. 厌恶那些强烈的刺激，如尖叫、噪声、危险的镜头等。（　）
6. 和人争吵时，总是先发制人，喜欢挑衅。（　）
7. 喜欢安静的环境。（　）
8. 善于和人交往。（　）
9. 羡慕那种能克制自己感情的人。（　）
10. 生活有规律，很少违反作息制度。（　）
11. 在多数情况下情绪是乐观的。（　）
12. 碰到陌生人觉得很拘束。（　）
13. 遇到令人气愤的事能很好地自我克制。（　）
14. 做事总是有旺盛的精力。（　）
15. 遇到问题常常举棋不定，优柔寡断。（　）
16. 在人群中从不觉得过分拘束。（　）
17. 情绪高昂时，觉得干什么都有趣；情绪低落时，又觉得什么都没意思。（　）
18. 当注意力集中于一件事时，别的事很难使我分心。（　）
19. 理解问题总比别人快。（　）
20. 碰到危险情境时，常有一种极度恐怖感。（　）
21. 对学习、工作、事业怀有很高的热情。（　）
22. 能够长时间地做枯燥、单调的工作。（　）
23. 符合兴趣的事情，干起来劲头十足，否则就不想干。（　）
24. 一点儿小事情就能引起情绪波动。（　）
25. 讨厌那些需要耐心、细致的工作。（　）
26. 与人交往不卑不亢。（　）
27. 喜欢参加热烈的活动。（　）
28. 爱看感情细致、描写人物内心活动的文学作品。（　）
29. 工作、学习时间长了，常感到疲倦。（　）
30. 不喜欢长时间谈论一个问题，愿意实际动手干。（　）
31. 宁愿侃侃而谈，不愿窃窃私语。（　）
32. 别人说我总是闷闷不乐。（　）
33. 理解问题常比别人慢些。（　）
34. 疲倦时只要短暂的休息就能精神抖擞，重新投入工作。（　）

35. 心里有话宁愿自己想，不愿说出来。（ ）
36. 认准一个目标就希望尽快实现，不达目的誓不罢休。（ ）
37. 学习、工作一段时间后，常比别人更疲倦。（ ）
38. 做事有些莽撞，常常不考虑后果。（ ）
39. 老师讲授新知识、新技术时，总希望他讲慢些，多重复几遍。（ ）
40. 能够很快地忘记那些不愉快的事。（ ）
41. 做作业或完成一件工作花的时间总比别人多。（ ）
42. 喜欢运动量大的剧烈的体育活动。（ ）
43. 不能很快地把注意力从一件事转移到另一件事上。（ ）
44. 接受一个任务后，希望把它迅速完成。（ ）
45. 认为墨守成规比冒风险好。（ ）
46. 能够同时注意几件事物。（ ）
47. 当我烦闷的时候，别人很难使我高兴起来。（ ）
48. 喜欢看情节起伏跌宕、激动人心的小说。（ ）
49. 对学习、工作抱认真严谨、始终一贯的态度。（ ）
50. 和周围的人们的关系总是相处不好。（ ）
51. 喜欢复习学过的知识，重视做已经掌握的工作。（ ）
52. 希望变化大、花样多的工作。（ ）
53. 小时候会背的诗歌，我似乎比别人记得清楚。（ ）
54. 别人说我"出口伤人"，可我并不觉得这样。（ ）
55. 在体育活动中，常因反应慢而落后。（ ）
56. 反应敏捷，头脑机智。（ ）
57. 喜欢有条理而不甚麻烦的工作。（ ）
58. 兴奋的事常使我失眠。（ ）
59. 老师讲新概念，常常听不懂，但是弄懂以后就很难忘记。（ ）
60. 假如工作枯燥无味，马上就会情绪低落。（ ）

计分与评价：

各种气质所属的各题号是：

胆汁质：2、6、9、14、17、21、27、31、36、38、42、48、50、54、58

多血质：4、8、11、16、19、23、25、29、34、40、44、46、52、56、60 黏液质：1、7、10、13、18、22、26、30、33、39、43、45、49、55、57

抑郁质：3、5、12、15、20、24、28、32、35、37、41、47、51、53、59

按照各项归类的各题号，分别将每项（气质类型）所给的分数相加，分别得出胆汁质、多血质、黏液质、抑郁质四种气质的总分。

计分标准：

如果某一种气质的得分比其他三种的得分明显高（高出4分以上），则可定为该气质；如果两种气质的得分接近（两者之差不超过3分），而又明显高于其他两种（高出2分以上），则可定为两种气质的混合型；如果三种气质均高于第四种的分数，且相接近，则为三种气质的混合型。

因此，可能测量出以下十三种气类型：① 胆汁质；② 多血质；③ 黏液质；④ 抑郁质；⑤ 胆汁—多血质；⑥ 多血—黏液质；⑦ 黏液—抑郁质；⑧ 胆汁—抑郁质；⑨ 胆汁—多血—黏液质；⑩ 多血—黏液—抑郁质；⑪ 胆汁—多血—抑郁质；⑫ 胆汁—黏液—抑郁质；⑬ 胆汁—多血—黏液—抑郁质。

本测验的结果仅供参考。

情境2　塑造健全人格

▶ 情境引入

人格障碍案例

刘某，男，23岁，某师范大学哲学系本科三年级学生。上大学以来，从不和宿舍同学一起聊天，也很少有同学、老乡来找他。因此，同学们都背后戏称他为"怪人"。他终日离群独处、冥思苦想，偶尔交谈亦不能与人合拍，说的竟是些"玄论"，令人莫名其妙。他学习成绩不错，但性格孤僻，对人冷漠，又很怕羞和敏感，从不肯在公众场合出头露面，也没有什么知心朋友。在一段时间里，他突然着迷于气功，经常不上课，外出去找什么"气功大师"传授"功法"，回来早晚面壁练功，同学都非常反感，劝他也不听。他我行我素、行为古怪，简直像个"外星人"。当学生尚且如此，工作以后怎能适应社会？同学们都为他着急。他到底怎么了？

▶ 情境分析

大学生的健康人格包括：积极的自我意识、良好的情绪调控能力、和谐的人际关系、良好的社会适应能力和乐观的生活态度。大学生刘某的行为是回避型人格障碍的表现。

下面，我们来学习关于塑造健全人格的相关知识：了解健全人格和健全人格培养塑造的方法。

一、了解健全人格

（一）健全人格的特征

奥尔波特认为：具有健康人格的人是成熟的人。具有健康人格的人专注于某些活动，在这些活动中是一个真正的参与者；对父母、朋友等具有显示爱的能力；有安全感；能够客观地看待世界；能够胜任自己所承担的工作；客观地认识自己；有坚定的价值观和道德心。

罗杰斯认为：具有健康人格的人是充分起作用的人。

弗洛姆认为：具有健康人格的人是创造性的人。

弗兰克认为：具有健康人格的人是超越自我的人。

(二) 健全人格的内涵

1. 良好的社会适应能力。
2. 和谐的人际关系。
3. 正确的自我意识。
4. 乐观向上的生活态度。
5. 良好的情绪调控能力。
6. 能有效运用智慧和能力。
7. 个体心理和谐发展。

(三) 塑造健全人格的意义

学校教育应首先是成人的教育，成人才能成才。因此，学校教育应当把学生的人格教育摆到重要位置。当前，我们的教育却存在着重智育轻德育、重知识传授轻人格培养的倾向，从而忽视了对学生心理的疏导、人格的塑造、品质的培养。

社会生活中各种消极因素的影响导致部分可塑性极强的学生在不同程度上存在人格缺陷：性格孤僻、怪异，不合群；人际关系比较紧张，不能很好地控制情绪；逃学旷课，打架斗殴，缺少同情心，缺少感恩意识；上网成瘾，攀比成风。因此需要教育工作者用心去呵护、去点化、去塑造。培养学生的健全人格，塑造学生的完美品质，是教育工作者义不容辞的责任。

 知识链接

马斯洛理想人格特征 (一)

马斯洛的人本主义心理学理论的核心是，人通过"自我实现"满足多层次的需要，达到"高峰体验"，重新找回被技术排斥的人的价值，实现完美人格。

(1) 全面和准确地知觉现实。自我实现者对世界的知觉是客观的、全面的和准确的，因为他们在感知世界时，不会掺杂自己的主观愿望和成见，或带有自我防御意识，而是按照客观世界的本来面貌去反映。与此相反，心理不健康者则是以自己的主观方式去知觉世界，他们试图使世界与自己的主观愿望、焦虑和担心相吻合。

(2) 接受自然、自己与他人。自我实现者能够接受自然、自身及他人的不足与缺陷，而不会为这些缺陷忧心忡忡。当然，对于可以改变或调整的不足与缺陷，他们会以积极的态度来对待，而对那些不可改变或调整的不足与缺陷，他们能顺其自然，不会自己跟自己、跟他人、跟自然过不去。

(3) 对人自然、坦率和真实。在人际交往中，自我实现者具有流露自己真实感情的倾向，他们不会装假或做作，他们的行为坦诚、自然。一般而言，他们都有足够的自信心和安全感，这就使得他们足以真实地表现自己。

(4) 以问题为中心，而不是以自我为中心。自我实现者热爱自己所从事的工作，献身于某种事业或使命。与常人相比，他们工作起来更刻苦、更专注。对他们来说，工作并非劳苦，因为快乐恰恰寓于工作之中。

(5) 具有超然于世和独处的需要。自我实现者以自己的价值和感情指导生活，不依靠别人来求得安全和满足，他们依靠的只是自己。他们一般都喜欢安静独处．这样做并不是因为害怕别人，也不是有意逃避现实，而是为了在减少干扰的条件下，更好地深思，更全面地比较，以便去寻求更为合理的解决问题的方案。他们平静安详，保持冷静，安然地面对或顶住各种灾难和不幸。

(6) 具有自主性，在环境和文化中能保持相对的独立性。自我实现者行为的动力主要来自自身内部发展和自我实现的需要，而不是来自因缺少某种物质或精神上的东西需要外部的补充，因而他们更多地依赖自己而不是外部环境，能够抵制外部环境和文化的压力，独立自主地发挥思考的能力，自我引导和自我管理。

(7) 具有永不衰退的欣赏力。自我实现者能够对周围现实保持奇特而经久不衰的欣赏力，充分地体验自然和人生中的一切美好东西。他们不会因事物的重复出现而习以为常，失去敏感，相反，他们对每一次日出或日落，都像第一次见到那样新鲜。

二、健全人格的塑造方法

人格健康和心理健康是有区别的，但是通常人们都会将二者理解成一个意思，在这里我们要做一下区分。人格是心理的一部分，我们把那些稳定的长期不变的心理特点叫作人格，而那些稳定的不健康的心理特点就是变态人格了。这里强调的就是稳定不变，所以变态人格很难被纠正，当然这并不意味着不能被纠正，只是需要的时间较长。

塑造健康的人格也不是一朝一夕可以做到的，下面介绍的方法并不是想让你的人格发生翻天覆地的变化，让你变成另外一个人，而是要让你慢慢地成为最健康的人。

（一）家庭教育，塑造健全人格的方法

家庭教育决定了孩子的一生，在小时候与父母的互动交往中形成的模式，会在长大后的人际交往中不断地重复，所以作为父母，在养育孩子时，要了解孩子人格发展的几个关键时期，才能不留下遗憾。

孩子出生后，起初还处于混沌状态，分不清自己和世界。越在早期，越要注意与孩子的交流，不要以为这时的孩子眼睛都不怎么睁开，而忽略了与孩子的交流。这时的交流最好是妈妈在喂奶时，用手抚摸孩子的额头、小手和皮肤，给孩子充分的安全感。孩子出生4～6个月时，是核心人格发展的关键时期，这时候父母要与孩子多交流，形成一个共生圈，并对孩子的正常需要及时呼应，百分之百地满足孩子的基本需要，否则成年后如果心理有问题，一般都是非常严重的精神疾病，如精神分裂和狂躁、抑郁。

1岁左右孩子进入口欲期，这时孩子快乐的满足在于嘴唇，不要禁止孩子吮吸手指，只要保证孩子双手干净就行，不要强行阻止孩子，用正常的清洁的甘草棒代替也行。很多人以为这时孩子是在长牙，牙床痒，其实这是孩子在这个时期的特殊需要。如果这个阶段孩子遭遇重大创伤，成年后如果出现心理疾病，一般会是严重的人格障碍，如边缘性人格。

2岁左右孩子进入肛欲期，这时孩子的快乐常建立在大小便上，喜欢用手涂抹自己的大便，将小便撒在地上的范围尽量弄大。这都是这个时期孩子特定的需求，通过这些行为来获得快感。家长不要为了清洁，对孩子过于严厉，要好好引导，在不影响身体健康的情

况下,让孩子顺利渡过这个特定的阶段,这样才能顺利进入下一个发展期。

3岁左右孩子进入俄狄浦斯期,这时候一定要注意父母、孩子三个人之间的关系。孩子一般都有恋母情结或恋父情结,无论是女儿还是儿子,母亲与孩子的关系都不能太近,而将父亲边缘化。父亲要及时介入家庭关系中,承担养育孩子必须履行的职责,培养孩子的自尊。母亲则要培养孩子的自信。如果这时候三人的关系建立不好,互动时形成不了好的模式,孩子成人后,在人际交往上会出现重大问题,不过出现的问题都属于神经症型,不像更早时期的创伤带给人的影响那么可怕。

在孩子小时候,即使有的孩子核心人格非常好,但在青春期如果遭遇重大挫折,也可能产生心理疾病,所以小时候培养孩子良好的适应性和与环境、他人互动的灵活性,以及良好的心态,非常重要。

人格就像一棵树的树根,只有人格健全了,才能正常地吸收养分,茁壮成长,所以,在准备养育孩子前,了解一定的心理学知识,对孩子、对家庭、对社会都是非常有益的。

(二) 自我教育,塑造健全人格的方法

1. 接纳自己。

接纳自己,这是走向健康人格的必经之路,但是这句话说起来简单,做起来难。什么叫接纳自己?恐怕很多人都不能理解。这里也不做学术上的解释,否则更难理解。简单地说,就是不要刻意去改变自己,这就是接纳自己的出发点,也是归宿。如果你性格内向,你要知道,内向是你适应自己的环境的一种方式,是你的最佳的性格,你变成任何一种外向性格都无法让你适应周围的环境。很多人会反驳我说,"疯狂英语"的创始人李阳的性格就是由内向变成了外向,所以他成功了。但是我告诉你,李阳从来没有改变自己的性格,他仍然是一个内向的人,只是他能够在舞台上展现出外向的一面。

2. 找到平衡。

人格健康的一个统计学的标准就是,你是不是和大多数人类似。那些人格偏离大部分人的人就有可能属于人格变态,社会不允许人们的个性偏离大多数,那会造成社会的不稳定,社会会走向毁灭。但是,人们的个性又让自己与众不同,尤其是在青春期,张扬个性似乎变成了唯一的追求,所以在这个阶段犯罪率最高。把握好什么时候要随大流,什么时候要张扬个性,这个有点难度。不过有一个诀窍,那就是在大是大非的问题上,你最好随波逐流,否则你就容易成为"全民公敌",在一些无伤大雅的问题上,你可以保留自己的观点。

3. 看到真实的世界。

人格偏执和精神分裂都是和现实分离造成的疾病,患者看不清现实是什么样的,只能凭主观臆断去做事。比如人格偏执的人通常认为小声嘀咕的人都在说自己,通常坚信自己的配偶有外遇。这些问题都是因为他们与现实脱离了,他们不知道什么才是事实,只相信自己的推理和猜测,不相信实打实的证据。想要看到真实的世界就要少用主观臆测的方式去下结论,多参考他人的意见,凡事讲证据而不胡乱猜测。

4. 学会减压。

在小时候经历过高强度压力的人容易发生人格扭曲,毕竟小时候人格尚未定型,压力环境使得个体过度关注自己,忽略他人和环境,产生自闭、冷漠、敌对等人格倾向。不仅

仅是小孩子对压力敏感，大人也容易受到压力的影响而产生心理和情绪问题，为了减少压力产生的破坏作用，你应当积极地采取减压措施。

5. 维护好人际关系。

心理健康的人有良好的人际关系，并不是说他们与别人的关系总是和谐的，而是说他们能妥善解决冲突、化解矛盾。心理学家马斯洛曾经调查过那些"心理最健康"的人，发现他们的朋友不多，但多是些可以促膝长谈的人，这也是促进他们心理健康的法宝之一。

6. 睡个好觉。

你们可能从来没有想到过，一个人是否幸福和能否睡一个好觉有很大的关系，不管是由于什么问题造成的睡眠少都会影响到一个人的幸福感。所以，不管是什么原因熬夜不睡觉都不是一个明智之举。反过来说，那些睡眠紊乱的人也多伴有睡眠障碍，比如偏执型人格的人总是小心谨慎、睡不踏实，睡眠质量差反过来让他更加小心谨慎，造成恶性循环。如果你发现自己有睡眠障碍，应当尽快找心理咨询师解决，否则长久下去会对你的人格产生负面影响。

7. 保持工作、生活与学习的兴趣。

人的兴趣只有两种，一种是对人产生兴趣，一种是对非人产生兴趣，两者是此消彼长的关系。当你对外界的事物产生兴趣的时候，你就会忽略你的人际关系，假如你的人际关系出现危机，你就会将注意力转向人际关系，就会对工作和其他事情不感兴趣，所以我们经常会看到一些人因为失恋而放弃了一切，甚至生命，这是一种终极的无趣。保持对生活、学习和工作的兴趣，可以让你更具有活力，感受到生命的意义，防止产生无意义感。

 知识链接

马斯洛理想人格特征（二）

（8）具有难以形容的高峰体验。高峰体验是人感受到的一种强烈的、心醉神迷的狂喜或敬畏的情绪体验。当它到来时，人会感觉到无限的美好，具有极大的力量、自信和决断意向，甚至连平凡的日常活动，也可以被提升为压倒一切的、妙不可言的活动。马斯洛认为，所有人都具有享受高峰体验的潜在能力，但只有自我实现者更有可能、更常得到这种体验。

（9）对人充满爱心。自我实现者所关心的不局限于他们的朋友、亲属，而是扩及全人类。他们把帮助穷困受苦的人视为自己的天职，具有同所有的人同甘苦共患难的强烈意识，千方百计为他人着想。在自我实现者看来，他人的快乐就是自己的快乐，他们已经把自己从满足自身狭隘需求的牢笼中解放了出来。

（10）具有深厚的友情。自我实现者注重与朋友间的友谊，他们交友虽然不多，同伴圈子比较小，但友情深切和充实。就对爱的理解来说，他们认为爱应当是全然无私的，至少应当是给予爱和得到爱同等重要。他们能够像关心自己一样，关心所爱者的成长与发展。

(11) 具备民主的精神。自我实现者谦虚待人，尊重别人的权利和个性，善于倾听不同的意见。对他们来说，社会阶层、受教育程序、宗教信仰、种族或肤色，都是不重要的，重要的是他们是否掌握真理。自我实现者极少偏见，愿意向一切值得学习的人学习。

(12) 区分手段与目的。自我实现者的行为几乎总是表现出手段与目的界限。一般说来，他们强调目的，而手段必须服从目的。自我实现者常常将普通人看成是达到目的的手段，把活动经历当作目的本身，因而比常人更能体验到活动本身的乐趣。

(13) 富于创造性。这是马斯洛研究的所有对象的共同特征之一，他们每个人都在某个方面显示出独到之处和创造性。虽然他们中某些人并不一定是作家、艺术家或发明家，但他们具有同儿童天真想象类似的能力，具有独创、发明和追求创新的特点。

(14) 处事幽默、风趣。自我实现者善于观察人世间的荒诞和不协调现象，并能够以一种诙谐、风趣的方式将其恰当地表现出来。但他们绝不把这种本领用于有缺陷的人。他们对不幸者总是寄予同情。

(15) 反对盲目遵从。自我实现者对随意应和他人的观点和行为十分反感，他们认为人必须具有自己的主见，认定的事情就应坚持去做，而不应顾及传统的力量或舆论的压力。他们这种反对盲目遵从的倾向，显然不是对文化传统或舆论的有意轻视，而是他们自立、自强的人格的反映。

▶ 情境分析要点总结：

(1) 具有健康人格的人是超越自我的人。
(2) 良好的家庭教育与自我教育是健全人格的培养塑造方法。

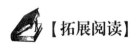【拓展阅读】

常用缓解压力的三种方法

现在社会生活节奏加快，人们受到一些挫折以后，基本上没有什么休养缓和的时间，只能睡一觉然后投入明天的工作。这样的生活持续下去，压力就会慢慢积累，那些本来微小的压力积累起来就会造成严重的问题。很多时候，人们都是被一棵稻草压倒的：有时候我们因为一件小事大发脾气；有时候我们因为一件小意外而无法自控；还有的时候我们会因为小小的选择而迷失自我。这些都是压力积累起来造成的后果。

下面我就来介绍一下如何通过各种简单的方法有效地释放压力。

(1) 肌肉放松训练。

① 冥想练习。冥想的意思就是闭目冥思，通常的方法就是调整自己的坐姿，让身体舒适，然后慢慢闭上眼睛，想象一种场景，比如在海滩上晒太阳。你可以想象一种静止的场景，场景中的所有物体都是静止的，你可以改变观察的角度来看这个场景的不同的物体；另一种就是活动的场景，你可以在想象的场景里散步，或者做其他的事情。长期坚持

冥想可以缓解压力,放松身心。

②呼吸练习。能够缓解压力的呼吸方法是使用腹部肌肉呼吸。也就是说,在呼吸的时候保持胸腔肋骨不动,通过腹部的肌肉运动来呼吸。通常所说的深呼吸其实是胸腔和腹腔同时扩张,也能起到快速缓解压力的作用。

③肌肉放松。这是主要的一种放松方法。让自己静卧在椅子上或者床上,然后从头到脚放松每一块肌肉,比如先放松额头,使额头舒展,然后放松颈部肌肉,让头完全靠椅子或者枕头支撑,脖子不能用一点力。这样连续地放松身体的大部分肌肉,最后就能达到减压的作用。

(2) 改变错误的思维习惯。

同样的事情对于不同的人产生的压力是不同的,原因就在于每个人都有自己的思维习惯,所以错误的思维习惯会造成更大的压力。我们可以通过下面的几种方法来改善自己的思维习惯:

①埋头于琐碎的事物可以减压。工作狂有很多种,其中一种就是通过工作来减压的人,因为工作可以让我们把注意力转移到琐碎的事物上,不必去想那些会造成压力的事情。其实,我们不必成为工作狂也可以减压,具体的方法就是对未来做计划的时候,记得把细节考虑进去,重点写好你的短期计划,比如一天的计划可以叫短期计划,而一个月的计划可以叫长期计划。为了减压,你要做好一天的计划而不是一个月的计划。

②压力过大的时候,可以先行动再思考。有社交恐惧的人在约见别人的时候往往压力很大,他会考虑自己该怎样说每一句话,但是这种思考是没用的,因为两个人的谈话内容是无法预料的,计划赶不上变化。这时候,你越思考压力越大,不等你考虑清楚,你已经被压得喘不过气了。为了减少压力,没有等问题想清楚就要行动。当然不是所有的事情都适用这个方法。

③顺其自然地看待事情的发展。这是一个很难理解的策略,森田疗法的基本原理就是"顺其自然",但是森田本人就没有解释清楚这个概念。我们换一个角度来看的话,顺其自然就是接纳不能改变的事情,投身于可以改变的事物,做自己应当做的事情。

(3) 选择正确的压力应对策略。

我们可以把压力应对策略分为三种:无策略、以情绪为中心的策略、以事件为中心的策略。这三种策略各有优缺点,减轻压力的关键在于选择正确的策略。下面来分别介绍一下这几种策略:

①无策略。也就是我们产生压力的时候,自己没有意识到,或者即便是意识到自己有压力了,但是并不去采取措施释放压力,而是让压力自行消退或者慢慢积累。这种方法有时候有效,压力会逐渐消退,有时候却会造成更大伤害。

②情绪中心策略。自己感觉压力大的时候主动找朋友帮助解压,可以一起去吃喝玩乐;也可以找心理咨询师学习放松技术。我们所做的一切都是为了让自己感受好一些,以自己的情绪为中心,所以叫作情绪中心策略。这种方法对一些无法逆转的事情,有很好的减压效果,比如亲人去世,事情无法改变,只能接受,找朋友或者咨询师帮助,都能解决

问题。

③ 事件中心策略。我们能意识到什么造成了自己的压力，于是我们努力改变这件事情，比如当我们考试失败造成了压力的时候，我们会努力学习去减轻压力。我们所做的就是要改变造成压力的事件而不是改变我们的情绪，所以叫作事件中心策略。这种策略适合那些可以改变的事情。

【思考与练习】

（1）什么是人格健全的人？
（2）健全人格的培养塑造方法是什么？

【测一测】

简明"大五"个性量表

下面是也许符合或者不符合你的一些个性特征。请在每题前面的横线处写下你在多大程度上符合或者不符合这种个性特征。

完全不同意	中等程度上不同意	略微不同意	既不同意又不反对	略微同意	中等程度上同意	完全同意
1	2	3	4	5	6	7

我把自己看作是：

1. _____（外向、热情的）
2. _____（挑剔、好争论的）
3. _____（可靠、自律的）
4. _____（焦虑、容易烦恼的）
5. _____（对新事物持开放态度、综合的）
6. _____（保守、安静的）
7. _____（富有同情心、热心的）
8. _____（紊乱、粗心的）
9. _____（镇定、情绪稳定的）
10. _____（传统、缺乏创意的）

记分及其解释：

外向：1、6*。该因素测量的是个体爱交际、乐群、武断这一极端到安静、保守、谦恭、退让的另一极端，也包括友善、社会化、支配、权力欲、社会能力。

随和：2*、7。该因素包括同情、合作、好脾气、热情这一极端到坏脾气、不高兴、不愉快、冷淡的另一极端，也有信任、攻击性、喜欢、友好地顺从、爱。

责任意识：3、8*。该因素指努力工作、勤劳、负责这一极端到任性、不负责和懒惰的另一极端，也涉及可信赖、成就欲、自我控制与冲动、野心与慎重、约束和工作。

情绪稳定性：4*、9。该因素关心的是个体的坚定、稳健、冷静这一极端到焦虑不安、担心、情绪化的另一极端，也包括神经过敏。

开明性：5、10*。该因素的最佳特征是创造力、想象力、广泛的兴趣和勇敢。

注：带"*"号的题目反向记分，即8减去得分。将每个因素的相应两题记分相加，得分越高，则在这方面的特征越明显，反之越不明显。

项目七　做情绪的主人——情绪管理

▶ 学习目标

知识目标
① 了解情绪的内涵；
② 了解情绪的类型；
③ 理解情绪的功能及对健康的影响。

能力目标
① 能够正确识别和表达情绪；
② 能够自我调控情绪。

情境1　认识丰富多彩的情绪

▶ 情境引入

小李的情绪困扰

李晓是某高职院校的二年级学生，她最近心情莫名地烦躁，不想去上课，也不想跟室友聊天，连对自己最爱的社团也提不起兴趣了。朋友招呼她去玩，她只想懒洋洋地躺在床上"无所事事"，但是心情又不平静，看什么都烦。她不明白自己到底是怎么了，明明前一阵子还很开心的啊！而且，最近也没有什么特别的事情发生。

李晓很郁闷，她想马上开心起来，但是不知道该怎么办。同学们，我们一起来帮她分析下，她怎么了？她该如何做呢？

▶ 情境分析

下面，我们来了解一下关于情绪的相关知识：情绪到底是什么？情绪有哪些类型？情绪对我们的健康有什么影响？

一、情绪是什么

每个人在生活中都体会着不同的情绪，有时欣喜若狂，有时焦虑不安，有时孤独恐惧，有时满腔怒火……这一切使我们的生活时而阳光灿烂，时而阴云密布，形成了一个五彩缤纷的心理世界。

那么，情绪是什么呢？情绪是人对客观事物的体验，是主观对客观的一种感受。一般来讲，情绪包含三个部分：主观体验、外部表现和生理唤醒。

假设你正在宿舍床上躺着休息，听着喜欢的音乐，突然，发生了强烈的地震，你马上坐起来，心跳加快，肌肉紧张，准备随时冲出宿舍，跑到楼下。

这时，你的情绪表现是很害怕、恐惧。同时伴随着生理上的变化，如肌肉紧张、心跳加速等。此外，你的害怕还以准备行动为特征——准备跑到安全地带，意识到地震对你的生命构成威胁。

（一）情绪是一种内心的感受和体验

个人对喜、怒、哀、恐等情绪的不同的主观体验构成了每个人情绪和情感的心理内容。当一个人处于某种情绪状态时，每个人体验到的情绪内容、性质、强度等都是主观的，而非客观的。作为人们的主观体验。情绪一方面具有不可控制的特点，往往"不由自主"地影响人们的心理；另一方面能够通过自主调节管理来影响这种体验，这也为我们更美好的生活提供了可能和空间。

（二）外部表现

人有七情六欲，当人们面临不如意、不顺心的事情时，总会在内心有一种难言的或不愿表述的痛苦。这些痛苦不仅在内心有所反映，而且在外部身体姿态、面部表情等方面也有明显表现，如愁眉苦脸、惊恐万状、怒不可遏。同样，当人遇到快乐事件时，内心也会感到喜滋滋的，外表也会有眉飞色舞、喜气洋洋等表现。总体上，喜悦、快乐、悲哀、痛苦、愤怒、憎恨、恐惧、惊讶、爱慕等情绪反应，人人都会经历和体验到，都属于人的正常的情绪活动过程。情绪与情感有其外部表现，这种表现主要是指表情，包括面部表情、姿势表情、语调表情等。

（三）情绪有其生理基础

这是指伴随情绪与情感，生理也发生变化，涉及神经系统、循环系统、内外分泌系统等一系列生理活动过程。任何情绪都伴随着一系列的生理变化，这种生理变化使我们产生独特的情绪体验。

曾有研究让被测试者用面部肌肉来表达愉快、发怒、惊奇、恐惧、悲伤、厌恶等情绪，同时给他们一面镜子，以辅助他们确定自己面部表情的模式，要求他们把每一种表情保持10秒，并对他们的生理反应情况进行测量。结果表明，各种面部表情的生理反应存在明显差异。另一些研究表明，保持发怒和恐惧的表情时，被测试者心率都会加快；保持发怒的表情时，被测试者的皮肤温度会上升；保持恐惧的表情时，被测试者的皮肤温度则会下降。

二、情绪的类型

人们通常将情绪分为七种：喜、怒、哀、惧、爱、恶、欲，也就是常说的七情。此外，还有两种分类方法颇具代表性。

（一）依据情绪的性质分类

1. 快乐。

快乐是盼望的目的达到后，继之而来的紧张解除时的情绪体验。快乐的程度取决于愿望满足的意外程度。快乐的程度从满意、愉快到大喜、狂喜。它是具有正性享乐色调的情绪，使人产生超越感、自由感和接纳感。

2. 愤怒。

愤怒是由于受到干扰而使人不能达到目标时所产生的体验。目的和愿望不能达到，一再受到阻碍，从而积累了紧张，最终产生愤怒。特别是所遇到的挫折是不合理的或是由人的恶意所造成的时候，愤怒最容易发生。当人们意识到某些不合理的或充满恶意的因素存在时，愤怒也会骤然发生。愤怒的程度依次是：不满、生气、愠怒、愤怒、激愤、大怒、暴怒。

3. 恐惧。

恐惧是企图摆脱、逃避某种危险情景时所产生的情绪体验。恐惧往往是由于缺乏处理、摆脱可怕情景的力量和能力造成的。引起恐惧的重要原因是缺乏处理可怕情景的能力与手段。

4. 悲哀。

悲哀与失去所盼望、所追求的东西和目的有关，是在失去心爱的对象或愿望破灭、理想不能实现时所产生的体验。悲哀情绪体验的程度取决于对象、愿望、理想的重要性与价值。悲哀的程度依次是：遗憾、失望、难过、悲伤、哀痛。悲哀所带来的紧张的释放会产生哭泣。

在以上四种基本情绪之上，可以派生出众多的复杂情绪，如厌恶、羞耻、悔恨、忌妒、喜欢、同情等。

 **活动体验**

丰富我们的情绪词汇

活动步骤：

（1）列出概括基本情绪的词汇。
（2）写出代表不同体验程度的情绪形容词。
（3）比较和讨论所写的情绪形容词，增加对情绪理解的深刻性。
（4）根据四大基本情绪喜、怒、哀、惧，在下表中的横线上填写相应的形容词。

情绪词典

喜	开心、愉快、欢乐、欣喜、满足、称心、高兴、知足、舒心 ＿＿＿＿＿＿＿＿＿＿＿＿＿＿＿＿＿＿＿＿
怒	气恼、气愤、生气、盛怒、愤怒、七窍生烟、勃然大怒、怒不可遏 ＿＿＿＿＿＿＿＿＿＿＿＿＿＿＿＿＿＿＿＿
哀	悲哀、悲怆、伤心、伤感、悲痛、心痛、痛苦、心酸、凄惨、肝肠寸断 ＿＿＿＿＿＿＿＿＿＿＿＿＿＿＿＿＿＿＿＿
惧	紧张、慌乱、惊愕、害怕、心悸、担心、不寒而栗、大惊失色 ＿＿＿＿＿＿＿＿＿＿＿＿＿＿＿＿＿＿＿＿

（二）依据情绪状态分类

根据价值的强度和持续时间的不同，情感可分为心境、激情与应激。

1. 心境。

心境是指强度较低但持续时间较长的情感，它是一种微弱、深入而持久的情感，如绵绵柔情、闷闷不乐、耿耿于怀等。心境具有感染性、弥散性的特点，人会以同样的情绪体验看待周围事物。例如，人伤感时，会见花落泪，对月伤怀。"忧者见之则忧，喜者见之则喜"体现了心境的弥散性特点。平稳的心境可持续几个小时、几周或几个月，甚至一年以上。

"仰天大笑出门去，我辈岂是蓬蒿人"，是一种豁达的心境。

"朱门酒肉臭，路有冻死骨"，是一种为民间痛苦深受煎熬的心境。

"国破山河在，城春草木深"，则是一种忧国忧民的心境。

2. 激情。

激情是指强度很高但持续时间很短的情感，它是一种猛烈、迅速爆发、短暂的情感，如狂喜、愤怒、恐惧、绝望等。激情持续的时间较短，通常由一个人生活中的重大事件、对立意向（要求）的冲突、过度抑制和兴奋等因素引起。

处在激情状态下，人的认识活动范围往往会缩小，仅仅指向与体验有关的事物；理智分析能力减弱，往往不能约束自己的行为，不能正确地评价自己行为的意义和后果。因此，在激情状态下，要注意调控自己的情绪，以避免产生冲动行为。

激情也有积极和消极之分。积极的激情可以成为人们积极行动的巨大力量，使人们提高工作效率并有所创造。例如，战士在战场上冲锋陷阵，勇往直前；画家在创作中，尽情挥洒，浑然忘我。消极的激情有很大的破坏性和危害性。如球迷的激情是所有人都不能否认的，但是有时球迷也会出现闹事的现象，这就是消极激情在起作用。

3. 应激。

应激是在意外的紧急情况下所产生的情绪状态。在突如其来的或十分危险的情况下，或必须迅速地、几乎没有选择余地地作出决定的时刻，容易出现应激状态。当面临危险或突发事件时，人的身心会处于高度紧张状态，引发一系列生理反应，如肌肉紧张、心率加快、呼吸变快、血压升高、血糖增高等。

被评为第三届全国道德模范的"最美妈妈"吴菊萍，当看到两岁女孩突然从10楼坠落，眼看一出悲剧即将上演时，她猛冲向前，勇敢地用双手接住女童。这真实的故事被广为传颂。吴菊萍当时的反应就可以称为应激。

危机时刻，人们根据自己的知识经验，集中意志力，迅速判断情况，果断作出决定。在应激状态下，人可能有两种表现：一种是目瞪口呆，手足无措，陷入混乱之中；一种是头脑清醒，急中生智，动作准确，行动有力，及时摆脱困境。吴菊萍的表现就属于后者。

在日常生活中遇到火灾、地震，在外出旅行中突然遭到歹徒抢劫……无论天灾还是人祸，这些突发事件常常使人们在心理上高度警惕和紧张，并产生相应的反应，这都是应激的表现。

此外，情绪还可以简单地分为良好情绪与不良情绪。良好情绪，如快乐、和悦、乐观等，使内分泌适度，保持人体内"环境"平衡，能增强大脑及整个神经系统的功能，使身体各个系统的活动协调一致，从而保持食欲旺盛、精力充沛、思维敏捷、动作灵活，人体适应环境和抵抗疾病的能力都会明显增强，这将给人们带来健康的体魄。不良情绪，如恐惧、焦虑、愤怒等，作用于中枢神经系统，引起植物神经和内分泌功能的失调，使机体的免疫力下降。机体内的平衡被打破，细胞失去正常的状态和功能，就会减少体内抗体的产生，病变细胞乘机侵蚀我们的肌体，不良情绪是装满子弹的枪，任何微小的激动就像扣动了它的扳机。

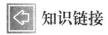 知识链接

情绪的功能

在我们的生活中，情绪不是一种毫无目的、没有任何意义的伴随体验。相反，它们是在适应外界变化的过程中产生的，是具有重要作用的工具。

(1) 自我保护功能。

在最简单的水平上，情绪能够帮助我们做出更迅速的反应。当遇到危险状况时，我们马上会有紧张害怕的感觉；当发生利益或权利上的冲突时，人会产生愤怒以应对；当吃到不适的食物或污物时，会产生厌恶感。这些情绪反应表现出非常明显的自我保护倾向，可以使人及时地采取适当的应对措施保护自己不致受"伤"。

(2) 社会适应功能。

情绪能够使个体针对不同的刺激事件产生灵活自如的适应性反应，并调节或保持个体与环境间的关系。情绪之所以具有灵活性的特征，是因为情绪的机能不仅来源于个体全部的先天机能，而且还来源于学习及认知活动。许多种情绪都具有调控群体间互动的功能。譬如，羞怯感可以加强个体与社会习俗的一致性；当个体对他人造成伤害时，内疚感可激发社会公平重建。其他的情绪，诸如同情、喜欢、友爱等，能起到构建和保持社会关系的作用。它们可以增强群体内的凝聚力，而且有提高个体的社会适应能力的作用。

(3) 动力功能。

情绪可以以推动人的各种活动，使我们拥有一个积极进取和对社会有贡献的人生。比如自信、勇敢等令人心情舒畅的感受，被称为动力性情绪，会引导并维持你的行为达到特定的目标。现代科学更清楚地提示了人在紧张情绪发生时，会表现出一系列生理变化，如血压升高、呼吸频率提高、肾上腺分泌增加等。这一切都有助于人充分调动体力，去应付紧急状况。适度的情绪反应能够激励人的活动，提高人的活动效率，进而推动人们有效地完成工作任务。

然而在我们的生活中，不可避免地要产生令人不快的情绪，比如愤怒、忧郁、焦虑、忌妒等，有人称之为耗损性情绪，因为这些情绪在一定程度上会消耗我们的能量。但是，这些表面上负面的情绪若不过量还是有积极价值的，因为在感受痛苦的同时，我们也得到

了探索和成长的机会。

（4）信号功能。

人与人之间最重要的是情感的交流。一个人不仅能凭借表情传递情感信息，而且也能凭借表情传递自己的某种思想和愿望。表情是思想的信号，如微笑表示赞赏，点头表示默认，摇头表示反对。中国有"出门看天色，进门看脸色"的俗语，意思是说通过别人的情绪反馈信息，领悟到别人对自己的态度。

情绪的表达可以增进人际沟通，有非常重要的信息传递和情感调节作用。比如轻松、热情、喜悦、宽容和善意的情绪表达，会促进人际的沟通和理解；而冷漠、猜疑、排斥、偏执、忌妒和轻视的情绪反应，则会构成人际交往的障碍。

（5）强化功能。

大量研究表明，当出现紧急情况时，消极的情绪（如愤怒和恐惧）能够唤起大脑的警觉；积极的情绪（如高兴）能使一个人的感觉、知觉变得敏锐，记忆获得增强，思维更加敏捷，有助于一个人内在潜能的充分展示。

传说春秋战国时期的吴国大夫伍子胥，为了逃避追捕，要逃往城外。可他看见城门已经有重兵把守，戒备森严，早已为搜捕他布下了关卡。由于极度忧虑，他竟然在一夜之间须发全白。真可谓：愁一愁，白了头。

三、情绪对心理健康的影响

积极的情绪有助于身心健康，消极的情绪会引起人的各种疾病。我国古代医书《内经》中就有这样的记载："怒伤肝，喜伤心，思伤脾，忧伤肺，恐伤肾。"许多心因性疾病也与人的情绪失调有关，如溃疡、偏头痛、高血压、哮喘等。

根据现代生理学、心理学和医学的研究成果表明，情绪对人的身心健康具有直接影响。若能保持愉快的心境，为人开朗乐观、积极向上，则人体免疫功能活跃旺盛，可以减少患病的机会，有益于健康。不仅如此，良好的情绪不仅能使人对生活充满希望，对自己满怀自信，而且能够使人求知欲增强、思维敏捷、富于创造力、爱好广泛、建立良好的人际关系，促进人的全方位发展。

美国有一个叫卡曾斯的记者，突然患了一种"结缔组织严重损伤"的疾病，这位记者非常痛苦。这种疾病在当时是不治之症，然而坚强的卡曾斯并没有绝望，他想起了一句"悲伤会致病，快活会治病"的格言。于是，他想出一个自疗方法，先让自己的精神振作起来，忘掉痛苦，同时，弄来一些喜剧影片，让护士给他放映。卡曾斯惊奇地发现十分钟的发笑竟有明显的镇痛效果，而且睡眠也比以前安稳多了。后来，他干脆搬出医院，自己安排生活，发自内心的笑成为他每天的必修课。10年过去了，卡曾斯仍奇迹般地活着，不但没有被病痛折磨得倒下，身体还很健康。

与此相反，消极的情绪对人的身心健康危害极大，在压抑、紧张、焦虑、恐惧等消极情绪的长期作用下，人的免疫能力下降，容易患各种传染性疾病，内脏功能也会受到伤害。许多研究表明，消极情绪是健康的大敌。突然而强烈的紧张情绪会抑制大脑皮层的高度心智活动，破坏大脑皮层的兴奋和抑制的平衡，使人的意识范围狭窄、判断力减弱，失去理智和自制力。调查发现，大学生中常见的消化性溃疡、紧张性头痛和偏头痛、心律失常，神经性皮炎等，都与消极情绪有关。

（一）良好的情绪助你健康

你要是心情愉快，健康就会常在；

你要是活泼开朗，眼前就是一片明亮；

你要是经常知足，就会感到幸福；

你要是不计较名利，就会感到一切如意。

良好的情绪是指反应适时、适度，善于自我调节和控制，情绪的稳定性较好，并且积极情绪多于消极情绪。现代心理学和医学的研究成果表明，情绪对人的身心健康具有直接的影响，可以说是情绪主宰健康。若能经常保持心情愉快、舒畅、开朗乐观，则人体免疫功能活跃旺盛，可减少疾病感染的机会，有益于健康。另一方面，情绪发展良好的人往往对生活充满热爱，对自己充满自信，好奇心和求知欲强烈，思维活跃，富于创造性，爱好广泛，行为积极主动，乐于与人交往，并能与人建立相互信任、理解的友好关系，有利于提高学习、工作效率，激发潜能，实现全面发展。

（二）良好的情绪助你成功

姚新同学是某高职学院三年级的学生，他身有残疾，不能走路，只能依靠轮椅行走。一般人都认为他不适合在学校生活。但是，姚新非常热爱生活，对学习更有一种执着的追求。他坚信自己能够克服困难，完成学业。面临毕业的他，在同学眼中是一个坚强、乐观、有进取心的人，是一个身心健康的人。

面临毕业，姚新坚信能够通过自己的努力，找到一份适合自己的工作，承担起个人的责任，不给家人和社会增添负担，做一个有用的人。

姚新虽然身体有残疾，但是他心理健康，乐观向上的积极情绪一直激励着他克服困难、完成学业。

知识链接

大学生不良情绪类型

（1）焦虑。

小莲今天真是"诸事不顺"：上学路上认错了人，尴尬得要命；在自习室又把一大杯水洒在了马上要用的复习资料上；更不可思议的是，在这个城市生活了12年，搭乘公共汽车居然坐反了方向，车过了三站才恍然大悟。她实在是压力太大了，脑子里的那根弦一直紧紧绷着，一会儿是学习，一会儿是生活，一会儿是朋友关系，这样那样的事混在一起，难怪她心神不宁了。

让小莲心绪不宁的就是当代大学生常遇到的"焦虑情绪"。焦虑是个体主观上预料将会有某种不良后果产生或模糊的威胁出现时的一种不安情绪，并伴有忧虑、烦恼、害怕、紧张等情绪体验。焦虑会明显地影响一个人的精神状态、认知、行为和身体状况，被焦虑困扰的人常表现出烦躁不安、思维受阻、行为不灵活、动作不敏捷、身体不舒服、失眠、食欲不振等状况。严重的焦虑能使人失去一切情趣和希望，甚至导致心理疾病，在心理上

压垮一个人。

(2) 抑郁。

近来,学生会里一向活泼开朗的晚雪,突然变得郁郁寡欢了,而且时常叹气,念叨活着累、没意思。原来,与她相处两年的男友突然另有所爱。尽管晚雪嘴上说"不属于自己的早晚会失去"之类的洒脱话,但她情绪上的变化已经揭示了其内心的苦恼。一天,她苦笑着问同学,她会不会得抑郁症……

抑郁是大学生中常见的情绪困扰,是一种感到无力应付外界压力而产生的消极情绪,常常伴有厌恶、痛苦、羞愧、自卑等情绪体验。

有些学生把生活看成非黑即白、非好即坏,且多看其消极和阴暗面,容易悲观沮丧、情绪低落,当遭受突发事件打击后,可能导致抑郁情绪。此外,性格内向、眩惑多疑、依赖性强、容易悲观的大学生比其他同学更易陷入抑郁情绪。

情绪抑郁的主要表现是:情绪低落,思维迟缓,郁郁寡欢,闷闷不乐,兴趣丧失,缺乏活力,反应迟钝,干什么都打不起精神,不愿参加社交,故意回避熟人,对生活缺乏信心,体验不到生活的快乐,并伴有食欲减退、失眠等。长期的抑郁会使人的身心受到严重损害,使人无法有效地学习、工作和生活。严重者在抑郁的状态下不能自拔,容易酿成自杀。

(3) 易怒。

一位科学家发现,人在生气时的分泌物甚至可以毒死一只老鼠。他还据此计算出,一个人如果生气10分钟,不亚于3千米长跑所消耗的能量。因此,科学家得出结论:从某种意义上说,人不是老死的,而是被气死的。

某高职学院二年级学生赵曾写信给心理老师说:不知道出于什么原因,我发现自己变得非常易怒,脾气不是很好。平时,在心情比较好的情况下,很多自己感觉不好的事情,我都可以忍受。但是如果心情不好,就是很小的事情,就算我强忍着,也会流露出不耐烦的情绪。当然,我知道这样很不好。但是,最近发生这种事的频率非常高,同学们都不愿和我打交道了,我很苦恼。

发怒是当客观事物与人的主观愿望相悖时产生的强烈情绪反应。大学生正处在热情高涨、激情澎湃的青年时期,有时候激情似乎难以控制,容易发怒便是大学生中常见的一种消极激情。有的大学生因一句刺耳的话、一件不顺心的事,就激动得暴跳如雷,或出口伤人,或挥拳相向,铸成大错。

(4) 冷漠、忌妒和压抑。

冷漠是一种对人对事冷淡、漠不关心的消极情绪体验,是一种个体对挫折环境的自我逃避式的退缩性心理反应,它带有一定的自我保护或自我防御性质。

忌妒是大学生中有一定普遍性的不良情绪。容易引起大学生忌妒的因素主要有:外表、成绩、能力、物质条件、恋人、运气,等等。而那些自尊心过强、虚荣心过盛、自信心不足、以自我为中心、认知有偏差、自控能力弱的大学生更易产生忌妒,而且程度也较一般人更重。忌妒心会影响大学生的人际关系,造成同学间的隔阂,甚至对立,同时使自己处于烦躁、痛苦的情绪中。

压抑也是大学生中常见的情绪问题,相当多的大学生常常感到自己的情感不能得到尽情倾诉。近年来大学中流行的"郁闷"情绪，就是压抑的表现。

情境分析要点总结：

（1）情绪的波动是正常的。
（2）烦躁、郁闷不等于抑郁症。
（3）情绪可以影响我们的身心健康。

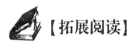【拓展阅读】

认 识 情 商

1995年，美国《时代周刊》公布了一项较新的心理学研究成果——情绪智力比智商更重要，与事业成功的关系更密切。

情绪智力是美国耶鲁大学沙洛维教授和新罕布什尔大学梅耶教授提出来的。他们认为，情绪智力是检测自己或别人情感的一种能力，并对它进行辨别，用这种信息去指导人的思维和行动。

情绪智力包括情绪的知觉、评估和表达能力；思维过程中的情绪促进能力；理解、分析情绪，获得情绪知识的能力；对情绪进行成熟调节的能力。一言以蔽之：情绪智力就是情绪的自我认知、表达、理解、调节他人情绪和与他人相处、合作的能力。

（1）评价与表达功能。情绪智力首先表现为对自己和他人情绪的识别、评价和表达。这种能力使人们相互理解，和谐相处，建立起良好的人际关系，对人类的生存和发展起促进作用。

（2）调节功能。识别自我情绪。通过认知和行为策略有效地自我调整，以摆脱焦虑、忧郁、烦躁等不良情绪；同时，在觉察和理解他人情绪的基础上，通过认知活动或行为策略有效地调节和改变他人的情绪反应。这是情绪智力的集中体现。

（3）解决问题的能力。暂时的情绪波动可以帮助我们思考未来，考虑各种可能的结果，影响认知操作的效果；帮助我们打破思维定式，激发灵感，创造性地解决问题。

（4）动力作用。情绪能激发动机来完成复杂的智力活动。如把情境（如临近的考试或面试等）带来的焦虑转化为促使个体进入全面准备过程的动力。高情绪智力可以充分发挥情绪在解决问题中的积极作用。

【思考与练习】

（1）生活中经常出现的情绪有哪些？我们是如何描述它的？还可以用其他的词语来描述吗？
（2）这些情绪是如何影响我们的生活的？
（3）哪些情绪可以给我们带来积极的影响？

▶ 【测一测】

大学生紧张情绪测试问卷

情境2　识别和表达情绪

▶ **情境引入**

马莉的情绪问题

马莉（化名）是一名初三女生，父母亲都是公务员，她自幼受到比较严格的教育，也养成了对自己高标准要求的习惯。由于一直严于律己，学习上刻苦努力，所以学习成绩一直名列前茅，进入初中以来综合成绩排名总是稳定在全年级前十位，学校和家长也对她寄予了很高的期望。可临近中考的一个多月前，她开始表现得紧张不安、心烦意乱，并且晚上经常整晚失眠，学习效率明显下降，考试成绩也一次不如一次。老师和家长给予她关心和安慰，但这种焦虑的状况并没有改善，反而越来越严重，以至她经常哭泣和发脾气，常为一些小事和父母大声争吵，有时候早上不愿意起床，开始有意地逃避上学，甚至演变到拒绝参加中考。父母亲做了大量的教育和说服工作，但收效甚微。当马莉情绪平稳的时候，也会对自己的这种现状深深自责，并向父母认错，但当情绪失控时，就会变得十分暴躁，甚至有几次发生自残行为。妈妈看到自己心爱的女儿变成这样，由起初的关心变成埋怨，转而又变成了害怕和担心，害怕女儿这样下去不但中考考不好，女儿的身心健康也会受到极大的影响。为此，妈妈带女儿跑遍了市里的几个主要医院，也服用了不少药物，虽然焦虑有所缓解，但情绪仍然不稳定，对读书依然抗拒。

▶ **情境分析**

马莉面对考试，出现情绪问题，严重影响学习、生活。下面，我们来学习关于识别和表达情绪的相关知识：情绪的产生过程、构成要素与一般表现，情绪的表达管理。

一、情绪的产生过程

从古希腊至今的思想家都试图在理论上解释情绪的产生。当代情绪理论多注重经验主义研究方法，很多独立的理论并不互相排斥，大多数研究人员乐于采纳多种视角，融合各种理论。引起争议的问题主要是认知判断对产生情绪有多重要，特别是和身体反应等其他方面比较。

知识链接

情绪的理解与认识

关于"情绪"的确切含义，心理学家还有哲学家已经辩论了100多年。情绪是指伴随着认知和意识过程产生的对外界事物态度的体验，是人脑对客观外界事物与主体需求之间关系的反应，是以个体需要为中介的一种心理活动。情绪有二十种以上的定义，尽管它们各不相同，但都承认情绪与以下三个方面有关：

(1) 情绪涉及身体的变化，这些变化是情绪的表达形式。
(2) 情绪涉及有意识的体验。
(3) 情绪包含了认知的成分，涉及对外界事物的评价。

由于情绪与情感表现极易混淆，比如爱情的满足感总是伴随着快乐，所以在情绪定义中情绪与情感的关系是辩论争议的重要方面。

情绪被描述为针对内部或外部的重要事件所产生的突发反应，一个主体对同一种事件总是有同样的反应。情绪持续时间很短，产生的情绪是包含语言、生理、行为和神经机制互相协调的一组反应。人类的情绪也来自生物性能，而且在演化中被强化，因为情绪可以为一些远古人类常常面临的问题提供简单的解决方法（如产生恐惧并决定逃离）。

许多学派给情绪下的定义反映了这些特点和这类关系。例如，功能主义把情绪定义为：情绪是个体与环境意义事件之间关系的心理现象。(Campos, 1983)

阿诺德的定义为："情绪是对趋向知觉为有益的、离开知觉为有害的东西的一种体验倾向。这种体验倾向为一种相应的接近或退避的生理变化模式所伴随。"(Arnold, 1960)

拉扎勒斯提出与阿诺德类似的定义："情绪是来自在所处的环境中对好的或不好的信息的生理心理反应的组织，它依赖短时的或持续的评价。"(Lazarus, 1984)这些定义都标示出情绪对人的需要和态度的关系，阿诺德和拉扎勒斯还指出了情绪依此而具有的特点，诸如体验、生理模式、评价等。

二、情绪的构成要素与一般表现

(一) 情绪的构成要素

情绪既是主观感受，又是客观生理反应，具有目的性，也是一种社会表达。情绪是多元的、复杂的综合事件。情绪构成理论认为，在情绪发生的时候，有五个基本元素必须在短时间内协调、同步地进行。

1. 认知评估：注意到外界发生的事件（或人物），认知系统自动评估这件事（或这个人）的感情色彩，因而触发接下来的情绪反应（例如看到心爱的宠物死亡，主人的认知系统把这件事评估为对自身有重要意义的负面事件）。

2. 身体反应：情绪的生理构成产生身体自动反应，使主体适应这一突发状况（例如意识到死亡无法挽回，宠物的主人神经系统觉醒度降低，全身乏力，心率变慢）。

3. 感受：人们体验到的主观感情（例如在宠物死亡后，主人的身体和心理产生一系列反应,主观意识察觉到这些变化,把这些反应统称为"悲伤")。

4. 表达:面部和声音变化表现出这个人的情绪,这是为了向周围的人传达情绪主体对一件事的看法和他的行动意向(例如看到宠物死亡,主人紧皱眉头、嘴角向下、哭泣)。对情绪的表达既有人类共同的成分,也有各地独有的成分。

5. 行动的倾向:情绪会产生动机(例如悲伤的时候希望找人倾诉,愤怒的时候会做一些平时不会做的事)。

(二)情绪的一般表现

积极情绪表现:和别人握手时,热情、诚恳、可信和自信。谈话时,轻松自如,不吞吞吐吐、慌慌张张,没有敌视和防范的心理和行为。

消极情绪表现:初次见面时被动握手。接触时保持距离过远。不太注意倾听对方的谈话,在对方说话时心不在焉地干一些别的事。谈话时,猜疑、防范多于理解和谅解。

 知识链接

情绪的来源

通常我们认为是外面的人和事引发我们的情绪,如果我们是一直这么认为,那么毫无疑问,我们无法转化。我们一直在令人惊讶地使用很多逻辑——比如,通常相信别人应该对我们的状态负责:我们迟到了,受到批评和处罚觉得很委屈,认为这不是自己的错,是堵车了;工作无精打采是因为昨晚睡眠不足,睡眠不足是因为照顾生病的小孩,小孩生病是因为喝了变质的奶粉,而变质的奶粉来自一个工厂,工厂的牛奶来自一家农场,农场把牛奶送迟了,牛奶送迟是因为牛进入挤奶间晚了,奶牛进入挤奶间晚了是因为吃了有害的草,所以,最终结论:我迟到是因为有害的草!

如果说情绪是来自我们自身,外在世界其实只是我们自身的投射——这是个不好的消息的话,那么好消息就是我们可以转化它,这是我们可以自己做主、自己选择的,我们可以负责地去感受它、拥抱它,只有这样我们才能真正支配我们的情绪,我们不要再抱着"我经受不起那些感觉"的情绪。我们要转化这种情绪,最有效的方式就是从我们自身着手,就好像在电影院,我们想改变放映的电影,有效的方式是走进放映室进行一些操作。但原来,通常会站在舞台上企图改变影片。

二、情绪的科学表达

(一)认识情绪的心理机制与生理机制

1. 情绪的心理机制。

情绪产生于生命的一个古老的机制,它的性质可以归纳为两种:快悦的和不快的。我们知道,简单的生物没有知觉能力,更没有思维,但它们却有生物学意义上的"趋利避害"的本能行为,这种本能是靠什么得以实现的呢?只能是"趋悦避痛"的情绪机制,即趋向快悦的情绪状态,逃避不快的(或痛的)情绪状态,并以此实现了自体保护和生存。"趋利避害"是生物本能行为的外显表现,"趋悦避痛"是这一行为表现的内在本质和原因。其实,"趋悦避痛"是从最简单的动物体到最高级的人类共有的最基本的本能和生命原则,情绪是一切生物体(动物和人类)价值判断的依据,是生物一切行为原因的渊源。

虽然人的情绪现象显得很复杂,但它简单的一面,并且是能够使它的其他方面不再显得"很复杂"的就是情绪的心理机制。这是心理学对情绪的研究应该首先去认识的,也是较容易认识的,却因为没有重视而至今还未认识的一面。

需要说明的是,这里的"情绪"在概念上有所深入和拓展。首先,它指的是本质意义上的情绪,或是指所有情感和情绪中所包含的会引起我们喜爱或回避的主观态度的因素。从个体体验方面来说,它是构成人的各种感受和通常意义上的情绪的基本元素,与我们通常的情绪概念相比,它还包括包含在诸如"饥饿""快感""痛感"等一些感觉之中并作为其主体的情绪成分,与"恐惧"、"悲伤""愉快"等通常意义上的情绪一样,它们的情绪性成分是同源的。这是概念范围的拓展。从内部过程来说,它是指发生在脑内的与网状系统活动密切相关的一切情绪性神经反应及其上传。

情绪的一个主要心理机制就是情绪的学习,即个体对信号刺激的情绪性反应。虽然加涅早就提出,信号学习包括随意反应和情绪反应,但在已有的心理学研究和我们的所有教材中,对这点却完全忽视了。而情绪的信号反应恰恰是认识情绪现象的关键,我们一直对复杂些的社会性情绪不解,原因就在于对此的忽视。

情绪反应按其反应的形式可以分为两种,套用现成的词汇可称为"自然情绪反应"和"制约情绪反应"。由信号刺激引起的情绪反应就是制约性情绪反应,它占据着我们人类情绪表现的绝大部分。

"自然性情绪反应"很直观易识,它是我们的生理基础所决定的对生理刺激的直接反应。例如,我们在夏天口渴时喝下一杯清凉的饮料,生理上的舒适和满足自会通过对网状系统的激活而引起快悦性质的情绪性反应,并由其和相关感官信息向皮层的上传形成我们对此快悦情绪和相关感官特征的意识,这种情绪反应的形式表现为它是由刺激物的直接刺激而引起的生理反应所产生的。

"制约性情绪反应"与情绪的"学习"有关。我们知道,心理学的学习理论中有"非制约刺激"(自然刺激)和"制约刺激"以及它们所产生的"自然反应"和"制约反应"。而在动物和人的情绪反应现象中,制约性情绪反应也普遍存在,即在一些情境下,当遇到某一可以产生某种生理性情绪反应的条件时,在还未受到该条件的真实刺激之前就产生了该条件真实刺激后所会产生的情绪反应。例如,我们在炎热的夏天正口干舌燥时,突然得到一瓶冰镇的饮料,在喝之前我们已非常高兴——即我们的脑中已产生了快悦性质的生理性情绪反应。这种快悦的情绪是怎么产生的呢?其实,这就是我们以往在解渴后因生理舒适而在脑中产生的快悦性质的情绪状态的重现(由于特定情境往往还会增加它的强度),或称之为对以往相关情绪的记忆。这就是制约性情绪反应的基本形式和内容,只是这里还需要与认知有关的情境的作用,比如在不渴或者见到的是自己得不到的冷饮的情况下,制约性情绪的产生在强度上就会大大降低,甚至引起相反的情绪。

认识了制约性情绪反应现象的存在,那么对各种复杂的情绪现象我们就会不难理解。再例如,小孩看见护士就联想到打针,从而就产生恐惧,其实这里的"恐惧"的主体就是重新出现的、包含在他以往打针时的"痛"之中的不快性质的生理性情绪反应，这里的护士就是信号刺激。这一恐惧的产生就是制约情绪的简单形式，而古典制约学习理论中的"类化""辨别"等现象在制约情绪中都有对照，尤其在人的较为复杂的社会性情绪和情感中更是如此。人的再高级的情感也不是无源之水，它们都是由情绪的制约刺激物所产生的以原初的生理性情绪为基础的制约情绪，只是这里的"联想"大多数情况下不是随意联想，而是在潜思维活动下进行的潜联想，因而表现出这些情绪产生的直接性和原因的曲折性。

2. 情绪的生理机制。

(1) 情绪与下丘脑。

感受具有先天遗传的个人倾向，影响到情绪、嗜好、美感、欲望、动机等。参与感受活动的生理结构众多，有大脑边缘叶的扣带回、海马结构、梨状叶和隔区等，有丘脑前核、背内侧核等，有下丘脑的众多核群以及杏仁核等。下丘脑除了具有样本分析产出功能，还具有分泌激素的功能。来自大脑边缘叶的样本激活下丘脑或杏仁核，下丘脑分析产出感受样本，发放到丘脑前核产生感受，还可以通过分泌激素影响意识以及靶器官。

不是所有的样本都能激活下丘脑产生感受，能够激活下丘脑的样本是具有一定倾向性的样本。当大脑分析产出具有一定倾向性的样本后，通过大脑边缘叶的传出纤维发放到下丘脑，下丘脑分析产出感受样本，通过乳头丘脑束发送到丘脑前核，激活丘脑前核合成丘觉，再通过丘脑间的纤维联系发放到背内侧核，产生感受，产生对人和事物的喜好、嗜好、偏爱、欲望、美感、动机，以及愉悦和恐惧、兴奋与沮丧等。

下丘脑分析样本的方式与大脑、纹状体、小脑不同，大脑、纹状体、小脑参照分析的模型是通过学习或练习建立的，而下丘脑的参照模型是遗传的，即我们一出生，感受是按照固有的方式分析产出的，因此，我们的感受主要是天生的，当然，也会受到后天环境的一定影响而发生改变，但不会发生本质的扭转。

感受是动力之源。感受是人的力量来源，人的一切行为活动或者是外来压力的驱动，都是受个人感受的驱动。感受主要由遗传决定，这就决定了每个人的嗜好、偏爱都是不一样的。

感受和理性（如觉察和认识）由不同的脑独立产生，相互作用又相互斗争，感受与理性经常是矛盾的，二者相互斗争、互不相让，形成我们常说的矛盾心理。感受在一定程度上受理性制约，但在感受强度过大或额叶功能弱化的情况下，导致理性不能占据主导地位，感受控制人的思维和行为，发生精神和行为异常。

产生感受的下丘脑虽然通过遗传获得了分析模型，不需要通过存储建立分析模型，但可能参与了其他信息的存储功能，特别是大脑边缘叶承担了其他信息的记录存储任务，完成更加重要的记忆功能。

(2) 情绪与内分泌。

保罗·克莱因金尼和安妮·克莱因金尼综合了以前界定的主要成分，提出了一个定义：情绪是主观因素、环境因素、神经过程和内分泌过程相互作用的结果。为支持这一定义，他们提出了以下要点：① 情绪能够产生情感体验，如快乐与否。② 情绪能够激发人们的认知解释，如将情绪归因于自身或环境。③ 情绪能引发一系列的体内调节，如心率加快。④ 情绪常引起表情行为（笑或哭）、目标指向行为（助人或逃避）和适应性行为（远离危及生存的潜在威胁）。这一定义表明，情绪产生于生物、习得和认知过程的相互作用。

（3）情绪与肠胃菌群。

现代生物学家发现，大量的细菌寄生在我们呼吸道和消化道中，它们中占半数的中性菌，对我们既无害也无益，比如肠杆菌、酵母菌及肠球菌；约有10%是有害菌，如葡萄球菌、幽门螺旋杆菌等；还有约30%是有益菌，如乳酸菌、双歧杆菌等。对有害菌我们也不必担心，因为它们的活动严格受到有益菌和中性菌的管制。

别小看这些寄生在肠道内的细菌，它们对改变我们的情绪和行为有不可忽视的作用。一方面，这些细菌影响人体的营养代谢，如果消化不良，会引起情绪异常；另一方面，假如人体的代谢紊乱，这些细菌会制造出硫化氢、氨等气体来毒害我们的神经，从而导致我们情绪异常，甚至做出极端行为。

人们情绪异常和行为失控的发生频率逐年升高，从肠道内细菌的生存环境来看，导致这一现象主要有两个原因，一是农药、食品添加剂和抗生素等的滥用。这些药物或化学物质进入人体会大量杀死肠道细菌，导致人的代谢紊乱和消化不良，从而引发情绪异常和精神疾病。二是这几年生活水平提高后，部分人吃得太饱。由于摄入的过量高蛋白在人体内缺少有益菌或中性菌为其分解、代谢，它们会在杂菌的分解下产生大量的硫化氢、氨等对神经有毒害作用的物质。这些物质会破坏人体中起抑制冲动作用的五羟色胺的合成，导致人的情绪异常，产生过激行为。

（二）及早处理情绪

学会情绪的表达与管理，对于我们的心理健康维护是非常重要的。我们应该给自己的情绪多一些关注，学会正确调控自己的情绪。

1. 为什么应该表达情绪？

表达情绪可以让别人更了解你，而且因为你的表达，别人也会对你表达他的看法与情绪，使你也可以更了解别人，你们的关系就会因此更牢固、更真诚。

2. 压抑情绪的危害。

当自然界水库的水位超过警戒线时，水库就必须做调节性泄洪，否则会危害水库的安全。倘若此时不但没有泄洪，反而持续不断地进水，水库就会崩溃。心理分析大师弗洛伊德就用水库的观念，比喻人类情绪的处理过程，他认为每个人的身体里面仿佛都有一座情绪水库，当负面情绪出现时就会存放在情绪水库之中，如果情绪水位累积到所谓的警戒线，个体就会开始出现脾气暴躁、无法适当控制情绪的情形，而导致容易发脾气。如果再一直恶化下去，情绪水库崩溃的结果就是出现心理方面的毛病。因此，维持心理健康的重要观念，就是不要让自己的情绪水库累积太多的水量，要想办法将情绪之水疏解掉。情绪表达指的是人们用来表现情绪的各种方式，其功能就是在疏解情绪之水，使水位下降。

特别是愤怒的情绪，如果不表达出来就会转移，比如，受到上司的批评，可能会将愤怒表达在家人身上，同样的，在家里燃起的怒火又会转移到单位。

另外，长期紧张、害怕、焦虑或生气，很容易导致乳腺病、胃溃疡、偏头痛等，甚至使身体对抗疾病的能力减低。表达情绪可以疏解人的压力，使身体健康。

（三）正确表达情绪

情绪表达必须以不伤害别人、不伤害自己等符合社会规范的方式表现，否则疏解了原来的负面情绪，却又因为不符合社会规范遭受规范执行者的责备或惩罚，而产生更大量新的负面情绪，这对于情绪的疏解不但没有帮助，还有可能使之更严重。因此，学习符合规范的疏解情绪的方式，是人类在社会化过程中逐渐学习而来的能力。

（四）情绪表达与管理的方法

1. 理清、认识自己的情绪。即感知现在自己在什么状态的情绪中，是喜悦，是愤怒，还是焦虑？

2. 接受情绪，为自己的情绪负责。经验各种感觉或情绪是人之所以为人的很重要的一部分。我们不必为情绪而道歉，我们也不能把自己所经验某种情绪的责任加之于别人。如果归咎于他人或责怪他人，要别人对你的感受负责，事实上，你是在让别人控制你。而你的幸福如果掌控在别人手里，这不是一件十分可怕又可悲的事情吗？

3. 尽早处理情绪，选择适当时机及时、清楚、具体地将情绪向对方表达，做好深度有意义的沟通。有句话说得好："婚姻只是栽苗，沟通则是浇水。如果没有沟通，那么婚姻则是爱情的坟墓。"那么有了沟通呢？不言而喻，苗儿可能生根发芽、茁壮成长。

4. 明了情绪操之在我。若能明了情绪操控在自己手中，则将永远有机会选择。心理学家哈洛德·墨沙说，"相信即看见"，通过认知转换与正面积极强化可改变心中根深蒂固的想法，且可以通过放松压力的技巧，自我暗示放松，有效地管理自己的情绪。所以，一切要靠自己，相信自己能改变，信心的建立是首要任务。

（1）找出自己的动力（力量）。训练耐力、集中意志力、注意力。

（2）随时关心自己。经常欣赏自己的优点和缺点，注意改变，不要吝啬鼓励自己。

（3）接纳容忍自己不完美。因为不完美才有努力的空间，经常问自己在此过程中获得或学到了什么。

（4）善用幽默感。生活中不如意十之八九，运用你的幽默感化解紧张气氛。

（5）不要怀疑自己有改变的能力，你的情绪就掌握在自己手中了。

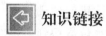 知识链接

识别情绪性自杀

2013年6月23日，20岁的四川崇州女孩小倩在复读一年后，因离理科三本仍差6分，选择了割腕、喝农药结束了自己年轻的生命。2014年6月24日，合肥18岁的考生小李因成绩不理想，查得分数几小时后，从27楼坠落身亡。每年高考过后，都能听到这样令人痛心的消息……

在心理学上，这类因遭遇挫折突发的自杀称为"情绪性自杀"，是当事人在遭受打

击后在生命与尊严之间的一次错误选择的结果。这种错误选择是由于当事人的认知发生了错误，把挫折的后果极度放大，心理防线完全崩溃。一个人在遭受较大的意外打击后，他（她）会出现情绪上的剧烈变化，有的表现为情绪低落、抑郁状态，有的表现为兴奋、躁狂状态。不同的原因，不同的个体，表现也不同，这就是心理学所说的"应激障碍"。一旦出现这种障碍，就会影响到他们的工作、学习和生活。如果不及时给予行为干预和治疗，就有可能发生严重的不良后果。随着社会的进步，心理学提出要提高人（尤其是青少年群体）的抗压能力、耐挫能力，以便更好地应对生活中的各种挫折和打击。

人的一生中都会出现短暂的情绪低落、抑郁的状态，有的人能很快自行调整，有的则会留下长久的阴影。一个人的情绪处于低落状态发展到自杀的程度，会有一个过程。在这个过程中，若家人或朋友能及时发现，及时建议他到医院进行心理咨询，寻求帮助，或到医院心理科寻求治疗，就有可能避免悲剧发生。

情境分析要点总结：

（1）情绪是来自正在进行着的环境中好的或不好的信息的生理心理反应的组织；它依赖短时的或持续的评价。

（2）情绪由认知、感受、表现、反应和行动构成；有积极、消极两种表现。

（3）社会人情绪表达以不伤害别人、不伤害自己为基本原则。

（4）"理清、接受、尽早处理、操之在我"，是科学表达与管理情绪的关键。

【拓展阅读】

ABC 理论

合理情绪疗法又称合理情结疗法，它的基本理论主要是 ABC 理论。在 ABC 理论模式中，A 是指诱发性事件；B 是指个体在遇到诱发事件之后相应而生的信念，即他对这一事件的看法、解释和评价；C 是指特定情景下，个体的情绪及行为结果。通常人们认为，人的情绪的行为反应是直接由诱发性事件 A 引起的，即 A 引起了 C。

ABC 理论指出，诱发性事件 A 只是引起情绪及行为反应的间接原因，而人们对诱发性事件所持的信念、看法、理解 B 才是引起人的情绪及行为反应的更直接的原因。人们的情绪及行为反应与人们对事物的想法、看法有关。合理的信念会引起人们对事物适当的、适度的情绪反应；而不合理的信念则相反，会导致不适当的情绪和行为反应。当人们坚持某些不合理的信念、长期处于不良的情绪状态之中时，将会导致情绪障碍的产生。

因为情绪是由人的思维、信念引起的，所以埃利斯认为每个人都要对自己的情绪负责。他认为当人们陷入情绪障碍之中时，是他们自己使自己感到不快的，是他们自己选择了这样的情绪取向的。不过有一点要强调的是，合理情绪治疗并非一般性地反对人们具有负性的情绪。比如一件事失败了，感到懊悔，有受挫感是适当的情绪反应。而抑郁不堪、一蹶不振则是所谓不适当的情绪反应了。

例如：两个同事一起上街，碰到他们的总经理，但对方没有与他们招呼，径直过去了。这两个同事中的一个认为："他可能正在想别的事情，没有注意到我们。即使是看到我们而没理睬，也可能有什么特殊的原因。"而另一个却有不同的想法："是不是上次顶撞了老总一句，他就故意不理我了，下一步可能就要故意找我的碴了。"两种不同的想法就会导致两种不同的情绪和行为反应：前者可能觉得无所谓，而后者可能忧心忡忡，以至无法平静下来干好自己的工作。从这个简单的例子中可以看出，人的情绪及行为反应与人们对事物的想法、看法有直接关系。在这些想法和看法背后，有人们对一类事物的共同看法，这就是信念。前者在合理情绪疗法中被称为合理的信念，而后者则被称为不合理的信念。合理的信念会引起人们对事物适当、适度的情绪和行为反应；而不合理的信念则相反，往往会致不适当的情绪和行为反应。人们坚持某些不合理的信念，长期处于不良的情绪状态之中，最终会导致情绪障碍，也就是 C 的产生。

【思考与练习】

（1）我们的情绪从哪里来？
（2）情绪有何构成与表现？
（3）如何科学地表达与管理我们的情绪？

【测一测】

大学生情绪稳定性自我测验

情境3　学会调控情绪

情境引入

张强的情绪失控

张强同学动不动就发脾气，只要稍有不顺心的事，他就很难控制自己的情绪，总要拿哪个人或哪件东西来出出气。上课受批评，跟老师怄气，同学有谁不小心碰到他，他就跟谁发脾气。总而言之，就是喜欢发脾气。而且，他发脾气还有个特点，那就是怪别人不好，因而总要骂人、摔东西，把别人当成"出气筒"。比如，上课玩东西被没收了，跟老师发脾气说"小心你玻璃窗，哪天我就砸去"；同学扫地时，扫把不小心碰到了他的脚，就骂同学，别人还嘴他就动手。人人都把他当成班里的不定时炸弹，谁惹他谁倒霉。

▶ 情境分析

下面，我们来了解一下关于调控情绪的相关知识：情绪解读是什么？情绪有哪些类型？情绪对我们的健康有什么影响？

一、情绪解读

说情绪，我们每个人都脱不了干系。情绪的发展和变化是我们因人因时因地因事而产生的。情绪在制约人，也在成就人，还在损害人，有不同的情绪就有不同的生活。我们要管理好自己的情绪，要拥有我们自己需要的情绪，使情绪获得应有的表达和展示。所以，我们必须了解情绪，知道它的种类和对人的利害。

人不可能永远处在好情绪之中，生活中既然有挫折、有烦恼，就会有消极的情绪。一个心理成熟的人，不是没有消极情绪的人，而是善于调节和控制自己情绪的人。青少年在成长的过程中，也要慢慢学会调节和控制自己的情绪。这并不是说要压抑自己的消极情绪。心理学研究表明，"压抑"并不能改变消极的情绪，反而使它们在内心深处沉积下来。当它们积累到一定程度时，往往会以破坏性的方式爆发出来，给自己和他人造成伤害。比如我们常看到一些"好脾气"的人，有时会突然发火，做出一些使人吃惊或者让他自己也后悔的事来，这往往就是平时压抑的结果。同时压抑还会造成更深的内心冲突，导致心理疾病。

我们不仅需要积极的情绪，还需要消极的情绪；不仅需要克制，还需要发泄；不仅需要防御，还需要利用。情绪是我们为人做事乃至成败的重要因素，我们只有挖掘积极情绪和善待消极情绪，才能更好地把握和管理自己，做情绪的主人。

在我们的日常学习、工作和生活中，人的性格、学识、能力、习惯、爱好、追求等都能促使情绪的好坏，让自己和他人感受并意识到情绪所带来的效果。无论是说的还是做的，情绪的流露都是在传递我们内心思想的信息。

情绪的主要表现：开心、高兴、兴奋、激动、喜悦、惊喜、惊讶、生气、紧张、焦虑、怨恨、愤怒、忧郁、伤心、难过、恐惧、害怕、害羞、羞耻、惭愧、后悔、内疚、迷恋、平静、急躁、厌烦、痛苦、悲观、沮丧、懒散、悠闲、得意、自在、快乐、安宁、自卑、自满、不平、不满等。

这些情绪，有的给人带来激励，有的给人带来力量，有的给人带来认识，有的给人带来进步；有的助人成才，有的助人成功，有的助人成长，有的助人成熟；有的使人懂得珍惜，有的使人懂得爱护，有的使人懂得勤奋，有的使人懂得拼搏；有的让人勇敢，有的让人沉默，有的让人激情，有的让人理智。总之，我们的感受和需要是在多方面、多角度、多条件中转换选择的，有很多事是在影响和感染中发生的，我们的情绪也随之出现。要知道，什么样的人和事联系起来，就会有什么样的情况和结果。

情绪是靠我们自己管理和掌握的，任何一个人、一件事、一句话和一件物等都能激起我们的情绪。我们应当有人所共有的感受和需要，但不能求之过于痴迷和慌乱。很多情绪来自身外，可心情是自己的，我们可以用自己的修为来调整不利和不好的状态，使自己在有关与无关中确立自我情绪，走出情绪的困扰。

# 知识链接

怎样调整消极情绪

宣泄法：要善于向家人、知心朋友倾诉自己不愉快的事，一吐为快。如果处在极度痛苦中，还可通过哭泣、文体活动、写日记等帮助消除不良情绪。

转移法：当遇到不愉快的人和事时，就把注意力转移到别的地方，改变一下环境。如散步、打球、听音乐、看电视、下棋、逛公园、旅游、走亲访友等。

认识法：学会辩证地看问题，看到事物存在的两个方面，遇到问题多从好处和积极方面着想，以微笑面对痛苦，以乐观战胜困难。如"寂寞"和"寂静"有多大差别，有时候就是一个角度问题。

宽容法：对别人要宽容，不要斤斤计较，俗话说的"退一步天宽地广，让三分海阔天空"就是这个理；对自己要宽容，对自己的过失、挫折等要主动去解决，使自己摆脱困境，做到自我解脱。

幽默法：幽默是健康生活的最好"药方"。通过幽默的说笑、动作，可以摆脱许多不愉快的事情，化消极情绪为积极情绪，从中得到较好的解脱。

情趣法：要想方设法使自己的生活过得色彩斑斓、兴趣盎然、充满生机。如挥毫泼墨、抚琴弄弦、养花种草、野炊垂钓、载歌载舞、收藏集邮等，可陶冶情操、消除烦恼。

激励法：要善于将消极因素变为动力，坏事变好事，争取成功。这样的例子举不胜举，许多成功人士都是榜样。要做生活中的强者，不断拼搏，争得优异成绩，带来的就是欢乐。

寻找法：遇事要冷静，总会找到化消极情绪为积极情绪的方法。如暗示、克制、童趣、宽心、遗忘、让步、理解、疏导等，只要冷静用心，定能找到好办法。

相信能从以上几种方法中得到启示，及时转化情绪，不要累积，轻松、快乐的面对生活和工作，健康就会常伴你左右。

二、情绪调节途径

情绪使我们的生活多姿多彩，同时也影响着我们的生活及行为。当出现不好的情绪时，最好加以调节，使情绪不给自己的生活及身体带来坏的影响。

1. 用表情调节情绪。有研究发现，愤怒和快乐的脸部肌肉会使个体产生相应的体验，愤怒的表情可以带来愤怒的情绪体验，所以当我们烦恼时，用微笑来调节自己的情绪可能是个很好的选择。

2. 人际调节。人与动物的区别在于人的社会属性。当情绪不好时，可以向周围的人求助，与朋友聊天、娱乐可以使你暂时忘记烦恼，而与曾有过共同愉快经历的人在一起则能引起愉快的感觉。

3. 环境调节。美丽的风景使人心情愉悦，而肮脏的环境会使人烦躁。当情绪不好时，

可以选择一个环境优美的地方,在美好的大自然中,心情自然而然会得到放松。还可以去那些曾经令你开心的地方,记忆会促使你想起愉快的事情。

4. 认知调节。人之所以有情绪,是因为我们对事情做出了不同的解释,对每件事不同的人有不同的观点,会产生不同的情绪反应,所以可以通过改变我们的认知来改变我们的情绪。比如说,在为一件事烦躁时,可以对事情重新进行评价,从另外一个角度看问题,改变我们刻板的看问题方式。

5. 回避引起情绪的问题。如果对有些引起情绪的问题,我们既不能改变自己的观点,又不能解决,就可以选择逃避,先暂时避开问题,不去想它,待情绪稳定时,再去解决,而且有时候问题的解决方案会在从事其他事情时不经意间想出来。

 知识链接

负面情绪如何疏解

每个人都有负面情绪,心情不好、不开心、自暴自弃……这些负面情绪不仅影响我们当时的状态,也不利于我们的健康。当负面情绪来袭时,我们要学会用正确的方法去面对它,主动进行自我疏解,尽快走出负面情绪。

(1) 认识到自己的现状。

要学会接受自己的现状,了解自己正处于负面情绪之中,只有认识到这一点,我们才能想办法走出负面情绪。

(2) 暂时放下烦心事。

负面情绪一般是在人处于较大压力时产生的,暂时放下手头的烦心事虽然不能立刻缓解你的负面情绪,但它能使负面情绪停止蔓延。

(3) 学会自我安慰。

学会自己为自己加油鼓劲,诸如"开心点""没什么大不了的""放宽心"之类的词句默念十几遍,还是有一定的心理暗示作用的,可以在一定程度上舒缓你的压力。

(4) 尽量倾诉。

寻找你可以信任的人去倾诉一下你的烦恼吧!是什么让你产生了负面情绪?如果你觉得自己的负面情绪来得很无理,是各种说不清道不明的情绪的混合,你可以找本日记胡乱涂画来倾诉。

(5) 放松心情。

做一些你平时喜欢做的事吧!大到休假旅游,小到哼个歌、刷个淘宝。要工作?那你也可以选择先做自己相对喜欢的工作。当人专心于某件事时,烦恼什么的会慢慢被忘掉。

(6) 懂得宣泄。

如果以上种种措施都不能让你开心振作起来,那么就好好宣泄一下吧。找个没人的角落大哭一场,哭完了,烦恼也就不见了。不要怕丢脸,哭泣或者其他措施只是你宣泄情绪的一种手段。

三、十大迅速调整情绪的心理学方法

（一）韦奇定律——不要让闲话动摇了你的意志

即使你已经有了自己的看法，但如果有十位朋友的看法和你相反，你就很难不动摇。这种现象被称为"韦奇定律"。它是由美国加州大学经济学家伊渥·韦奇提出的。

韦奇定律有以下观点：

1. 一个人能够拥有自己的主见是一件极其重要的事情；
2. 确认你的主见是正确的并且不是固执的；
3. 未听之时不应有成见，既听之后不可无主见；
4. 不怕众说纷纭，只怕莫衷一是。

不要让闲话动摇了你的信念。一旦确立了自己的目标，就要一直走下去，如果觉得那就是自己想要的，就不要在乎别人的看法，努力达成自己的人生目标。

（二）巴纳姆效应——认识自己

认识自己，心理学上叫自我知觉，是个人了解自己的过程。在这个过程中，人更容易受到来自外界信息的暗示，从而出现自我知觉的偏差，即所谓的"从众"。要避免巴纳姆效应，客观真实地认识自己，有以下几种途径：

1. 勇敢地面对自己。

学会正确看待自己的优缺点，不掩耳盗铃，也不自欺欺人，切莫以己之短比人之长，或以己之长比人之短。认识了解自己，从容面对自己的一切。不要觉得自己有"缺陷"就要把"缺陷"用某种方式掩盖起来，这样的人只是自己骗自己。

2. 培养一种收集信息的能力和敏锐的判断力。

判断力是一种在收集信息的基础上进行决策的能力，信息对于判断的支持作用不容忽视，没有收集相当数量的信息，很难做出明智的决断。没有人天生就拥有明智和审慎的判断力，所以需要我们主动去培养自己这种能力。

3. 以人为镜，通过与自己身边的人在各方面的比较来认识自己。

在比较的时候，对象的选择至关重要。要根据自己的实际情况，选择条件相当的人来进行比较，找出自己在群体中的合适位置，这样认识自己才会相对客观。

4. 要善于总结。

通过对重大事件，特别是重大的成功和失败认识自己。重大事件中获得的经验和教训可以提供了解自己的个性、能力的信息，从中发现自己的长处和不足。越是在成功的巅峰和失败的低谷，最容易暴露自己的真实性格。

（三）杜根定律——自信比什么都重要

杜根是美国橄榄球联合会前主席，他曾经有这样一个说法：强者未必是胜利者，而胜利迟早都属于有信心的人。换句话说，你若仅仅接受最好的，你最后得到的常常也就是最好的，只要你有自信。这就是心理学上的"杜根定律"。

在体育竞技中，自古希腊以来，人们一直试图达到 4 分钟跑完 1 英里[①]的目标。人们

[①] 1 英里 =1.609 千米。

为了达到这个目标，曾让狮子追赶奔跑者，也曾让奔跑者喝过虎奶，但是没人能实现这一目标。于是，许多医生、教练员和运动员断言：使人在4分钟内跑完1英里，是绝不可能的。因为我们的骨骼结构不对头，肺活量不够，空气的阻力又太大。理由实在很多很多，然而，有一个人却创造了用4分钟跑完1英里的纪录，这个人就是罗杰·班尼斯特。更令人惊叹的是，在此后的一年，又有300名运动员在4分钟内跑完了1英里的路程。他们相信自己，因为他们知道，既然罗杰能做到，他们也能做到。如果没有自信，他们不可能创造奇迹。

美国的哈佛大学进行了一次调查，一个人胜任一件事，有85%取决于他的态度，15%取决于他的智力。如果他自信，事情肯定会办好。所以一个人的成败取决于他是否自信，假如这个人是自卑的，那自卑就会扼杀他的聪明才智，消磨他的意志。

（四）跨栏定律——把挑战困境看作一种享受

一个人的成就大小往往取决于他所遇到的困难的程度。竖在你面前的栏越高，你跳得也越高。当你遇到困难或挫折时，不要被眼前的困境所吓倒，只要你勇敢面对，坦然接受生活的挑战，就能克服困难和挫折，取得更大的成就。这就是著名的跨栏定律。跨栏定律是一位名叫阿费烈德的外科医生发现的。

阿费烈德在解剖尸体时，发现了一个奇怪的现象：那些患病器官并不如人们想象的那样糟，相反在与疾病的抗争中，为了抵御病变，它们往往要代偿性地比正常的器官机能强。这个发现最早是从一个肾病患者的遗体中发现的。当他从死者的体内取出那只患病的肾时，他发现那只肾要比正常的大，另外一只肾也大得超乎寻常。在多年的医学解剖过程中，他不断地发现包括心脏、肺等几乎所有人体器官都存在着类似的情况。

因此他撰写了一篇颇具影响的论文。他认为患病器官因为和病毒作斗争而使器官的功能不断增强。假如有两只相同的器官，当其中一只器官死亡后，另一只就会努力承担起全部责任，从而变得强壮起来。

问题的大小决定了答案的大小。就像蚌把沙子变成了珍珠，我们要善于把局限变成优势。障碍使我们更强大。英国有一句老话：如果这件事毁不了你，那它就会令你更加强大。苦难并不是绝对的，它对弱者是万丈深渊，对强者来说却是向上的阶梯。疾病也一样，它使弱者的脏器受损，最后夺取弱者的生命，疾病同样能使强者的脏器更加强大，使人的抵抗力更加顽强。

（五）詹森效应——别让压力成为心灵的羁绊

2004年雅典奥运会前被寄予夺金厚望的中国男子体操世界冠军李小鹏在男子单项比赛中发挥失常，仅获得一枚双杠铜牌。而在2003年世界体操锦标赛时，他却获得了这个项目的冠军，而且他也是2000年悉尼奥运会的双杠金牌得主。由此我们不能说他没有夺金的实力，那么是什么原因导致他的这次"失误"呢？他在赛后接受采访时表示，这次发挥失常的主要原因是某些特殊情况给自己带来了较大的压力，心情紧张。李小鹏的这种情况就是我们所要说的"詹森效应"。

詹森效应来源于一名叫詹森的运动员，这名运动员平时训练有素，实力雄厚，但在体育赛场上却连连失利，让自己和他人失望。不难看出这主要是压力过大、过度紧张所致。由此人们把这种平时表现良好，但由于缺乏良好的心理素质而导致正式比赛失败的现象称为詹森效应。

如何避免詹森效应？

1. 摒弃心中的非理性观念。

许多人经常对自己或别人说："我必须不惜一切代价保证成功。""如果我失败了，我就会没有价值，别人就会看不起我，我会很没面子。""如果发挥得不好，我的前程算是毁了。"这些话纵然能增强一个人奋进的决心，但也容易引起焦虑，不利于正常水平的发挥。要想避免詹森效应，在平时就应当注意矫正这些不正确的想法，养成以平常之心对待生活中的"竞赛"的良好习惯，减少紧张情绪，以使自己的水平得到正常发挥。

2. 要平心静气地走出狭隘的患得患失的阴影。

不要总是贪求成功，只求正常地发挥自己的水平即可。人生的"赛场"是高水平的较量，同时也往往是心理素质的较量，"狭路相逢勇者胜"，只要树立自信心，一分耕耘必定有一分收获，最终定会交付人生满意的"答卷"。

(六) 冰激凌哲学——逆境是一种磨炼

卖冰激凌必须从冬天开始，因为冬天顾客少，会逼迫你降低成本、改善服务。如果能在冬天的逆境中生存，就再也不会害怕夏天的竞争。同样，只有吃过苦的人才知道享受生活的美好；经历生死的人才知道生活的安逸是多么快乐；所以，要想在顺境中事业能够蒸蒸日上，那么就必须在逆境中经过一番锤炼，这就是由中国台湾著名企业家王永庆提出的"冰激凌哲学"。

(七) 首因效应——千万别小看第一印象

人与人第一次交往中给人留下的印象，会在对方的头脑中形成并占据主导地位，这种效应即为首因效应。第一印象作用最强、持续的时间也长，比以后得到的信息对事物整个印象产生的作用更强。

首因效应也叫"首次效应""优先效应"或"第一印象效应"。首因，是指首次认知客体而在脑中留下的第一印象。首因效应，是指个体在社会认知过程中，通过第一印象最先输入的信息对客体以后的认知产生的影响作用。

心理学研究发现，与一个人初次会面，45秒钟内就能产生第一印象，而最初的4秒给对方留下的印象是最深刻的，不要小看这短短的4秒钟，别人对你这个人75%的判断和评价都由此而来。所以你在别人眼中的第一印象，不管是不是真实的，以后都很难改变。

(八) 名片效应——相似感会快速拉近双方距离

苏联心理学家纳季拉什维利提出了"名片效应"。所谓名片效应，指的是在人与人的交际中，如果表明自己与对方的态度和价值观相同，就会使对方感觉到你与他有更多的相似性，从而很快缩小与你的心理距离，更愿同你接近，结成良好的人际关系。在这里，有意识、有目的地向对方所表明的态度和观点如同名片一样把你介绍给对方。恰当地使用"心理名片"，可以尽快促成人际关系的建立，掌握"心理名片"的应用艺术，对于人际交往以及处理人际关系具有很大的实用价值。

有这样两个有趣的社会心理实验。在一个实验中，首先让被试者看很多人的照片，有的照片让被试看了25次之多，有些照片却只让他们看一两次。然后，让被试者说说他们比较喜欢哪个人，结果，被试者都会比较喜欢照片出现次数最多的那个人。

(九) 亲和效应——像磁铁一样吸引别人

亲和效应的主要含义是：人们在交际应酬中，往往会因为彼此之间存在着某种共同之处或者相似之处，从而感到相互之间更容易接近。这种接近会使双方萌生亲密感，进而促使双方进一步相互接近、相互体谅。一般体现在两个方面：

人们在人际交往中往往存在一种倾向，即对于自己较为亲近的对象，比如有共同的血缘、姻缘、地缘、学缘或者业缘关系，有相似的志向、兴趣、爱好、利益，或者彼此共处于同一团体或同一组织的人，会更加乐于接近。我们通常把这些较为亲近的对象称为"自己人"。

一个人如果想要让身边的同事、朋友把自己当成"自己人"，除了无法改变的血缘外，就要懂得与他人的相处之道。要让别人对自己产生好感，认同并喜欢自己，就需要拿出"亲和力"。只有这样的人才会把周围的人吸引到自己身边来，才会让别人认同你，把你当成"自己人"。

(十) 跷跷板互惠原则——互利互惠才能皆大欢喜

玩过跷跷板的朋友都知道，两个人分别坐在跷跷板的两端，你用力一压，对方就跷起来；对方再用力向下压，你就可以跷起来。跷起来处在上方的感觉是兴奋的，如果游戏的双方都自私地不肯向下压，那么游戏就不能继续下去。只有当双方都不停地轮流向下压，才能交替享受游戏的乐趣。这就是跷跷板互惠原则。

人与人之间的互动，就如玩跷跷板一样，任何关心、帮助和友好都是一个相互的过程。帮助别人，给予别人，表面上看是一种失去，但在给予中，我们也能从对方那里得到，从而达到互惠互利。一个永远不愿吃亏、不愿让步的人，即便真讨到了不少好处，也不会快乐。因为，自私的人如同坐在一个静止的跷跷板顶端，虽然维持了高高在上的优势位置，但整个人际互动却失去应有的乐趣，对自己或对方都是一种遗憾。

 知识链接

如何控制自己的情绪

情绪是一种人本能的感受，或许与个人的认识有关，所在的环境或是场合也是影响个人情绪的原因之一。我们的情绪可能是适应环境的一种表现，也有可能是因为某件事情而产生的情绪。如何控制自己的情绪呢？

（1）放松。

人产生情绪说明此刻情绪是高涨的，正处在极度紧张的情况之下。那么最先需要我们做的事情，就是放松，将自己的个人情绪释放。放松的方式，可以是躺着，也可以是坐着。

经验步骤：心中默念一、二、三，瞬间放松。

（2）呼吸。

现在人处在放松的状态之下，接下来需要我们完成第一步。呼吸是每天时刻都在进行的事情。那么现在我们所说的呼吸与平时的呼吸有什么不同之处呢？现在所说的呼吸是自已有所察觉的呼吸。

经验步骤：完成呼吸速度快、中、慢三个过程。

(3) 微笑。

当呼吸处在慢速的情况下，我们的紧张情绪是有所下降的。什么时间是自己最开心的时候呢？答案当然是微笑的时候。

经验步骤：重复微笑十次。

(4) 想象。

我们正在微笑十次，开心、高兴、安好、快乐，外在的形象是有了，那么我们心是否真的开心呢？真正的快乐来自自己的内心，接下来我们需要完成的是使自己的内心真的变得开心起来。

经验步骤：想象自己开心的样子，内心微笑十次。

(5) 收心。

我们的内心从紧张到开心的过程，最终是排除紧张。最后需要我们做的事情就是收心，将自己的内心达到平衡的状态。

经验步骤：心中默念一、二、三，起身完成此次训练。

▶ 情境分析要点总结：

(1) 情绪是靠我们自己管理和掌握的。

(2) 表情、环境、认知、人际和回避，都是情绪调节的主要途径。

(3) 十大迅速调整情绪的心理学方法：韦奇定律、巴纳姆效应、杜根定律、跨栏定律、詹森效应、冰激凌哲学、首因效应、名片效应、亲和效应、跷跷板互惠原则。

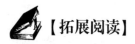

【拓展阅读】

调整情绪，找寻快乐

我们可以把坏情绪分为急性的和慢性的两种。因受到外界刺激而冲动发火，做出种种不理智的行为，可以说是急性的坏情绪。对付这种坏情绪常用的方法是及时给予自己暗示和警告。如当你感到怒气正在上升时，在心里对自己说：克制，再克制！或者默默地从一数到十。往往只需几秒钟、几十秒钟，你的心绪就能够平静下来，那时再去处理问题，就不会做出使自己后悔的事了。慢性的坏情绪往往是由生活中许多不如意的事情造成的。造成坏情绪的原因也许不能一下消除，但长期陷在坏情绪之中并不能改变现状，往往还会使情况变得更坏。如果我们能够调整自己，使自己摆脱消极情绪的控制，就有力量来面对不如意的现实。当感到自己情绪消沉或者沮丧的时候，可以用转移注意力的方法改变它，比如出去散散步、听听音乐、打打球，或是逛逛商店，也可以向知心朋友哭诉一下。心理学研究表明，哭泣有一种"治疗"的功能，人在痛哭一场后，往往心情就变得好多了，因此你不必为哭泣而害羞。你也可以写日记，或打心理咨询热线，让自己的坏情绪宣泄出来。

【思考与练习】

(1) 情绪由谁掌控的?

(2) 情绪调节有哪些主要途径?

(3) 十大迅速调整情绪的心理学方法,分别是什么?包括哪些内容?

【测一测】

大学生精神症状自我诊断测试问卷

项目八　问世间情为何物——恋爱心理

情境1　解读爱情

▶ **学习目标**

知识目标
① 了解爱情的定义；
② 了解爱情的实质。

能力目标
① 能够正确识别爱情类型；
② 能够区分爱情与友谊。

▶ **情境引入**

丽丽的爱情

丽丽是某高职院校的一年级学生，她同一寝室共有6名女生，其中4人先后有了男朋友。看到姐妹们每天出双入对，晚上回来一个个讲着与男友的趣事与浪漫经历，让她非常羡慕。周末她们也忙着约会聚餐，有时寝室只有她孤独一人，越发觉得无聊。此时正好有一名高年级男生说喜欢她，丽丽觉得自己的条件也不比同寝室的姐妹差，有人喜欢很正常，正好自己也很孤单，就答应了这名男生。从此两个人也每天形影不离，像校园里其他情侣一样。男生每天帮她打开水、买饭，上课提前帮她占座位，把她照顾得无微不至。

孤独的问题解决了，可是丽丽总是觉得哪里不对劲，不清楚自己与男生之间究竟是不是爱情，不知道该怎么办。同学们，我们一起来帮她分析一下，她怎么了？她该如何做呢？

▶ **情境分析**

上面情景所提到的丽丽是不是也出现在你的周围？丽丽这是恋爱吗？通过对本节内容的学习，我们将了解以下关于爱情的相关知识：爱情到底是什么？爱情有哪些类型？如何区分爱情与友谊？

一、爱情是什么？

美国著名心理学家埃里克森把自我发展分为八个阶段，即：婴儿期，童年期，学龄前期，学龄初期，青春期，成年早期（18～30岁，此阶段是建立家庭生活的阶段，获得亲密感，避免孤独感），成年期，成熟期。根据人类个性心理发展的规律，青少年的性心理发展过程分为：疏远异性期（10～12岁），接近异性期（13～16岁），两性初恋期（17～20岁）。

正如大众所认可的那样，男女双方培养感情的过程，称为恋爱。处于恋爱状态的男女彼此之间会产生一种强烈的互相倾慕的感情，眼中不会再有他物。夏威夷大学曾文星教授也认为，恋爱是指两个人之间发生的强烈且浓厚的喜爱，是一种情感与人际关系的状态，但通常是一种时间短暂的心理现象。

综上所述，所谓爱情，就是男女双方以一定的社会关系和共同理想为基础，内心生出的最真实的仰慕之情，并强烈渴望对方可以陪伴自己，成为自己的终身伴侣。这是一种最强烈的感情，是两颗心电光火石的激烈碰撞，两颗心互相倾慕向往，并最终达至精神境界。爱情是人类所特有的一种高尚的精神生活。

此外，男女之间的爱情，除了满足人类自身的生理与心理需求之外，还要满足人类特有的社会本能。男女之间的"爱"，必须由"爱慕"牵线，由"恋"来支撑，用"情"来延续。有"恋"做基础，才能生出"爱"。"恋"是什么？"恋"就是与生俱来的依附本能，是发自人性本身的内在需求，即依恋的需求。

爱情是一个古老而又常新的人生课题，在人类历史发展的长河中，文人墨客留下了大量关于爱情的诗篇与著作。孔子修《诗经》第一篇写道："关关雎鸠，在河之洲，窈窕淑女，君子好逑。"这是一篇关于爱情的诗，是讲一个男子喜欢一个女子，之所以出现这"好逑"，是因为女子"窈窕"。因为这"窈窕"才让男子产生了爱慕，才想和她在一起。

马克思主义的爱情观认为，男女之间建立的情感称为爱情，而这爱情是由社会属性决定的。因此男女之间真挚的爱情，不仅是自然生理的需求与心理的需要，同时也是心灵的契合与志趣的相投。而这些都是以社会历史条件为背景，受社会关系、经济地位和文化背景的影响。

由以上可见，爱情有着丰富的内容，它通常包括四个要素：一是人类本能，这是爱情的生理基础和自然前提；二是感情，这是爱情的中心内容，表现为融为一体的强烈情感；三是理想，这是爱情的社会基础，也是爱情的导向；四是义务，这是爱情的社会要求，表现为自觉自愿遵守道德责任。以上四要素互相联系，缺一不可，否则就不是完整的爱情。

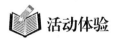
活动体验

丰富我们的爱情定义

活动步骤：
1. 列出你所知道的表达爱情的词语。

2. 用自己的话给爱情下一个定义。
3. 比较和讨论大家所定义的爱情有何异同。

二、爱情的实质

1988年美国心理学家，耶鲁大学的斯滕伯格教授提出了爱情成分理论。他认为爱情是由三部分组成：

1. 亲密。指两个人之间的亲近感觉以及温馨的体验。简言之，就是心灵上的一种温馨，让人有归属感。亲密是一种真心喜欢对方并且渴望与对方建立一个团体（仅包含两个人），彼此关系和谐，思想行为一致，信任、耐心及容忍达到最高程度的行为。

一对情侣真诚地彼此喜欢，形成他们自己独有的沟通风格、特殊的性格特点，彼此接纳对方的不完美，甚至是特殊性。在恋爱初期，强烈的情感会使他们不分你我，存在的只有浓情蜜意，无论怎样只会一味地关心对方，满足彼此的需求和欲望。

2. 激情。指强烈地渴望与对方合为一体的状态。即一见钟情、怦然心动的感觉。见到对方就会心潮澎湃、内心难以平静；与对方相处是一种兴奋的体验。这种强烈的爆发式的情感体验表现在行动上，可能会出现狂欢、暴怒、痛哭，等等。

由于爱情的强大吸引力，彼此产生强烈的，甚至是着迷的想法，许多人形影不离，全身心地不计后果地投入，这种偏激的行为有时会导致难以预料的后果。"牡丹花下死"就是经典的激情行为体现。

3. 承诺。承诺是双方的，包括长期和短期两种。短期主要指做出爱或者不爱的决断。长期是指做出维护彼此关系的承诺，包括对于爱情的忠诚和责任心。正如结婚誓词中的"我愿意"。这句"我愿意"包含了一生的患难与共、至死不渝的承诺。但两种承诺并不一定同时具备，例如，可能决定爱一个人，却不一定承担责任或给对方承诺；或者决定一生爱一个人，却不一定非要说出口。

在爱情的关系中，两个人生活在稳定、持续、互信的情感氛围中，彼此尊重对方的隐私，让对方进入自己的社会交际圈子，在承诺的范围内履行自己的诺言，不利用对方的弱点，日常生活中有了摩擦和问题协商解决。

总而言之，亲密是指伴侣之间心意相通，思想认识一致，且互相归属于对方，这属于爱情的情感成分；激情是指强烈地想与伴侣结合的渴望，是促使外在关系产生浪漫和引力的动机，也就是与性相关的动机驱力，这属于爱情的动机成分；承诺包含两部分，短期部分是指个体决定爱一个人，长期部分是指对情侣二人的亲密关系做长时间的承诺或永久的承诺，这属于爱情的认知成分。依据斯滕伯格的理论，三角越多，爱情就越丰富。爱情三因素理论认为，男女之间的爱情模式因人而异，不同情侣之间的亲密程度和热烈程度不同，但这些表现基本是由三因素彼此不等量的配合演化出来的。随着情侣之间熟悉程度不断加深，上述三种成分也会发生变化，爱情的三角也会随着组成成分的变化而变化，其形状和大小也会发生相应的变化。

斯滕伯格爱情三因素理论：爱的组合

爱的种类	亲密	激情	承诺
喜欢	+	-	-
迷恋	-	+	-
空爱	-	-	+
浪漫之爱	+	+	-
友谊之爱	+	-	+
愚爱	-	+	+
无爱	-	-	-
完整的爱	+	+	+

注："+"表示存在，"-"表示不存在

 **活动体验**

依据爱情三因素理论，描述爱的种类

活动步骤：
（1）复述你所知的爱的种类。
（2）举例说明各类爱的具体特征。
（3）比较和讨论前文情境引入的丽丽的爱情种类。

 知识链接

迷恋背后另有深意

在大学中有许多追星族，他们对于某些明星的动态了如指掌，说起明星的星座、爱好如数家珍，甚至到了痴迷的状态。而此状态与当年的大才子徐志摩如出一辙。林徽因是徐志摩心中的最爱，是完美女神，对于林徽因，他已经到了痴迷的程度。令徐志摩痴迷的"完美女神"与林徽因是完全一样的吗？对于此问题，林徽因亲自给出了答案。她说："徐志摩当时爱的并不是真正的我，而是他用诗然的浪漫情绪想象出来的林徽因，可我其实并不是他心目中所想的那样一个人。"这句话的意思是说，徐志摩把想象出来的一个完美女性加在了现实活生生的林徽因身上，然后再去爱她，而林徽因还是她自己，是和以前一样的那个林徽因。而徐志摩所爱的并不是实际的活生生的林徽因，他爱的是套在林徽因身上那个自己想象出来的"女神"。

著名哲学家马丁·布伯认为，关系分两种：我与它，我与你。试想，当我们把一个人当作是实现自己目标的载体时,那么无论这个目标多么崇高,这种关系都是"我与它"。在此关系的前提下,"我"是唯一主体,而"它"则是"我"为了实现目标必需的载体。如果你的伴侣将你作为他(她)的载体,你愿意吗?或许有人愿意,认为只要和自己喜欢的人在一起就够了,但是那些有智慧的人会拒绝这样的亲密关系。事实证明,林徽因最后选择与她青梅竹马的梁思成是正确的。

那么这种迷恋是如何产生的呢?回答这个问题需要回到我们内心的一个关系上来,即我们的理想异性与现实异性的关系。每个人心目中都有一个理想异性的模型,此模型主要来源于异性父母,或者异性重要抚养人,而理想异性则来源于缺失和幻想。缺失是指小孩子在被抚养时产生的缺憾。如果现实中的异性父母在孩子成长的过程中给予健康的爱和宽松的成长环境,孩子就不会过多地去刻画内心的理想异性形象。相反,如果异性父母苛刻、刻板,阻碍了孩子的健康成长,那么孩子就会花大力气去描绘内心的理想异性形象,就会幻想有一个某某样子的父母该多好啊!如果一个人从来没有在异性父母那里得到足够的爱的话,那么他内心的理想异性父母就会更重要,而这个理想异性也就会与现实异性父母差距更大。此种差距就是迷恋的根源,差距越大就越容易让人迷恋。

大多数人的心里都有一个理想异性模型,心里有着太多的幻想,一旦遇到符合幻想的对象,这种迷恋就会被激发出来。而被迷恋者迟早会发现,对方爱的只是投射在自己身上的幻影,自己永远也得不到真爱。没有人能承受这样残酷的事实,因此被迷恋者只会觉得孤独。

三、区分爱情与友谊

在现实学习生活中,有不少大学生搞不清楚友谊与爱情,常有同学问:那个男生为什么总是帮我们占座位、跑腿,一天到晚围着我们转?为什么那个学生会的女生总是对我特别关心?在与异性相处的过程中,对方的一个眼神、一个细微的动作都会被赋予特别的意义,难道这些都是爱情吗?

要想破解这些常见问题,让我们一起来学习以下内容。

友谊,是指朋友间的交情。所谓"志同道合"才是友也。具有相同的认识、兴趣、爱好、性格特点的人,在相处的过程中,彼此看到对方身上有与自己相近或者相似的地方,从而在内心产生更多的喜欢与想接近感,同时在此过程中获得心灵与精神上的愉悦,这就是友谊。此过程可长也可短,可以是两个人,也可以是多个人。友谊结束,不会对人心理造成伤害。

友谊不同于爱情,那么它们的区别究竟是什么呢?

1. 对象的数目不同。爱情的显著特点是排他性。在爱情的世界里,只有男女双方,不允许出现第三方。爱情中的两个人均会不同程度地出现排斥,甚至是抗拒其他同性对自己爱慕对象亲近的心理倾向。此时可能会出现的行为有忌妒、诋毁、诽谤、伤害等。而当两者之间只存在友谊时,任何一方都不会因为对方有另外交流或交往的同性或异性对象而烦恼。友谊的圈子是开放的,每一个成员都处于平等且互不约束的相同地位,可自由加入或者退出。

2. 情感体验不同。爱情是一种激烈、深刻、冲动的强烈情感体验。所谓"刻骨铭心",就是爱情情感体验的写照。古人描写"一日不见如隔三秋,三日不见如隔世",生动形象地刻画出了热恋之中男女双方的情感力度及强度。与此相对应的是具有平和、深沉情感体验的友谊。即使再要好的朋友,在情感的力度及强度上也难达到爱情的程度。一对好朋友几日不见,一般也不会出现难以自制的感觉。大学生可以从情感冲动的不同程度和表现形式不同来辨别所遇到的爱情或者友谊。

3. 爱情具有直觉性。所谓"直觉性",即人们常说的"一见钟情"。当两人相遇时,在双方的内心往往会产生难以让人琢磨的直觉性,而正是这个直觉性,让彼此内心清楚地意识到能否产生爱情。友谊通常是以双方兴趣爱好、性格特点为基本出发点,本着志趣相投、互惠互利的原则,在情感上产生的一种共鸣。友谊一般不存在直觉性。

4. 外在表现形式不同。爱情是隐蔽的、私密的行为。恋爱的双方需要独处的空间和时间,不想表现给大众。即使是在集体活动中,也可以建立只有两个人才懂的交流方式,其他成员也会在两者的别样交流(行为)中觉察到他们的特别关系。友谊则是一种公开的、没有任何回避的行为表现。在任何场合与活动中都可以淋漓尽致地表现,不会拘泥,不怕被大众观看。

大家可以根据以上四点,来判断区分自己与异性同学之间的感情是友谊,还是超越了友谊,迈入了爱情阶段。

 **活动体验**

形容词得解法

活动步骤:
(1) 分别列出你所知道的形容爱情和友谊的形容词。
(2) 以这些词为线索,试着在内心体会两者的不同。
(3) 与大家比较和讨论两者的异同。

爱情	
友谊	

▶ 【测一测】

恋爱观测试

情境2 积极恋爱

▶ 情境引入

"无疾而终"的爱情

一名男生为了追求一名女生,在女生生日那天,召集老乡一起在女生宿舍外面用蜡烛摆了一个心形。男生把生日蛋糕摆在心形蜡烛中间,在围观的众人面前向女生表白。女生备受感动,在老乡的起哄声中答应跟这名男生交往,但是交往时间不长,两个人就因为各种原因分手了。

▶ 情境分析

上述情境中的两个恋爱当事人稀里糊涂地开始了恋爱,又迷迷糊糊地因为琐事分手。怀着美好的希冀开始恋爱,而结局却又难以言表,这样的爱情有时会给当事人造成困扰或是难以磨灭的心灵伤害。为避免此种状况发生,我们需学习以下内容。

一、大学生恋爱中的常见问题

大学生恋爱现象比较普遍,青春年少、年华正好的男生女生们对于爱情跃跃欲试,内心充满了无限的希冀与向往。等待他们的不仅有美好的爱情,也有各种迎面而来的问题。

(一)羞怯与自卑

羞怯在心理学的范畴是指在社交环境中保持沉默、感到紧张,并且局促不安的表现。在见到自己心仪的对象时,紧张是正常现象,但是当事人经常性地体验到此种情绪,且影响到正常的社交时,就会与爱情失之交臂。羞怯的人对于自己的一言一行都十分敏感,注意力会更多地放在自我言行上,长此以往,对方接收到的讯号就是"他(她)根本就没有关注我,不可能喜欢我",结果本意要留的人却会掉头而走。这种状况反过来会让当事人心理压力更大,恶性循环,长此以往,造成行为泛化,影响学习和生活。

然而在羞怯和自卑的背后,隐藏的往往是当事人不合理的信念和对于自己不恰当的评价。例如,由于某些外在客观条件,如不漂亮、牙齿不够白、身高太矮、不会说话等,当事人就认为别人不会喜欢他。一个人的外貌和流畅的表达确实会更吸引异性,此种状况尤其突出表现在建立关系的初期。但是,实际生活中越来越多的大学生在选择交往对象的时候,越来越注重对方的性格、品位、才能,因为只有这些才是一个人恒久魅力的所在。

(二)从众与攀比

所谓"从众",字面意思就是跟从大众,即周围或者自身所在团体做什么,迫于团体向心力也会做相同的事情。从众行为的出现,从一个侧面反映出当事人对于此团体相当看重,或者总是习惯通过外部来进行自我评价,从而确定自我价值。拥有此种评价系统的人，外部表现处处要强，表现优异，其本质是缺乏安全感、缺乏自信、外强中干。

在大学生群体中，确实存在为了"从众"而去恋爱的同学。他们自身没有切实的恋爱需求，只是看到周围人都在"做"恋爱这件事，如果自己身边没有相应的恋人陪伴，自己就是和他们不一样的异类，会被他们孤立，会被他们排斥。另一种原因就是担心被周围人瞧不起，自己没有恋爱就会低人一等；或者是存在想要得到周围人的艳羡而去追求爱情的攀比心理。在这种心理前提下，在恋爱对象的选择上，只会注重对方的外在条件，恋爱成为给自己赚面子的途径。追求爱情的动机错误，在从众与攀比心理的驱使下的爱情往往是盲目的，因此在日常的交往中，此种爱情问题接连不断，让人烦恼不堪。

(三) 单恋与暗恋

"爱我的人对我痴心不悔，我却为我爱的人流泪狂乱心碎。"这句歌词非常恰当地描述出了单恋与暗恋的直接情感体验。在大学校园里，单恋与暗恋就像流行歌曲一样在年轻人中循环着。可以说，大部分同学都体验过单恋与暗恋，唯一的区别就是体验程度深浅不一罢了。事实上，单恋与暗恋并不是真正的爱情。前文我们已经阐述了爱情定义，爱情是双方的事情，而单恋与暗恋仅仅停留在了倾慕和渴望的层面上。虽然说单恋和暗恋也算作爱情的起步阶段，但是如果这份情感得不到对方的回应，那么就会让当事人产生焦虑、迷茫，甚至是自我怀疑，怀疑自己是否有爱的能力，是否有被对方接受的可能性。此外单恋与暗恋还可能出现一种典型的后果，即"他/她也一定爱着我"的错觉，从而使当事人一直活在幻想中，过高地估计对方喜欢自己的程度，凭借自己主观想象去揣测对方，沉迷于自己的爱情幻想世界中无法自拔。

单恋本身没有问题，但是不能沉迷于单恋的状态，否则就会对本人的情绪和生活产生巨大的影响。面对单恋，需要我们积极应对，摆脱其消极影响。单恋最大的障碍就是当事人不敢对心仪的对象吐露心声。因此最主要的事情就是学会自我表露。当事人可以选择一个自认为恰当的场合与时间，直接或者间接地表达自己的心声，让对方了解自己的真实意图。之后观察对方表现，体会对方话意，探知对方心意。如果被拒，也不能灰心丧气，应把这份爱留在心里，告诉自己"有一种爱叫作放手"。放开对方，让其过自己喜欢的生活，那才是最大的爱。为了转移痛苦，也可将精力投到学业或者自己的兴趣爱好上，不断拓展自己的交际圈子，认识更多的异性朋友，从而增大自己选择恋爱对象的范围。

(四) 爱上"不该爱的人"

现今社会，在爱情的选择条件中，有些人将物质作为中心要素，以至爱上多金已婚人士，背负上"小三儿"的骂名。尽管每个人都有爱与被爱的权利，但是，人是社会的人，活在这个社会，就要受道德与法律的约束。由于爱情具有深刻的社会属性，社会规范和社会舆论也会影响和制约爱情。

如果你爱上了"不该爱"的人，当务之急需要考虑一下如何结束这段恋情。即使已经情到深处，难以割舍，你也要多问问自己——能否承受别人异样的眼光，能否对别人的恶意评价一笑而过？能否平静地处理接下来可能会发生的糟糕状况？

二、大学生恋爱的心理特点

(一) 直觉性

大学生基本具备了成熟的人格，恋爱观也相对正确，因此在男女生交往的过程中，很容易凭借自己的直觉来找到自己的恋爱对象。双方投入恋爱之后，很容易把自己的期望都投射到对方身上，即所谓的"情人眼里出西施"。将此种心情转移到周边事物与环境上，会让人觉得一切都美好可爱，从而导致上课注意力不集中、不能全心投入学习的状况发生。所以要注意控制情绪，双方应该互相促进进步与成长。

（二）隐蔽性

在确立恋爱关系前期，言谈举止都会有一定的隐蔽性，为了给对方一个更好的印象，在公共场合，举止、目光、表情、行为都会体现出爱意所在。

（三）排他性

排他性表现在对爱人的忠贞不渝、专一执着上。排他性是爱情的特性，是人类维系恋爱关系的重要因素，但是它也有负性的一面。大学生与同龄人相比更加敏感，因此对于对方的一举一动会特别关注。而排他性发挥到极致就会引发猜忌，会给当事人造成严重的心理负担。过度的猜忌、行为限制也会导致爱情关系破裂，甚至使当事人不堪沉重的心理负担而轻生自杀。

（四）波动性

大学生情绪敏感、内心脆弱，情绪很容易受到外界事件的干扰。在一起开心时喜笑颜开，懊恼时垂头丧气，生气时暴躁狂怒。这些强烈的情绪体验对身心健康极为不利，也会"殃及池鱼"，造成爱情关系破裂。

（五）冲动性

"恋爱中的女人智商为零"，其实这句话适用于所有全情投入的男女。处于热恋或者失恋状态下的人，认知水平都会降低，理智分析的能力会减弱，连习惯行为也会被破坏。此时若发生事情，当事人所采取的方式方法将会与平时完全不同，容易做出过激行为。再加上自我控制的力量减弱，理智水平也下降，往往不能判断自己行为的后果与价值。

三、大学生恋爱的类型及特点

大学生恋爱是一个很普遍的现象，他们年龄相仿，生理发育成熟，有着类似的成长及求学经历，而且每天生活在同一个校园，因此特别容易产生熟悉感，从而逐步发展出爱情。这是很纯粹的感情，不夹杂任何功利的成分。他们不在乎对方有没有钱、有没有稳定的工作，不在乎对方的家庭状况，满心满眼都是对方的美好样子。对于这份感情，他们全情投入，不会有一丝的保留。但是许多大学生的恋爱都不会有结果，这是大学阶段学生恋爱的一个特点。大学生恋爱的类型包括：

（一）互相促进型

这类学生人格完善成熟，恋爱观正确，能够用理性指导爱情，正确处理爱情中遇到的各种问题，如恋爱与学习、感情与生活、情爱与性爱等。双方又皆具有很强的事业心，有共同的理想抱负，价值观念一致，都将事业的成功看作爱情大厦的根基。基于此种理念，二者不仅是恋爱对象，是生活中的伴侣，同时也是事业的伙伴，两个人互相鼓励、互相支持，把爱情的伟大力量转化成学习和工作的动力，共同进步，共同成长。

(二) 生活实惠型

随着年龄的不断增长,大学生逐步认识到,恋爱对方的家庭物质条件和未来的发展潜力也是必不可少的条件。有的人虽然对对方的感情不深,但还是选择其为恋爱对象,主要是他们有明确的和一样的生活目标。尤其是接近毕业的大学生,他们的理由是在学校找到的另一半互相比较了解,可信度更高。虽然此种恋爱观念饱受争议,但是在大学里还是比较常见的。

(三) 流行追风型

在一些院校恋爱成风。看着周围成双成对的情侣,一些男生为了不使自己"丢脸",一些女生为了证明自己的魅力毫不逊色,也学别人的样子谈"恋爱"。由于缺乏认真的态度,目标不明确,这种恋爱往往会无果而终,甚至把对方伤得体无完肤。

(四) 玩伴消遣型

此类学生精神世界空虚,主观学习能力差,整天郁闷、苦恼、怨天尤人。为了弥补内心的空虚,填补无聊的生活,他们急于与异性交往。此种恋爱主要是为了满足精神层次的需求。尤其是周末,看着同宿舍的人都出去约会谈恋爱,就会产生一种自己也想谈恋爱的感觉。据媒体报道,某大学二年级女生说:"其实我并不真的想谈恋爱,只是大学的生活太枯燥了,想找个玩伴一起度过,免得寂寞。"

(五) 追求浪漫型

每个人对于爱情都有一份美好的希冀与期待,这份希冀与期待在内心被描绘了很多年,尤其对于情感体验丰富细腻的同学来讲更是如此。大学生生理发育成熟,生活也相对独立,于是越发想体验爱情的美好。于是花前月下,卿卿我我,为的就是那份浪漫、那份温存。此种爱情毫无责任感可言,注重的只是体验。

(六) 功利世俗型

部分学生追名逐利,金钱至上,把此种观念也带进了恋爱里。他们关注对方的家庭条件、名誉、地位、职业、金钱、家产、社交能力,此种恋爱为功利世俗型。

活动体验

你了解他(她)吗?

请考虑以下问题:

1. 他(她)有什么爱好?
2. 他(她)是鼓励你多和你的其他朋友在一起,还是只允许和他(她)在一起?
3. 他(她)是否能够容忍别人,他(她)讨厌哪一类人?
4. 他(她)有责任感吗? 他(她)是一个能够自制的人吗?
5. 他(她)参加什么校内活动,喜欢什么科目?
6. 他(她)的家庭什么样子,他(她)喜欢他(她)的家庭吗?
7. 他(她)的好朋友都是什么样的人?

知识链接

爱情与婚姻

有一天,柏拉图问老师苏格拉底什么是爱情,老师就让他先到麦田里摘一个最大的麦穗来,而且只能摘一次,只可向前走,不能回头。

柏拉图于是按照老师说的去做了,结果他两手空空地走出了麦田。老师问他:为什么摘不到?

他说:因为只能摘一次,又不能走回头路,见到的麦穗不知是不是最大的,前面是否还有更大的,所以见到大的没有摘,继续往前走,便错过了一个又一个大麦穗,于是我什么也没摘到。

老师说:这就是"爱情"。

之后又有一天,柏拉图问他的老师什么是婚姻,他的老师就叫他先到树林里砍一棵最大最茂盛的树,同样只能砍一次,只可以向前走,不能回头。

柏拉图于是照着老师的话去做。这次,他砍了一棵普普通通、不是很茂盛,亦不算太差的树回来。老师问他:怎么带这棵普普通通的树回来?他说:"有了上一次经验,当我走到大半路程还两手空空时,看到这棵树也不太差,便砍下来,免得错过了,到最后又什么也得不到。"

老师说:"这就是婚姻!"

人生就如穿越麦田和树林,只能走一次,不能回头。要找到属于自己的最好的麦穗和大树,你必须有莫大的勇气和付出相当的努力。

柏拉图式的恋爱,也称为柏拉图式的爱情,是以西方哲学家柏拉图的名字命名的一种异性间的精神恋爱,追求心灵沟通,排斥肉欲。最早由 Marsilio Ficino 于 15 世纪提出,作为苏格拉底式的爱情的同义词,用来指代苏格拉底和他学生之间的爱慕关系。

柏拉图认为:当心灵摒弃肉体而向往真理的时候,这时的思想才是最好的。而当灵魂被肉体的罪恶所感染时,人们追求真理的愿望就不会得到满足。当人类没有对肉欲的强烈需求时,心境是平和的,肉欲是人性中兽性的表现,是每个生物体的本性,人之所以被称为"高等动物",是因为人性强于兽性,精神交流是美好的、道德的。

柏拉图式的爱情有以下的意义:

(1) 理想式的爱情观。(比喻极为浪漫或根本无法实现的爱情观)
(2) 纯精神的而非肉体的爱情。
(3) 男女平等的爱情观。
(4) 在这世上有且仅有一个人,对你而言且仅对你而言,她(他)是完美的,也就是说,任何一个人都有其完美的对象,而且只有一个。

▶ 情境分析要点总结:

(1) 流行追风型的恋爱关系缺乏认真的态度,目标不明确,容易给双方造成伤害。

（2）恋爱是一件正常的事情，但是要摆正心态，不能为了恋爱而恋爱。

情境3　恋爱的艺术

▶ 情境引入

"求爱"记

一天，某高职院校女生宿舍楼下上演了一出痴情男为求女友回心转意跪地不起的桥段。当天上午10点钟，一名男生执着地跪在女生宿舍楼门口，双手下垂，轻微地低着头，口中念念有词。据路过的同学讲，此人已经在此跪了两个多小时，其女友还是没有出现。

▶ 情境分析

近些年，类似这种新闻时不时地就会出现在各大网站的娱乐消息之列，相信同学们已经不陌生了。本节让我们一起来学习对恋爱过程中相关问题的处理。

一、大学生恋爱心理辅导——爱的艺术

（一）了解自己，认清爱情

在现实生活中，很多大学生都想要一份轰轰烈烈的爱情，但是却不知道怎样才能获得。他们不清楚自己想要的轰轰烈烈究竟是什么，更加不清楚什么样的爱情才适合自己。因此当务之急是要从了解自己入手，分析自己时下所处位置，拥有的实力、能力；同时预测自己未来的发展路线。其实人生的本质是一次旅行，而爱情是找寻旅伴的过程。你需要寻找的是一个具备同等同行能力的人，只有这样两个人才能一路相伴，走完人生的旅程。

（二）求爱的艺术表达

当你发现自己爱上了某一个异性时，如果不向对方表达这份爱，那么对方就不会明白，也不会对你的爱做出回应。如果你表达得不好，或者不够艺术，那么对方也不会做出令你满意的回应。如何才能恰当地表达爱意呢？首先应该选择在双方都状态良好的情况下，即心情好、无重大生活或者工作压力的时候。可选择一个你熟悉的地方（因为熟悉可以降低紧张的程度），最好私下会面交谈，在轻松愉悦的氛围中，不给对方造成心理紧张和不适感。另外，求爱的表达方式也多种多样，如果觉得面对面表达比较尴尬，可以选择电话、短信、微信等方式。

（三）爱情中各种问题的艺术处理

1. 拒绝爱的艺术。

拥有爱的能力的人不会对爱来者不拒，或者相处一段觉得不合适就简单拒绝。在大学生的恋爱过程中，确实有些人对爱情表述优柔寡断，面对别人示爱，理不清楚自己的思绪，既怕失去这个证明自己魅力的机会，又怕伤害对方，迟迟不能决断。拥有拒绝爱的能力的人，首先会本着尊重对方的原则，感谢其对于自己的这份真挚的爱。此外，还会抓住适当的时机，运用恰当的方式表明态度，和对方说清楚双方只能是一种怎样的关系存在，例如只是同学、一般朋友。在表明态度时要坚决果断，不能给对方留有希望。有些同学觉得言辞太决绝会伤害对方，一时心软就会有意无意地做出亲密的行为。殊不知，这会让对方误解，以为还有机会，以致纠缠在情感中不能自拔。

 **知识链接**

爱 的 能 力

弗洛姆："爱是人的一种主动的能力，一个突破把人和其他同伴分离之围墙的能力，一种使人和他人相联合的能力；爱使人克服了孤独和分离的感觉，但他允许他成为他自己，允许他保持他的完整性。"爱的能力是指和他人建立亲密关系的能力，具备了爱的能力会引导一个人去真正地爱他人，也真正地爱自己，能真正体验到爱给人带来的快乐和幸福。恋爱的过程是培养爱的能力的过程。

（1）爱的储存。

爱的能力首先看内心储存了多少爱可以给予，如果一个人内心是干枯的，没有爱可以付出，也就缺乏爱的能力的基础。父母给予孩子的爱，使孩子也会切身感到自己是一个可爱的人。当一个人爱他人之前，首先要学会的是爱自己，即自爱。

（2）自爱。

弗洛姆："关心、尊重、责任、认识，它不是为某个人所爱之意义上的一种情感，而是为所爱的人的成长和幸福的一种积极主动的奋斗，它根植于自身的爱的能力。"

艾克哈特："如果你爱自己，你就会像爱自己那样爱其他的每个人。只要你对其他人的爱不及对自己的爱，你就不会真正地爱你自己，但是如果你同样地爱所有的人，包括爱你自己，你就会爱他们像爱一个人，这个人既是上帝又是人类，这样的人就是一个爱自己，同样也爱其他所有人的伟大而正义的人。"

（3）爱的能力包括：

① 表达爱的能力：表达爱需要勇气，需要信心。

② 接受爱的能力：当期望的爱来到身边时能够勇敢地接受，是爱的能力的表现。

③ 拒绝爱的能力：对他人尊重；态度明确，表达清楚；行动与语言要一致。

④ 鉴别爱的能力：能较好地分清好感、喜欢和爱情。

⑤ 解决爱的冲突的能力：爱需要包容、理解、体谅；会用建设性的方式去解决冲突。

⑥ 保持爱情长久的能力：要保持爱情的常新，需要智慧、耐力、持之以恒及付出；善于交流，欣赏对方，是爱的重要源泉；爱要保持自己的独特性，也尊重对方的独特性，爱要宽容；爱要学会处理恋爱与学业、与其他人际交往的关系等，将爱情作为发展的动力。

爱需要学习和培养，每个人都有爱的能力。

很多恋爱以分手告终，但分手并不意味着失败，而意味着成长。有时候分手比结婚后再离婚所付出的代价小得多。分手常常被认为会造成痛苦，所以有些人不惜任何代价也要避免它，但想一想有没有其他解决的方法？当我们发现我们拥有的并不是我们内心真正需要的,那分手就成为唯一的可能。分手需要足够的勇气。

活动体验

假 想 分 手

当你发现……
- 开始不相信对方的想法、价值观、情感;
- 两个人的关系好像成为累赘;
- 愉快的感觉和幽默感变得难以实现;
- 双方开始不断地索取而非给予;
- 强迫对方满足自己的需要;
- 忽略对方以外的任何人或事;
- 慢慢地忽略对方,开始不关注对方的需要;
- 一方被另一方所控制;
- 缺乏信任,有保留地交流;
- 怀疑两个人的关系,并总将疑问挂在嘴边。

假想你想和对方分手,你怎么说?

"我们在一起已经有段时间了,这段时间不知道你的感受是什么,我只是感到_____我想我们还是分手吧!"

注意,语气要婉转,态度要坚定。

2. 解决恋爱中冲突的艺术。

恋爱是两个人的事,在这个过程中互相磨合适应,但是恋人之间的矛盾冲突也是客观存在的,吵架在所难免。处理不当,伤感情;若处理得当,还能促进相互了解,增进感情。恋爱中的冲突主要来自日常生活中的不协调,或者是性格的差异。彼此相爱的两个人追求的不可能完全一致,要互相包容、理解、体谅,要学会用建设性的方法去解决问题。而这个建设性的方法来自双方有效的沟通,要清楚地表达自己的感受、想法,就事论事,不做伤害性的争吵和冷战。

3. 积极面对失恋,提高抗挫折能力。

恋爱与失恋是一种并存的关系,有恋爱就会有失恋。失恋的痛苦实质上是一种心理丧失的痛苦,会让当事人有像是失去了身体的一部分般的感觉。这种痛苦考验的是人的抗挫折能力。失恋需要一定的时间去面对和适应,这的确需要一个过程。大学生要正确对待失恋,把失恋看作人生的一个经历、一个经验去对待、学会在失恋中学习。失恋意味着新的恋爱的到来,要为下一次恋爱做好准备。

(四)爱的升华艺术

爱情是人类最美好、最圣洁的情感。爱情需要双方在事业和生活上相互关心、相互促进,同甘共苦。这样两情相悦的爱情就会转变成不断提高自身素养、努力追求事业成功的强大精神动力,双方爱的价值与归属在实际生活中就会得到充分的满足。

二、恋爱的维系

在恋爱的过程中，正式确立恋爱关系，其实仅仅是两个人开始并肩生活的一个起点，彼此的相互沟通、理解，互相的协调适应才是恋爱的永恒主题。不同家庭环境、成长经历的两个人走到一起，必然会出现矛盾和冲突，俗话说："相爱容易相处难。"大学生在爱情的这个阶段，主要的困扰来自爱与性的关系、恋爱疲倦期的问题。

有恋爱经验的同学都会有这样的一种体验，两个人在经历了缠绵悱恻的热恋之后，常常会出现审美疲劳，觉得爱人没有之前那么有魅力、那么吸引自己了。从每天的情绪高涨一下子跌到了低谷，心理上产生了一种茫然和失落感，这种表现在心理学上被称为"高原心理"。在此种心理的影响及作用下，恋爱双方往往会对对方做出错误的判断，如不能正确对待，极有可能会让美好的爱情以分手告终。

在热恋期，恋爱双方全身心投入，忘我地爱着对方，视对方为自己的一切，甚至为了爱情，将学业、人生抛诸脑后。但是当激情退却，两个人重新回归原来的生活之后，会产生一种厌倦感。此时看到对方的都是缺点，开始怀疑自己找错了人。也许为了这段恋情，你放弃了理想与追求，自觉缩小了交往的朋友圈，生活和活动的空间受到了很大限制，这些让你觉得很不踏实，爱情变得不再是你生活的全部。

在现实生活中，大学生必须了解爱情的发展阶段。热恋期，把对方理想化，认为对方就是为自己而生的，这是正常的心理过程。激情过后，回归常态的两个人开始发现对方存在这样那样的缺点和问题，也存在互相不匹配的个性等。这就需要我们做出理性的思考和判断。如果想继续维系这段亲密关系，就必须明白，爱一个人就要接纳他的一切，包括优点，也包括缺点。人无完人，每个人都有优缺点，你自己也是如此。欣赏对方的优点很容易，但是接纳对方的缺点就没那么容易了。恋爱是极端排他的行为，在两个人的恋爱初期，整个世界就只有对方，但是人是社会的人，具有社会属性，需求也是多方面的，因此不能为了爱情放弃自我成长，要学会既维系好亲密关系，又保持自我的相对独立，这是大学生在恋爱中需要学习的能力。

▶ **情境分析要点总结：**

（1）该男生应该增加沟通、表达的方法和技巧，学会爱的艺术和维系。
（2）积极面对恋爱，提高自己的魅力和抗挫折能力。

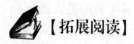【拓展阅读】

致　橡　树
作者：舒婷

我如果爱你——
绝不像攀的凌霄花

借你的高枝炫耀自己；
我如果爱你——
绝不学痴情的鸟儿
为绿荫重复单纯的歌曲；
也不止像泉源
长年送来清凉的慰藉；
也不止像险峰
增加你的高度，衬托你的威仪，
甚至日光。
甚至春雨。
不，这些都还不够！
我必须是你近旁的一株木棉，
作为树的形象和你站在一起。
根，紧握在地下
叶，相触在云里。
每一阵风过
我们都互相致意，
但没有人
听懂我们的言语。
你有你的铜枝铁干
像刀、像剑，
也像戟；
我有我红硕的花朵
像沉重的叹息，
又像英勇的火炬。
我们分担寒潮、风雷、霹雳；
我们共享雾霭、流岚、虹霓。
仿佛永远分离，
却又终身相依。
这才是伟大的爱情，
坚贞就在这里：
爱——
不仅爱你伟岸的身躯，
也爱你坚持的位置，足下的土地。

项目九 梅花香自苦寒来——应对挫折

▶ 学习目标

知识目标

① 了解挫折的含义；
② 了解挫折的积极意义；
③ 了解应对挫折所需的品质和方法。

能力目标

① 能够正确认识挫折；
② 能够尝试提升自身承受挫折的能力；
③ 能够正确运用应对挫折的方法。

情境 1 认 识 挫 折

▶ 情境引入

两个好朋友的"遭遇"

李明和李山是两个好朋友，一同来到大学报到。刚到学校的他们意气风发，给自己制定了很美好的目标：当上班委，拿到一等奖学金。

但是一个学期过后，他们都没有当上班委，也没有拿到一等奖学金。

李明认为：我还没达到班委的职位要求，自身还需要提高，不过，即使不当班委，我还可以参加社团活动，以此来锻炼自己。至于奖学金，班里的同学学习都很认真，看来我还得再努力才行。所以，李明每天都认真上课，课余时间忙着参加各项活动，过着充实、愉快的生活。

李山则认为自己比其他同学差远了，整天唉声叹气的，干什么事情都提不起精神来。

如果是你，你会感受到什么？会感受到挫折吗？

▶ 情境分析

下面，我们来了解一下关于挫折的相关知识：什么是挫折？挫折对我们来说有什么积极的意义？如何提高自身的抗挫能力？

一、什么是挫折

挫折，是指个体在目标、需要遇到阻碍而不能实现或不能满足时，体会到的紧张、焦虑、失落、愤怒等情绪反应。挫折心理包含三个方面：

挫折情境，是指挫折产生的情境状态，既可能是实际遭遇的情况，也可能是想象出来的。

挫折认知，是指个体对挫折情境的一种认识和评价。挫折情境必须被感知，才能产生挫折感。每个个体感受挫折的能力不同，如果在实现目标的过程中，客观上有阻碍存在，但是主观并没有感受到，也不会产生挫折感。

挫折反应，是指在需要得不到满足、目标达不到时产生的情绪和行为反应，如愤怒、攻击、回避等。

个体是否感受到挫折，与个体差异有很大关系。正如巴尔扎克说的："世上的事情永远不是绝对的，结果完全因人而异。苦难对于天才来说是一块垫脚石……对于能干的人是一笔财富，而对于弱者是一个万丈深渊。"

 活动体验

请同学们找出下列人物所遭遇的挫折中所包含的挫折情境、挫折认知、挫折反应：

韩信——曾受过胯下之辱；

刘邦——曾数次败给项羽；

刘备——曾差点被曹操杀掉；

曹操——曾在攻打董卓时惨败；

孙膑——曾被庞涓害成残疾。

人的一生不可能是一帆风顺，总会遇到各种困难和挫折，只不过有的人遇到的挫折大，有的人遇到的挫折小而已。客观世界的有限性和人的需求的无限性之间总有矛盾和冲突，挫折也是会必然产生的，重要的是我们应该以什么态度来对待挫折。

知识链接

挫折的主要分类

人的一生会遭遇大大小小很多种挫折，按照引起挫折的情境、个体的主观认知以及挫折的实际程度不同，可分为以下几种类型。

（1）需要挫折、丧失挫折。

需要挫折指个体的需要因某种原因无法实现而产生的挫折，如报考公务员没有成功、求爱失败等；丧失挫折指个体丧失了自己原本拥有的东西时产生的挫折，如失恋、亲人离世，或身体疾病，如失明等。

（2）实际挫折和想象挫折

实际挫折是产生挫折的情境是客观存在的，并为个体主观所感知；想象挫折是指客观环境并不具备产生挫折的现实条件，而是由个体主观认定此种情境将会有挫折出现，比如：某新生来校报到时，发现同宿舍的其他同学都是北方人，只有他一人来自南方，于是担心会因地域风俗习惯不同而引发矛盾，于是感到忧虑不安，产生了挫折感。

（3）一般挫折和严重挫折。

一般挫折是指日常学习工作生活中遇到的小挫折，如同宿舍的同学发生口角、某科考试成绩不理想等，一般对人的身心影响不大，易于调整；严重挫折是指对个体产生重要影响的挫折，如父母离异、毕业找工作落空、遭遇重大交通事故等，这些挫折会引起很强烈的情绪反应，并会对人的整个生活产生很重要的影响。

二、挫折的积极意义

孟子说："天将降大任于斯人也，必先苦其心智，劳其筋骨，饿其体肤，匮乏其身，行弗乱其所为，所以动心忍性，增益其所不能。"

体验痛苦，经历挫折，才可以一步步走向成熟、走向成功。

哲学家黑格尔说过：在人成长的道路上，如果你不懂得某个道理，生活就会安排一次挫折，让你学习；如果你还不明白，生活就再安排一次，直到你明白为止。在你成功之前，上帝经常会悄悄地告诉你，为什么你还没有成功，你应该怎么办。但是上帝不会直接告诉你，他会派一个使者告诉你，这个使者就是"挫折"。别因为这个使者相貌丑陋就不喜欢它，要知道它传递着你怎样才能接近成功的秘密。如果你怠慢它，甚至拂袖而去，那么你就永远无法揭开自己失败的谜底。握握它的手，拥抱它，跟它真诚地交流，听懂它的语言，你就会明白：挫折是个可贵的朋友，它会给你丰厚的回馈，给你的人生带来创造性的变迁。从某种意义上说，挫折是人生的里程碑。

（一）挫折是一种机遇

挫折不仅是很好的锤炼，而且是很有价值的发现，是转败为胜的契机。有人问：聪明人与蠢人最大的不同是什么呢？有人答：前者能将不利变为有利，而后者即使遇到有利的情势也会白白错失。

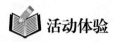 活动体验

把挫折变成财富

一个人能够把挫折转变为财富，他就会离成功更近一步。这个转变可能是痛苦的，但结局肯定是快乐的。下面，我们来做一个练习，体会一下自己的内心感受。

在＿＿＿＿＿＿＿＿（时间、事件）中，我感受到了挫折：＿＿＿＿＿＿＿＿＿＿＿＿。但是，我是这样做的：＿＿＿＿＿＿＿，结果，我体会到了＿＿＿＿＿＿＿＿＿＿＿＿。

（二）挫折可以锻炼人的意志

轻度的挫折是人们的"精神补品"，每战胜一次挫折，就能为下一次应对挫折提供更

加强大的精神力量。

临危不乱，一锤定音，那是荡气回肠的一战！拦击困难、挫折和病痛，把拼搏精神如钉子般砸进人生。一回回倒地，一次次跃起，一记记扣杀，点染几代青春，唤醒大国梦想。因排球而生，为荣誉而战。一把铁榔头，一个大传奇！

这是2015年感动中国十大人物颁奖典礼中对郎平的颁奖词。

"铁榔头"郎平两次在中国女排最困难的时期，接下了中国女排主帅这个"星球上压力最大的职位"：第一次是1995年女排生死存亡之际，她毅然归国，担任女排主帅，累倒在工作中。第二次是2012年中国女排在伦敦奥运会被日本队淘汰，2013年同龄队友陈招娣撒手人寰，这一系列悲痛触动了郎平内心深处的女排情结，于是她冒着"一世英名可能毁于一旦"的风险再次走马上任。仅仅一年半时间，郎平就带领中国队于2014年（时隔16年）重返世锦赛决赛赛场，最终夺得亚军，并于2015年重夺世界杯冠军，2016年获得里约奥运会冠军。30年来，从担任主攻手时的"五连冠"到任教练率中国女排重返世界排坛之巅，"铁榔头"似乎已经是奇迹的代名词。

（三）挫折有助于提高自身认知、评价能力

失败能为我们带来的最大转机是赋予了我们一个重新选择自我、塑造自我的机会。失败是对事件的评判，从某种意义上说，是自己、他人和社会对结果的一种解释。从失败中汲取力量、重新驾驭自己的生活时，不仅要客观地寻找失败的原因，更重要的是用积极的眼光看待过去，从中找到成功的种子。

李亚同学是某高职院校二年级的学生，自入学以来，他一直向着自己的目标努力：当上学生会主席。自从当上班委后，他一直努力工作、认真学习，当好老师和同学之间的桥梁，出色地完成各项任务。同学和老师都很认可他。所以，他认为自己肯定能够竞选成功。

但是，由于种种原因，他只是担任了副主席一职。虽然一时接受不了，但是经过一段时间的调整后，李亚同学又积极投身到工作当中。他认为，没能当上学生会主席，肯定是因为自身素质还有欠缺的地方，还得加倍努力才行。

所以，他积极查找自身不足，并不因为职务问题而消极怠工。相反，他用实际行动赢得了所有老师和同学的认可：李亚虽然不是主席，但是，比主席更出色，更值得我们信赖。

正确认识、评价自己，确定合理的目标、期望，减少挫折感，可以避免自满、自负的现象，有利于心理健康。

（四）增强情绪反应能力和解决实际问题的能力

所谓"吃一堑，长一智"，从挫折中，我们会学到人生的智慧，能够提高分析问题、解决问题的能力。

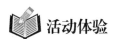

活动体验

消灭"烦恼箱"

活动步骤：

(1) 请每名同学在纸条上写下自己最近遭遇的挫折，不用署名。

(2) 将纸条投到事先做好的"烦恼箱"中。

(3) 请同学们每人抽取任意的纸条，展开自己手中的纸条，并给予真诚的解答。

在活动过程中，体会面对挫折的感受，增长解决问题的能力和智慧。

三、提高挫折承受能力

所谓挫折承受力，是指个体遭遇挫折情境时，能否经得起打击和压力，有无摆脱和排解困境而使自己避免心理与行为失常的一种耐受能力，亦即个体适应挫折、抵抗和应付挫折的一种能力。一般来说，挫折承受力较强的人，往往挫折反应小，受挫折时间短，挫折的消极影响小；而挫折承受力较弱的人，则容易在挫折面前不知所措，挫折的不良影响大而且易受伤害，甚至导致心理和行为异常。

挫折承受力的大小反映了一个人的心理素质和健康水平。挫折承受力标志着一个人适应环境的能力。提高挫折承受力，不仅能使人意志更加坚强，人格更趋成熟，而且更有能力应付充满挑战和机遇的社会。许多人的心理问题是由于遭受挫折而又不能很好地排解和调适造成的，增强挫折承受力，是获得对挫折的良好适应和保持心理健康的重要途径。

抗挫能力小测试

1. 在过去的一年中，你自认为遭受挫折的次数：
A. 0～2次　　　　　　B. 3～4次　　　　　　C. 5次以上

2. 你每次遇到挫折：
A. 大部分都能自己解决　　B. 有一部分能解决　　C. 大部分解决不了

3. 你对自己才华和能力的自信程度：
A. 十分自信　　　　　　B. 比较自信　　　　　　C. 不太自信

4. 你对问题经常采用的方法是：
A. 知难而进　　　　　　B. 找人帮助　　　　　　C. 放弃目标。

5. 你遇到非常令人担心的事时：
A. 无法工作　　　　　　B. 工作照样　　　　　　C. 介于A、B之间。

6. 你碰到讨厌的对手时：
A. 无法应付　　　　　　B. 应付自如　　　　　　C. 介于A、B之间。

7. 你面临失败时：
A. 破罐破摔　　　　　　B. 使失败转化为成功　　C. 介于A、B之间。

8. 你在工作进展不顺利时：
A. 焦躁万分　　　　　　B. 冷静地想办法　　　　C. 介于A、B之间。

9. 你碰到难题时：
A. 失去自信　　　　　　B. 为解决问题而动脑筋　C. 介于A、B之间。

10. 你工作中感到疲劳时：
A. 总是想着疲劳，脑子不好使了
B. 休息一段时间，就忘了疲劳
C. 介于A、B之间

11. 你工作条件恶劣时：

A. 无法工作	B. 能克服困难干好工作	C. 介于A、B之间

12. 你产生自卑感时：

A. 不想再干工作	B. 立即振奋精神去干工作	C. 介于A、B之间。

13. 上级给了你很难完成的任务时，你会：

A. 顶回去了事	B. 千方百计干好	C. 介于A、B之间。

14. 困难落到你头上时：

A. 厌恶之极	B. 认为是个锻炼	C. 介于A、B之间。

评分分析：

1~4题，选择A、B、C分别得2、1、0分；

5~14题，选择A、B、C分别得0、2、1分。

19分以上：说明你的抗挫折能力很强。

9~18分：说明你虽有一定的抗挫折能力，但对某些挫折的抵抗力较弱。

8分以下：说明你的抗挫折能力很弱。

（一）主动寻找机会磨炼意志

有意识地创设挫折情境，经历磨炼，提升挫折阈限，提高挫折的承受能力。

李静是大学一年级的新生，相貌出众的她也是大家心目中的才女。学院要举办主持人大赛，同学们都觉得她有能力胜任这个角色。但是，李静担心自己会失败，一直不敢报名。无论师姐、同学怎么劝她，她还是不想报名。

最后，她在老师的鼓励下报了名。虽然报了名，也参加了比赛训练，但她还是一直担心自己无法正常发挥。过分的焦虑甚至影响了她的生活和学习，还好有同学们和老师的鼓励，她坚持了下来。

经过刻苦的练习，加上自身良好的素质，李静获得了第一名的好成绩。这让她体会到了坚持、磨炼的重要作用。从此，她有意识地给自己创造各种机会，把自己放在"必须"去做的情况下，以提升自己的抗挫折能力、抗压能力。现在，她已经是一名成熟的主持人了，在舞台上可以轻松地展现自己的笑容。

（二）多参加社会实践

坚强的意志品质是战胜一切困难的保证。人的意志总是在实践中培养和锻炼出来的。大学生之所以心理承受能力弱，其中一个主要的原因，就是缺乏社会实践的锻炼。大学生应积极投身于实践活动，在实践中不断磨炼自己，提高自己的意志力，培养坚强的意志品质，发现个人价值的内容和体现方式，完善自身的社会性人格和心理机制，提高战胜挫折、克服困难的能力。大学生要利用一切机会积极参加各种社会实践活动，比如积极参加校园的一些公益劳动，参加一些体育比赛、知识竞赛、技能比赛等竞争性强的校园文化活动，在活动中体验甜与苦、喜与怒、胜与负的酸甜苦辣，从而使自己正确对待挫折，不断增强耐挫力。

佟宇是学生会新入选的干事，心中对学生会工作充满了憧憬。结果，他接到的第一个任务居然是清除校园内的小广告。这完全出乎他的意料，他想不通干这样的事情对自身成长有什么帮助。虽然不乐意，但他还是很用心地去干了，并且在干的过程中采取了很好的方法，让清除工作既快又好。

这虽然是件小任务,但是他却得到了师哥、师姐和老师的赞扬和认可。因为通过这件小事,反映了佟宇认真、坚持、善于思考、不怕脏、不怕累的优秀品质。佟宇也终于明白了工作的意义。从那以后,他总是主动参加各项活动,努力锻炼自己,提升自己的意志品质。

(三) 用积极的心态面对生活

听过"半杯水"的故事吗?一个人看到半杯水,说:只剩半杯水了。而另一个人说:还有半杯水。两字之差,却是截然不同的感觉。前者在叹息水将尽,后者则在庆幸还有水喝;前者感到的是"遗憾",后者则感到"幸运"。这样不同的认识,当然也就决定了不同的心情,前者体验着消极,后者则是充满积极,从而形成了两种不同的对未来的态度,前者是悲观的,后者则是乐观的。

塞利格曼等人认为,乐观主要是后天形成的一种人格特质,它虽然在不同的人身上存在着不同的表现方式,但大部分人都可以通过学习而形成"习得性乐观"。一个人一旦形成了乐观的人格特质,他就会把生活环境中所面临的困难归于外在的因素,在任何环境条件下他都会朝好的结果去努力。

 活动体验

把消极语言变成积极语言

一个人要学着乐观,就要学会用积极语言来描述事情。比如把"我又失败了",变成"看来,我还需要更加努力才会成功"。

活动步骤:
(1) 收集自己平时常说的五句消极语言。
(2) 将消极语言转变成积极语言。
(3) 提醒自己在生活中使用这些积极语言,感受积极语言带来的变化。

▶ 情境分析要点总结:

(1) 挫折的感受因人而异,同样的挫折情境,不同的挫折认知,会产生不同的挫折反应。
(2) 挫折也有其积极的一面,可以让我们更全面地认识自己。
(3) 面对挫折,我们应该努力提升自己的挫折承受能力。

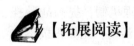 【拓展阅读】

不肯放弃的林肯

坚持到底的最佳实例可能就是亚伯拉罕·林肯的一生了。如果你想知道有谁从未放弃,那就不必再寻寻觅觅了!

生下来就一贫如洗的林肯,终其一生都在面对挫败,八次竞选落败,两次经商失败,甚至还精神崩溃过一次。好多次,他本可以放弃,但他并没有如此,也正因为他没有放弃,才成为美国历史上最伟大的总统之一。以下是林肯进驻白宫前的简历:

1816 年，家人被赶出了居住的地方，他必须工作以抚养他们。

1818 年，母亲去世。

1831 年，经商失败。

1832 年，竞选州议员但落选了。

1832 年，工作丢了，想法学院读书，但进不去。

1833 年，向朋友借钱经商，但年底就破产了，接下来他用了 16 年才把债还清。

1834 年，再次竞选州议员，赢了。

1835 年，订婚后即将结婚时，未婚妻却死了，因此他的心也碎了。

1836 年，精神完全崩溃，卧病在床 6 个月。

1838 年，争取成为州议员的发言人没有成功。

1840 年，争取成为选举人，失败了。

1843 年，参加国会大选落选。

1846 年，再次参加国会大选，这次当选了！前往华盛顿特区，表现可圈可点。

1848 年，寻求国会议员连任失败。

1849 年，想在自己的州内担任土地局长一职被拒绝了。

1854 年，竞选美国参议员落选了。

1856 年，在共和党的全国代表大会上争取副总统的提名，得票不到 100 张。

1858 年，再度竞选美国参议员，再度落败。

1860 年，当选美国总统。

"此路艰辛而泥泞。我一只脚滑了一下，另一只脚也因而站不稳；但我缓口气，告诉自己：'这不过是滑一跤，并不是死去而爬不起来。'"林肯在竞选参议员失败后如是说。

不服输的张海迪

张海迪，女，1955 年 9 月生于济南，汉族，哲学硕士，中共党员，山东省作家协会创作室一级作家，第九届、十届全国政协委员，第十一届全国政协常委，中国残疾人联合会副主席，中国作家协会全国委员会委员，山东省作家协会副主席。

张海迪 5 岁时因患脊髓病，胸以下全部瘫痪。因此她没有进过学校，童年时就开始以顽强的毅力自学知识，她先后自学了小学、中学、大学的专业课程。张海迪 15 岁时随父母下放到聊城莘县的一个贫穷的小山村，但她没有惧怕艰苦的生活，而是以乐观向上的精神奉献自己的青春。在那里给村里小学的孩子们教书，并且克服种种困难学习医学知识，热心地为乡亲们治病，在莘县期间，她无偿地为人们治病 1 万多人次，受到人们的赞誉。

1983 年，张海迪走上了文学创作的道路，她以顽强的毅力克服疾病和困难，精益求精地进行创作，执着地为文学而战，至今已出版的作品有：长篇小说《轮椅上的梦》《绝顶》，散文集《鸿雁快快飞》《向天空敞开的窗口》《生命的追问》，翻译作品《海边诊所》《丽贝卡在新学校》《小米勒旅行记》《莫多克——一头大象的真实故事》等。她的作品在青少年中引起了强烈反响，长篇小说《轮椅上的梦》已经在日本、韩国出版。

影片推荐

《肖申克的救赎》

银行家安迪在一个失意的深夜之后,被当作杀害妻子与情夫的凶手送上了法庭。妻子的不忠、律师的奸诈、法官的误判、狱警的凶暴、典狱长的贪婪与卑鄙,将安迪一下子从人生的巅峰推向了人间地狱。面对常人不能面对的挫折,安迪是怎么做的呢?

《当幸福来敲门》

影片讲述了一位濒临破产、老婆离家的落魄业务员如何刻苦耐劳地善尽单亲责任,奋发向上成为股市交易员,最后成为知名的金融投资家的励志故事。

【思考与练习】

(1) 大学生活中容易遇到哪些挫折?
(2) 通过这些挫折有哪些收获?
(3) 自身的抗挫能力是如何提升的?

情境2 应对挫折

▶ 情境引入

震惊校园的事件

这是真实发生在我们身边的事情。某高校的一名男生 A 与同城高校女生 B 是老乡,也是一对恋人。但是,自从 B 提出分手后,A 出现了各种"不适"表现:先是纠缠到 B 的家里,表示自己不愿意分手;后来,又不断用电话、短信联系 B,使其不能专心学习。在 B 坚决表示分手的情况下,A 居然采取了一个非常手段:对自己和 B 割腕。

所幸这个行为很快被同学们发现,并打了 120 叫救护车,两个人都没有生命危险。最终,B 受到了法律的制裁。

我们不禁要问,面对失恋这样的挫折事件,我们应该怎样应对才正确呢?

▶ 情境分析

下面,我们来了解一下应对挫折所需的品质有哪些,应对挫折的方法有哪些。

一、应对挫折所需的品质

同样面对挫折,有些同学能够应付自如,尽快摆脱干扰;而有的同学却被动、不知所措、退缩、逃避，最终被挫折击垮。同样的境遇总有人会成功，成为赢家，也总有人会失败。为什么会造成这种差异呢？原因取决于自己。有些人具备应对挫折的能力、品质，而有些人却并不具备。那么，应对挫折，我们需要哪些品质呢？

（一）自信

自信是自我心灵强健的反映，它能够使积聚的潜能发挥，当然也就多了一分成功的保障。谈到自信就免不了要说到自卑。自信与自卑就像手心与手背一样密不可分。其实，人人都可能有自卑的一面。心理学家阿德勒（Alfred Adler）认为，自卑感是人的行为的原始决定力量或向上意志的根本动力。在他看来，人生本来并不是完整无缺的，有缺陷（包括身体缺陷）就会产生自卑。自卑能摧毁一个人，使人自暴自弃或发生精神疾病；另一方面，它能够使人发愤图强、振作精神、迎头赶上，以此解决原始缺陷和追求优秀之间的矛盾。

克服自卑，发展自信，是我们每个人的成长任务之一。下面让我们学习一些发展自信的方法。

1. 复制成功。

在自己的成长过程中，无论我们有多么失败，总有成功的时刻。我们可以很容易想起成功的事情是如何做到的。这些成功的事情可以让我们感受到"我行"，感受到自信在恢复、自己在成长。将这些成功的做法记录下来，用在相类似的事情上，我们就会更容易成功并增长自信。

2. 突破极限。

做一些你从来没有做过的事，哪怕只是尝试。在新奇和探索中，你将发现自己潜在的能力。在肯定自己的时候，你就能发展自信：长到十七八岁，你从没有一个人出过远门，那么准备一下，试着独自去旅游……

你总穿浅色的衣服，试着穿色彩鲜艳的衣服……

做完一道题后，试想一下，还有别的解法吗？

极限有大有小，其实，它往往是自己的一种思维定式，它不仅会使生活空间变得狭窄，还会禁锢心灵，使你失去活力和冲动。而一旦尝试突破，将有一种新鲜感使你振奋。自信，就是在不断的自我突破与成长中发展起来的。

3. 自我激励。

激励可以使疲惫的人重新抖擞精神，而自我激励比外在激励更可靠，因为自己总是更清楚什么时候需要激励。懂得自我激励的人，好比自带急救包的人，一旦心灵受伤，完全可以通过自己的力量去治疗，使心灵重新恢复自信。可以给自己写激励的话，及时地自夸，当做了一件很值得自豪的事情时，不要忘了自我赞扬一番。

（二）独立

独立有哪些表现呢？它至少有下面三个特征：

自主，能够做自己力所能及的事情，有符合年龄的想法，会选择，会决断。

负责，能够并愿意为自己所言所行承担责任。

少抱怨，抱怨的实质是推卸责任，一个人如果整天怨天怨地怨他人，好像自己有多么冤枉，其实就是未将自己当作独立自主的人。

发展独立有以下一些方法：

1. 敢于提出疑问。不人云亦云,敢于对他人的观点提出疑问,用自己的头脑思考"为什么",敢于表达自己的观点,敢于说"我认为……""我想……""我觉得……"。不唯命是从,面对权威不气馁,仍然有自己的见解和思考,敢于说"不"。提出疑问并不等于是全盘否定,它是一种客观而理性的思考。

2. 善于运用"比较"的策略。先列一张表,写上所有不同的想法与意见,以及各自的优劣是非,如:观点1,有利方面1、2、3……不利方面1、2、3……观点2,有利方面1、2、3……不利方面1、2、3……根据上面的内容,进行综合比较、权衡利弊,做出行动选择。

(三) 合作

古希腊哲学家亚里士多德早已指出过"人是一种社会性动物";伟大的思想家、革命导师马克思也揭示了"人的本质是各种社会关系的总和";人本主义的代表马斯洛则说:"归属与爱的需要是人类的基本需要之一。"诸如此类的论述都肯定了人是具有社会性的。随着社会的发展,对人的要求也越来越高,人类在发展自身潜能的同时,必须看到人际的差异,建立起人与人之间的协作关系。

让我们一起学习发展合作的方法:

1. 接受差异。

能认识到同伴间的差异,包括性别、个性、能力、兴趣、爱好、家庭背景等,能够合理地给予评价。

2. 学会倾听。

在团体中,我们不但要有勇气进行自我表达,还要学习倾听。倾听,首先是对说话者的尊重。其次,它还是学习的好途径。每个人都有自己的见解与观点,对同一个问题会有不同的思考,如果能够耐心地听他人说完,将能得到很多启示与收获。最后,倾听是减少冲突的好方法。很多时候,我们的争吵就是因为不会"听",没闹清楚是怎么回事。倾听保证了合作中的沟通与交流,我们需要倾听:到底发生了什么事?事情是怎么引起的?从同伴说话的声音、语气中,听出同伴的情绪是喜、是怒、是哀,还是忧。学会从他人的话里听出:到底他想要什么?他要我做些什么?他这样做的目的是为什么?他真要这样做吗?

3. 懂得原谅。

金无足赤,人无完人。在合作中,要懂得原谅同伴的失误与过错,并及时地鼓励对方。抓住同伴的错误不放,不仅不能亡羊补牢,反而可能造成合作的失败。

二、应对挫折的方法

 活动体验

测一测你应对挫折的水平

请仔细阅读每一条,根据你的实际情况,在右侧相对应的字母上画一个"√",A 表示常常这样,B 表示偶尔如此,C 表示没有或很少这样。

1. 觉得自己没有办法解决这些困难	A	B	C
2. 能随机应变采取相应的措施去对付这些困难	A	B	C
3. 会很长时间情绪低落，陷入紧张或混乱的状态	A	B	C
4. 能冷静地分析原因，修改和调整方案	A	B	C
5. 尽管事情过去很长一段时间，心里还是有阴影	A	B	C
6. 向有经验的亲友、师长寻求解决问题的办法	A	B	C
7. 不知道该怎么办，常会依赖父母、朋友或同学来解决	A	B	C
8. 经常对自己说：这个困难是上天给我的锻炼机会	A	B	C
9. 常常幻想自己已经解决了面临的困难	A	B	C
10. 从有相同经历的人那里寻求安慰	A	B	C

【评分与评价】

第1、3、5、7、9题，选A得1分，选B得2分，选C得3分；第2、4、6、8、10题，选A得3分，选B得2分，选C得1分。将10道题的得分相加即可得到你应对策略的得分。

得分在20~30分，说明你的挫折感较低，知道一些应对挫折的技巧；

得分在10~20分，说明你的挫折感适度，知道少许应对挫折的技巧；

得分在0~10分，说明你的挫折感较强，需要掌握一些应对挫折的技巧。

(一) 确定合理目标

大学生都有对未来工作和感情生活的美好向往，但有些想法往往不切实际，目标定得过高，但又不具备实现目标的能力和条件，这样往往就会因达不到既定目标而产生挫折感。失败是成功之母，失败给我们带来了痛苦，但只要我们能恰当地进行心理调适，不仅不会被失败的情绪所压倒，反而还会因失败的激励不懈追求，最终取得卓越的成就。

挫折与失败的出现，很可能是因为目标偏高或目标系统的方向不切实际，而现实的条件无法企及，因而不妨对目标系统做一些必要的调整。杨振宁刚到美国时研究实验物理，远不如美国同行，因此他改攻理论物理，结果一举荣获诺贝尔物理学奖。这种目标调整，既可以是降低目标，也可以是改换目标。目标的调整，标志着一个人已经从心理上走出了挫折，开始了新的历程。

在建立远大的目标时，应把它分解成中期、近期和当前的各种子目标。子目标的排列要由易到难、由简到繁，形成一个层层升高、步步逼近的目标体系。这样，经过努力，个体不断地实现一个个具体目标，会使人接连获得成功的喜悦，从而产生更大的心理动力；同时，又总有一个巨大的、具有吸引力的总目标呈现在前方，能使人长久地保持旺盛的进取热情。

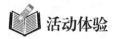 活动体验

判断是否合理

在生活中，我们经常会面临"常立志、立长志"的现象，这就是由于我们在设定目标时不够合理。下面我们来判断一下这些目标是否合理。

① 我每天要背20个单词。

② 我每天早上锻炼半小时。

③ 我现在是一名普通的学生，但是我计划大二时当上学生会主席。

④ 以我现在的水平，期末考试全部及格应该是可以的。

请把自己的目标写下来，判断是否合理。

（二）合理归因

在认识和对待挫折时，首先要学会对挫折进行正确的归因。按照社会心理学的解释，归因是指个体依照主观感受或经验对自己和他人的行为及其结果发生的原因予以解释与推测的心理活动过程。

个体对原因的归结可以分为外因和内因两种类型。外因是指造成挫折的外部环境因素，内因指个体自身的观念、能力等主观因素。在寻找挫折产生的原因时，有些学生把一切都归于复杂且难以预料的外部环境造成的，例如考试成绩差是因为老师教学水平低或试卷难度太大，而不从自身寻找原因，逃避自己的问题，不能勇敢面对挫折；还有一些学生更倾向于把产生挫折的原因归结为主观方面的因素，如自身能力的不足，考试成绩差是由于自己学习不够刻苦，但是，过多地自我谴责、悔恨也会导致心理挫伤。

塞利格曼将归因风格分为"乐观型"和"悲观型"。"乐观型"的人会认为失败和挫折是暂时的，是特定性的情景事件，是由外部原因引起的，而且这种失败和挫折只限于此时此地；而"悲观型"的人则会把失败和挫折归于长期的或永久的因素，归咎于自己，并认为这种失败和挫折会影响到自己所做的其他事情。

面对挫折，应当认识到，挫折的产生有时是外因，有时是内因，但更多的时候是外因与内因两种因素相互影响、共同作用的。因此，遇到挫折时要避免归因的片面性，要通过冷静分析，从客观、主观、目标、环境、条件等方面找出受挫的正确原因，及时发现失败的症结所在，学会实事求是地承担责任。正确地分析和归因，是采取有效的补救措施、应付和解决挫折情境的必要基础，尤其对于一些经常遭受挫折，却从不认真分析而只按照自己的固有模式作消极回应的学生来说，更要有意识地加强这方面的培养和锻炼。

（三）主动寻求社会支持

社会支持是指人们通过获得社会资源来增强个人资源，以满足需要、达到目标。社会支持可以通过增加个体的适应性应对行为来缓冲压力事件的消极影响，对个体起到保护作用。这种缓解作用通常是通过人的内部认知系统来达成的。Cohen（1984）认为，社会支持可以在两个环节上发挥作用：一是压力事件与主观评价的中间环节，当个体体验到一定的社会支持，他就会低估压力事件的严重性；二是压力主观体验与疾病环节，社会支持可

以通过提供问题解决措施来缓解压力事件造成的不良影响。这种缓解作用既可能是特异性的,即一种社会支持只能对一种特定的压力事件起到缓解作用;也可能是非特异性的,即任何一种社会支持对任何一种压力事件都能起到缓解作用。

活动体验

我的社会支持网络

良好的人际支持网络是应对困境的重要资源之一,应善加利用。为疏解生活中的压力和困境,我们应该建立与运用社会支持系统。

活动步骤:

请在下面的人际支持系统网中写下你在遇到困难和压力时所有可以寻求帮助的资源(在空格内填写一个名字或称呼)。

现在请你看一看,你填在第一位的是谁?谁离你最近?你为什么选他(她)?在你遇到困难和挑战的时候,你是怎样向他(她)寻求支持的?如果你的支持网络里只有两三个人,请你仔细探索原因,例如害怕被视为弱者,害怕显得无能,曾经求助却被拒绝甚至伤害等。

知识链接

正确认识心理咨询——心理咨询中的五个"不等式"

(1)心理问题≠精神病。

很多人认为心理问题就是精神病,宁愿饱受精神上的痛苦折磨,也不愿或不敢就诊。其实,心理问题与精神病是两个不同的概念。每个人在成长的不同阶段都会遇到这样那样的问题,导致消极情绪产生。对这些问题如能采取适当的方法予以解决,个体就能顺利健康地发展;若不能及时加以正确处理,则会产生持续的不良影响,甚至导致心理障碍。心理问题是日常生活中经常会遇到的,就这些问题求助于心理咨询师并不意味着有什么不正常或有见不得人的隐私,相反,这表明了个体具有较高的生活目标,希望通过心理咨询更好地自我完善,幸福快乐地度一生。人们所说的精神病,如精神分裂症、躁郁症等,它与一般的心理问题和轻度心理障碍是有很大区别的,它们的典型特征是对自己的疾病没有自知力,更不会主动求医。

(2)心理学≠窥视。

两个刚刚认识的人,其中一个知道对方是心理咨询师,就让他猜一猜自己现在心里想些什么。许多人都是这样,认为咨询师都是透视眼,能够窥视他人的心理活动。很多来访者也认为,只要简单说几句,咨询师就应该能猜出他心中的想法、他的经历,要不就表明咨询师水平不高。其实心理咨询师也是人,他们没有什么特异功能窥见他人的内心世界,他们只是懂得人们心理活动的规律,明白人在什么情况下会有什么样的心理和行为,通过对来访者言行的了解，应用心理学的理论和方法，提供一定的信息进行讨论和分析，引导来访者看到问题的根源和自身拥有的动力与资源，改变认知和行为，从而解决其心理困惑。因此，来访者只有详尽地提供有关情况，才能更有效、更快捷地找到自己的问题的症结，有利于咨询师作出正确的诊断并进行恰当的引导。

(3) 心理咨询≠无所不能。

许多来访者将心理咨询神化，似乎咨询师无所不会、无所不能，就像一个"开锁匠"，什么样的心结都能一下打开，似乎他的问题只要咨询师一句话能够解决的。还有一些面询的来访者，往往来一两次，没有达到所期望的"豁然开朗"的心境，就大失所望，认为咨询师是骗人的，再也不来了。实际上，心理问题常与来访者的个性及生活经历有关，就像海中冰山，反映出来的行为只是一角，更多的问题被遮掩了。这座冰山有多大？没有标准答案。有些严重的心理问题更是积封已久，没有强烈的求助、改变的动机，没有恒久的决心与之抗衡，是难以冰消雪融的。

(4) 心理医生≠救世主。

一些来访者把心理医生当作"救世主"，将自己的问题像丢包袱一样丢给医生，问怎么办，就等着咨询师用一句话来解决问题。这种现象大概受到传统的生物医学模式的影响：病人看病，医生诊断、开药、治疗一切由医生说了算，要求病人绝对服从、配合。然而，心理医生只能通过分析，起到引导、启发、支持、促进来访者改变和人格成长的作用，他无权把自己的价值观和愿望强加给来访者，更不能替来访者去改变或作决定。假如说心理咨询过程中真的有救世主，那么这个"救世主"就是自己。只有积极地配合心理咨询师，在咨询师的引导下，认真思考、积极努力、勇敢地面对现实和承担责任，挖掘自身的潜能和勇气，才能改变自己、战胜自己，最终超越自我，实现人生的升华。

(5) 心理咨询≠思想工作。

还有很多人认为，心理咨询无非是心理咨询师口才好，会讲些道理，因而忽视或未意识到心理问题有时是需要治疗的。心理咨询与思想工作是有本质区别的。思想工作的目的是说服对方服从、遵循社会规范、道德标准及集体意志，而心理咨询则是运用专门的理论和技巧寻找心理障碍的症结，予以诊断治疗，咨询师持客观、中立的态度，而不是对来访者进行批评教育。

(四) 防御机制

人在遭受挫折以后，挫折情境造成的对人心理上的压力，会使人产生紧张、焦虑、不愉快的情绪体验，并导致心理和生理活动的不平衡状态，影响人的正常行为和活动能力。为了对付这种压力，减轻或摆脱焦虑情绪的困扰，解除紧张状态所带来的不安，恢复心理和生理活动的平衡，受挫者会自觉或不自觉地寻找各种心理防卫方式，以应付或适应所面临的挫折情境，从而减少挫折和焦虑情绪对自己的损害，减轻心理所承受的压力，保护自我。这些方式统称为心理防御机制，是个体在潜意识中为减弱、回避或克服现实冲突带来的挫折、焦虑、紧张等情绪反应而采取的一种防御手段。

防御机制的本质并不是解决问题的真正方法，但是它可起到一种缓冲的作用，有助于缓解由挫折产生的各种消极情绪，为个体寻找解决挫折更为积极、有效的方法提供时机。

但在大多数情况下，因为所采取的种种心理防御机制只是消极地维护个人免于遭受打击，而非真正解决问题，因此挫折不但仍然存在，而且问题越来越脱离现实，以致无法以正常的行为适应环境，造成不良适应现象。

下面，我们来认识一下这些防御机制，以免由于滥用造成不良后果。

1. 文饰。

文饰又称合理化，指个体采用合理的理由来解释所遭受的挫折，以减轻心理痛苦。当个体无法达到目标或其表现的行为不符合社会的价值标准时，给自己找出适当的理由来解释，以此来说服自己，感到心安理得。虽然具有自欺欺人的味道，但能使个人的情绪保持稳定。

文饰作用有多种情形，但以"酸葡萄"心理和"甜柠檬"心理最为典型。前者是指个体在追求某一目标而失败时，为了冲淡自己内心的不安，常将目标贬低，说成是不喜欢或本来就没想达到，用以安慰自己；后者是不说自己得不到的东西不好，只是百般强调凡是自己有的东西都是好的，借此减轻失望与痛苦的心理。

2. 投射。

投射是指个体将自己内心存在的某种不被社会接受的欲望冲动或思想观念，转移到别人身上，说别人有这种欲望冲动或思想观念，以此来逃避自己心理上的不安，即古人所说的"以小人之心度君子之腹"。比如：某个同学想考试的时候作弊，但是他却说其他同学都是这样想的。使用投射作用的人否认自己具有不为社会认可的品质，反而将其加到他人身上予以攻击。

3. 压抑。

指个人将不为社会所接受的本能冲动、欲望、情感、过失、痛苦经验等不知不觉地从意识中予以排除，或抑制到潜意识中去，不去回忆，主动遗忘，从而避免痛苦。压抑的结果虽可减轻焦虑而获得暂时的安全感，但被压抑的欲望并不因此消失，而是深入个人的潜意识里，影响人格的健全发展。例如，越是担心的事梦中越要出现，口角失言，无意中动作失态，或有意识地"遗忘"，均是这种压抑作用的表现。

 知识链接

一些积极的宣泄方法

（1）文字法：将自己的感受、经历、想法统统写出来，想到什么就写什么，不拘形式，不论连贯与否，也不用讲究文字修饰或语法，只要是当时的想法，都随意地写出来。例如，你可以写：我很难受，我受到了伤害；我真想……为什么偏偏是我；我怎么这样倒霉；心里好难过；我该怎么办；他怎么会这样对我；我要大喊大叫，我要……

（2）色彩法：用最能表达心情的颜色在一大张纸上随意涂抹。例如，用红色表达愤怒，用灰色表达沮丧，用蓝色表达悲伤，用黑色表示哀悼……

（3）运动法：选择一种运动方式，让自己的心情在运动中慢慢平静。例如，跑上几圈，会感觉到新的力量在慢慢成长，挫折的感觉在慢慢消散；或者打一场球，让青春的活力战胜失败的感觉,重新振作和自信起来。

（4）其他的行为方式:这需要合适的时空条件,比如找个没人的地方大哭一场,大喊大叫大骂一番……

（5）倾诉。将经历告诉你所信任的人,让他与你一起分担不愉快的感觉,相信在交流的过程中,由于朋友、家人或者老师的关怀,挫折会变成激励,至少不会成为创伤积压起来。

4. 反向。

反向是指个体为了防止某些自认为不好的动机呈现于外表行为,而采取与动机相反方向的行动,即想借相反的态度和动机抑制内心的某些动机。例如过分的亲切及屈从,背后可能隐藏有憎恶与反抗的动机。曾经有一个特别注意健身的同学告诉我们:"你们以为我很爱健身吗?其实,我就是一个害怕变胖的人!"

5. 认同。

认同是指个体为了迎合需要满足的保护者,如父母、师长、主管领导,而在思想及行为上模仿他们,将自己与他们视为一体,按照他们的希望行动,以期减少挫折。认同作用的另一种表现是,个体在现实生活中无法获得适度满足或成功时,就将自己比拟为某一成功者,刻意模仿其穿着、言行等,借此减少挫折所造成的痛苦,满足个人心理上的需要,维护个人的自尊。

6. 升华。

升华是指一个人在受到挫折后,将自己不为社会所认同的动机或欲望转变为符合社会要求的动机或欲望,或将低层次的需要和行为上升到高层次的需要和行为,以保持情绪稳定和心理平衡。升华的作用不仅可以使原来的动机冲突和受挫折后的不良情绪得到化解和宣泄,而且能够促使人获得成功。历史上很多著名科学家、艺术家和领袖人物,都是通过对挫折的升华后取得辉煌成就的。如古之文王拘而演《周易》,仲尼厄而作《春秋》,屈原放逐赋《离骚》,左丘失明写《左传》,孙膑膑脚修《兵法》,司马迁受辱著《史记》。

▶ 情境分析要点总结:

（1）应对挫折,需要我们平时注重培养自己的优秀品质。
（2）面对挫折,我们应该学会运用一些方法。
（3）面对挫折,伤害自己或他人是不可取的方法。

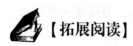
【拓展阅读】

幽默的作用

幽默不仅是一种艺术,一种人生态度,更是一种富于智慧的处事方式,而健康的幽默具有以下四个方面的作用:

（1）幽默能促进身心健康。包含着人生哲理、妙趣横生、妙语连珠的幽默,使人思想乐观、心情愉快，能启迪智慧、培养高尚的情趣。

（2）友善的幽默能表达人与人之间的真诚、友爱，能沟通心灵，拉近人与人之间的距离，填平人与人之间的鸿沟，是希望和他人建立良好关系时不可缺少的东西。

（3）幽默能使人急中生智，化解困境。

（4）幽默具有自我激励的作用。人们可运用幽默来增强活力，从幽默中汲取力量来应对困境、摆脱烦恼。一个不懂幽默的人，往往不懂调节情绪的方法，他所遇到的困难也就更多，情绪也最容易消沉。因此，面对困难重重的人生，我们必须学会幽默。

但并不是人人都有幽默感的，幽默感是需要慢慢培养的。当一个人处境困难或尴尬时，可使用幽默来"化险为夷"，对付困难的情境，或间接表达出自己的意图，在无伤大雅的情形下，表达意思，处理问题。一般说来，人格较成熟的人懂得在适当的场合，使用合适的幽默语言，把原来困难的情况转变一下，大事化小，小事化了，渡过难关，较成功地去适应窘境。

附：马克·吐温的幽默故事

【登记】马克·吐温有一天来到一个小城市，他想找一家旅馆过夜。旅馆服务台的职员请他将名字写到旅客登记簿上。马克·吐温先看了一下登记簿，他发现很多旅客都是这样登记的，比如"拜特福公爵和他的仆人"，于是这位著名的作家也写道："马克·吐温和他的箱子。"

【与贵妇的谈话】一次马克·吐温参加宴会。席间，他对一位贵妇说："夫人，你太美丽了！"不料那妇人却说："先生，可是遗憾得很，我不能用同样的话回答你。"马克·吐温笑着回答："那没关系，你也可以像我一样说假话。"

【书与割草机】有一次，马克·吐温向邻居借阅一本书，邻居说："可以，可以。但我定了一条规则：从我的图书室借去的图书必须当场阅读。"一星期后，这位邻居向马克·吐温借用割草机，马克·吐温笑着说："当然可以，毫无问题。不过我定了一条规则：从我家里借去的割草机只能在我的草地上使用。"

【我没关系】马克·吐温在著名画家惠斯勒的画室参观时，伸手摸了一下一幅油画。惠斯勒装着生气地喊道："当心！难道你看不出这幅画还没干吗？""啊，没关系，反正我戴着手套。"马克·吐温答道。

【再来6美元】一次，马克·吐温应一富翁邀请赴宴，主人为了炫耀他的富有，每道菜上来时，都要说出这道菜的价格。这时侍者端上来一盘葡萄，主人对来宾们说："哟，好大的葡萄呀！每颗值100美元呢！"客人们不一会将葡萄吃完了，这时马克·吐温从座位上站起来大声说："味道真美呀，请你再给我来6美元吧，先生！"

【不知道自己坐火车去哪儿】马克·吐温对生活上的一些琐事常常心不在焉。一天，他坐火车外出，列车员查票时，他翻遍口袋也没找到车票。列车员认出是作家马克·吐温时，很有礼貌地说："要是真找不到票也没关系。"马克·吐温却说："那可不行啊，我一定要找到那该死的东西，要不然我怎么知道我去哪儿呢！"

【不知道我是谁】据说马克·吐温在出生时是双胞胎，兄弟俩长得一模一样，连母亲也分辨不清。一天，保姆带他俩洗澡时，其中一个意外掉进浴缸里淹死了。但谁也分不清淹死的是哪一个。对此，马克·吐温在长大成名后说："最令人伤心之处在于，每个人都以为我是活下来的那一个，其实我不是，活下来的是我弟弟，淹死的是我。"

【捉弄牧师】有一位牧师在讲坛上说教，马克·吐温讨厌极了，有心要和他开一个玩笑。"牧师先生，你的讲词实在妙得很，只不过我曾经在一本书上看见过。你说的每一个字都在上面。"那牧师听了后不高兴地回答说："我的讲词绝非抄袭！""但是那书上确是一字不差。""那么你把那本书借给我一看。"牧师无可奈何地说。于是，过了几天，这位牧师接到了马克·吐温寄给他的一本书——字典。

【车票】马克·吐温一次乘车外出，火车开得很慢。当查票员过来查票时，马克·吐温递给他一张儿童票。查票员调侃道："我还真没看出您还是个孩子呢！"马克·吐温回答："现在我已经不是孩子了，但我买票上车时还是个孩子哩！"

【广告】一位商界阔佬对马克·吐温说："我想借您的大名，给敝公司做个广告。"马克·吐温说："当然可以。"第二天在马克·吐温主办的报纸上登出了如下文字：

一只母苍蝇有两个儿子。她把这两个儿子视若掌上明珠，爱护备至。一天，母子三个飞到某某商业公司的商店里。一只小苍蝇去品尝包装精美的糖果，忽然双翅颤抖落下来，一命呜呼！另一只小苍蝇去吃香肠，不料也一头栽倒，顷刻毙命。母苍蝇痛不欲生，扑到一张苍蝇纸上意欲自杀，尽管大吃大嚼，结果却安然无恙！

阔佬看完广告，气得直翻白眼。

【混蛋】马克·吐温有一次因为看不惯国会议员在国会通过某个法案，因此在报纸上刊登了一个广告，上面写着："国会议员有一半是混蛋。"报纸一卖出，许多抗议电话随之而来，这些国会议员可不认为自己是混蛋，纷纷要求马克·吐温更正。马克·吐温于是又刊登了一个更正："我错了，国会议员有一半不是混蛋。"

【思考与练习】

（1）我有哪些优秀的品质可以应对挫折？

（2）这些品质我是怎样培养出来的？

（3）我应对挫折的方法有哪些？这些方法是积极的还是消极的？

▶【测一测】

测测你的幽默感

参考文献

[1] 张春兴. 现代心理学：现代人研究自身问题的科学 [M]. 上海：上海人民出版社，2009.

[2] 张大均，吴明霞. 大学生心理健康 [M]. 北京：清华大学出版社，2007.

[3] 林崇德，申继亮. 大学生心理健康读本 [M]. 北京：教育科学出版社，2005.

[4] 张大均，吴明霞. 大学生心理健康 [M]. 北京：清华大学出版社，2007.

[5] 刘冬，郑利群. 心理健康教育 [M]. 北京：经济出版社，2015.

[6] [美] 理查德·格里格，[美] 菲利普·津巴多. 心理学与生活 [M]. 王垒，王甦，等，译. 北京：人民邮电出版社，2003.

[7] 张大均，吴明霞. 大学生心理健康 [M]. 北京：清华大学出版社，2007.

[8] 王素珍. 大学生心理健康 [M]. 徐州：中国矿业大学出版社，2006.

[9] 陈国海，许国彬，肖沛雄. 大学生心理与训练（第2版）[M]. 广州：中山大学出版社，2005.

[10] 栗九红，刘玉娟. 心理健康 [M]. 沈阳：东北大学出版社，2010.

[11] 冯利. 心理健康 [M]. 北京：机械工业出版社，2014.

[12] 郅利聪. 高职生心理健康教育 [M]. 西安：西北大学出版社，2007.

[13] 骆文炎. 高职生心理健康教育 [M]. 杭州：浙江科学技术出版社，2008.

[14] 赵洪成，桑小洲. 快乐成才高职生理健康教育 [M]. 北京：北京理工大学出版社，2011.

[15] 黄群瑛，梁天珍，邓小琴，周治. 大学生心理素质训练 [M]. 长沙：湖南师范大学出版社，2012.

[16] 陈琴，何静春. 大学生心理课堂 [M]. 武汉：武汉大学出版社，2011.

[17] 栗九红，刘玉娟. 心理健康 [M]. 沈阳：东北大学出版社，2010.

[18] 班志刚，黄竹，温英杰. 大学生心理健康教程 [M]. 北京：中央编译出版社，2006.

[19] 张麒，徐浙宁. 心理健康 [M]. 上海：上海科学技术出版社，2003.

[20] 汪艳丽，李斌，晏宁. 大学生心理素质训练 [M]. 北京：高等教育出版社，2011.